utb 5937

Eine Arbeitsgemeinschaft der Verlage

Brill | Schöningh – Fink · Paderborn
Brill | Vandenhoeck & Ruprecht · Göttingen – Böhlau · Wien · Köln
Verlag Barbara Budrich · Opladen · Toronto
facultas · Wien
Haupt Verlag · Bern
Verlag Julius Klinkhardt · Bad Heilbrunn
Mohr Siebeck · Tübingen
Narr Francke Attempto Verlag – expert verlag · Tübingen
Psychiatrie Verlag · Köln
Ernst Reinhardt Verlag · München
transcript Verlag · Bielefeld
Verlag Eugen Ulmer · Stuttgart
UVK Verlag · München
Waxmann · Münster · New York
wbv Publikation · Bielefeld
Wochenschau Verlag · Frankfurt am Main

Nina Kolleck

Politische Bildung und Demokratie

Eine Einführung in Anwendungsfelder, Akteure und internationale Ansätze

Verlag Barbara Budrich
Opladen & Toronto 2022

Die Autorin:

Prof. Dr. Nina Kolleck, Professorin für Politische Bildung und Bildungssysteme, Arbeitsbereich Politische Bildung und Bildungssysteme, Universität Leipzig

Bibliografische Information der Deutschen Nationalbibliothek
Die Deutsche Nationalbibliothek verzeichnet diese Publikation in der Deutschen Nationalbibliografie; detaillierte bibliografische Daten sind im Internet über https://portal.dnb.de abrufbar.

Gedruckt auf säurefreiem und alterungsbeständigem Papier.

www.budrich.de

utb-Bandnr.	**5937**
utb-ISBN	**978-3-8252-5937-2**
utb-e-ISBN	**978-3-8385-5937-7**
DOI	**10.36198/9783838559372**

Online-Angebote oder elektronische Ausgaben sind erhältlich unter www.utb-shop.de.

Satz: Ulrike Weingärtner, Gründau – info@textakzente.de
Umschlaggestaltung: siegel konzeption | gestaltung
Titelbildnachweis: Dominic Wunderlich, Pixabay
Druck und Bindung: Elanders GmbH, Waiblingen
Printed in Germany

Inhaltsverzeichnis

Abbildungs- und Tabellenverzeichnis

Abbildungen

Tabelllen

Abkürzungsverzeichnis

ASEAN	Association of Southeast Asian Nations
BIBB	Bundesinstitut für Berufsbildung
BMBF	Bundesministerium für Bildung und Forschung
BNE	Bildung für nachhaltige Entwicklung
BpB	Bundeszentrale für politische Bildung
CCE	Climate Communication and Education
COPs	Conferences of the Parties
DES	Desiderius-Erasmus-Stiftung
DIE	Deutsches Institut für Erwachsenenbildung
EE	Entrepreneurship Education
ESD	Education for Sustainable Development
EU	Europäische Union
fdGO	freiheitlich-demokratische Grundordnung
FES	Friedrich-Ebert-Stiftung
FNF	Friedrich-Naumann-Stiftung für die Freiheit
GCE	Global Citizenship Education
GG	Grundgesetz
GMF	Gruppenbezogene Menschenfeindlichkeit
GPJE	Gesellschaft für Politikdidaktik und politische Jugend- und Erwachsenenbildung
HBS	Heinrich-Böll-Stiftung
HSS	Hanns-Seidel-Stiftung
IEA	International Association for the Evaluation of Educational Achievement
ICCS	International Civic and Citizenship Education Study
KAS	Konrad-Adenauer-Stiftung
KMK	Kultusministerkonferenz
MECCE	Monitoring and Evaluating Climate Communication and Education
NGO	Non-Governmental Organisation/Nichtregierungsorganisation
OECD	Organisation for Economic Co-operation and Development
PISA	Programme for International Student Assessment

RLS	Rosa-Luxemburg-Stiftung
SächsSchulG	Sächsisches Schulgesetz
SDG	Sustainable Development Goals
StEG	Studie zur Entwicklung von Ganztagsschulen
UN	United Nations/Vereinte Nationen
UNESCO	United Nations Educational, Scientific and Cultural Organization/Organisation der Vereinten Nationen für Erziehung, Wissenschaft und Kultur
UNFCCC	United Nations Framework Convention on Climate Change/ Klimarahmenkonvention der Vereinten Nationen
UNHCR	United Nations High Commissioner for Refugees/ Hoher Flüchtlingskommissar der Vereinten Nationen
WHO	World Health Organisation/Weltgesundheitsorganisation

1 Einleitung

Politische Bildung[1] spielt in öffentlichen Diskursen seit einigen Jahren eine zunehmend zentrale Rolle. Debatten um Fake News, Menschenfeindlichkeit, Extremismus, Menschenrechte, nachhaltige Entwicklung, Klimawandel, Migration oder die Polarisierung der Gesellschaft erinnern unmittelbar daran, wie wichtig politische Bildung für die Allgemeinheit ist. Weltweit reagieren Bildungssysteme auf die sich zuspitzenden gesellschaftlichen Herausforderungen und schenken Aspekten der politischen Bildung im schulischen und außerschulischen Kontext mehr Aufmerksamkeit. In deutschen Schulen wurde das Fach „Politische Bildung“ teils in den Bundesländern ausgeweitet, vielerorts müssen Lehrkräfte aller Schulformen und Schulfächer verpflichtend Lehrveranstaltungen zu politischer Bildung belegen. Darüber hinaus wurden in den meisten Lehrplänen und Curricula die Inhalte zur politischen Bildung überarbeitet. Dieser Trend der Aufwertung politischer Bildung ist dabei nicht allein in Schulen zu beobachten: Auch für Fachwissenschaftler*innen unterschiedlicher Disziplinen gewinnt die politische Bildung an Relevanz und stellt nicht zuletzt ein breites und vielversprechendes Berufsfeld für viele Absolvent*innen der Politikwissenschaft, der Bildungs- und Erziehungswissenschaften sowie ihrer Nachbardisziplinen dar. Einige Universitäten wie die Universität Leipzig haben bereits auf das Desiderat reagiert und bilden Fachwissenschaftler*innen sowie alle angehenden Lehrkräfte im Bereich der politischen Bildung aus.

Das vorliegende Buch möchte eine breite Einführung in Forschungsbereiche, Anwendungsfelder und internationale Ansätze zu Schnittmengen von Bildung und Politik im Allgemeinen und politischer Bildung im Besonderen geben. Zu den Themen Politische Bildung als Schulfach sowie Fachdidaktik der Politischen Bildung ist bereits eine große Bandbreite an Lehrbüchern zu finden, die einen sehr guten Überblick über die wichtigen Inhalte, didaktischen Methoden und Kontroversen geben (Deichmann/Tischner 2013; Engartner/Hedtke/Zurstrassen 2020; Himmelmann 2017; Rothe 1989; Sander 1984). Allerdings mangelt es bisher an einem Buch über die beiden anderen Aspekte:

1. der politischen Bildung als fächerübergreifendes Prinzip und Querschnittsaufgabe für die Lehrkräfte aller Fächer und Schularten sowie

1 Das vorliegende Buch verwendet die Großschreibung „Politische Bildung“, wenn das Schulfach Politische Bildung gemeint ist, und die Schreibweise „politische Bildung“, wenn das Themenfeld bezeichnet wird.

2. der politischen Bildung als Gesellschaftsaufgabe und damit als Thema für Fachwissenschaftler*innen und Studierende der benachbarten Disziplinen (u. a. Politik- und Erziehungswissenschaft, Bildungsforschung, Psychologie, Soziologie, Ökonomie, Recht).

Das vorliegende Buch möchte zur Schließung dieser Lücke beitragen.

1.1 Funktionen von politischer Bildung

Politische Bildung wird mit unterschiedlichen Funktionen verknüpft. Je nach Kontext, kultureller, sozialer, politischer und historischer Verortung werden verschiedene Inhalte unter dem Begriff der politischen Bildung gefasst. Nach Detjen (2013) kristallisieren sich fünf Funktionen als wesentlich für die politische Bildung heraus: die Förderung individueller Mündigkeit, die Qualifizierung und lebenslange Bildung der Mitglieder von Gesellschaften oder Gemeinschaften, die Stabilisierung der existierenden Herrschaftsordnung, die Implementierung geistiger Bestände des Gemeinwesens sowie die Verbesserung der gesellschaftlichen, ökonomischen und politischen Verhältnisse (ebd.).

In Deutschland nimmt die schulische Bildung die größte Rolle in der politischen Bildung ein (Massing 2010), da sie aufgrund der allgemeinen Schulpflicht alle Menschen erreicht und demnach eine starke Breitenwirkung entfaltet (Detjen 2013). Im Unterricht wird politische Bildung sowohl im Rahmen des Fachunterrichts (wobei das Unterrichtsfach „Politik“ in Deutschland je nach Bundesland und Schulform anders bezeichnet wird) als auch fachübergreifend als Unterrichtsprinzip realisiert (u. a. durch die Reflexion politischer Aspekte in anderen Fächern) (ebd.). Zudem ist sie Bestandteil der Professionalisierung von Lehrkräften und der (demokratischen) Schulentwicklung. Außerdem kann politische Bildung im schulischen Kontext durch politisches Handeln vermittelt werden, beispielsweise im Kontext schulischer Partizipationsstrukturen (siehe auch Kapitel 3).

Dieses Buch geht davon aus, dass politische Bildung nicht allein als Schulfach, sondern auch fächerübergreifend und für die gesamte Schulentwicklung sowie darüber hinaus eine Rolle spielt. Demnach lassen sich auch die Funktionen politischer Bildung unterscheiden, je nachdem, ob politische Bildung oder Politische Bildung

- als Schulfach,
- als fächerübergreifendes Prinzip und Querschnittsaufgabe (demokratische Schulkultur, demokratische Schulentwicklung) für die Lehrkräfte aller Fächer und Schularten oder
- als Gesellschaftsaufgabe und damit als Thema für Fachwissenschaftler*innen

gemeint ist. Da bereits viele gute Lehrbücher zur Didaktik der Politischen Bildung und zur Politischen Bildung als Schulfach zu finden sind, fokussiert das vorliegende Buch vor allem Fragen der politischen Bildung als fächerübergreifendes Prinzip sowie den außerschulischen Bereich.

1.2 Politische Bildung als Schulfach

Je nach Bundesland und Schulform wird das Schulfach Politische Bildung in Deutschland unterschiedlich bezeichnet oder in andere Schulfächer subsumiert. In Mecklenburg-Vorpommern wird beispielsweise die Bezeichnung „Sozialkunde" gewählt, in Hamburg „Gemeinschaftskunde" oder „Politik/Gesellschaft/Wirtschaft", in Sachsen „Gemeinschaftskunde" oder „Gemeinschaftskunde/Rechtserziehung/Wirtschaft (Gymnasium)" oder „Gemeinschaftskunde/Rechtserziehung (Oberschule)", in Brandenburg „Gesellschaftswissenschaften" oder „Politische Bildung" und in Berlin „Politische Bildung", „Politikwissenschaft", „Sozialwissenschaften" oder „Wirtschaftswissenschaft". Auch die Qualität und Quantität, die Politische Bildung in den Bundesländern und Schulformen einnimmt, unterscheidet sich enorm (Achour/Wagner 2019; Gökbudak/Hedtke 2019). Die Kultusministerkonferenz (KMK) hat die Benennung des Schulfaches freigestellt und im Jahr 1950 neben Politik die Bezeichnungen „Gemeinschaftskunde", „Bürgerkunde" oder „Gegenwartskunde" vorgeschlagen, die heute kaum noch genutzt werden (KMK 1950 zit. nach Kuhn/Massing 1989: 151). Der dritte Absatz des KMK-Beschlusses lautet: „Es wird empfohlen, zur Vermittlung dieses Stoffwissens und zur Auseinandersetzung mit aktuellen Fragen, soweit dies nicht in anderen Unterrichtsfächern möglich ist, vom 7. Schuljahr an Unterricht in besonderen Fachstunden zu erteilen. Die Benennung dieses Faches wird freigestellt (Gemeinschaftskunde, Bürgerkunde, Gegenwartskunde, Politik)" (ebd.). Die Gesellschaft für Politikdidaktik und politische Jugend- und Erwachsenenbildung (GPJE) erkennt in dieser Offenheit und Vielfalt an unterschiedlichen Bezeichnungen ein Hindernis für die Profilierung des Fachs und schlägt zumindest für die Sekundarstufen und die berufliche Bildung die einheitliche Bezeichnung des Schulfachs als „Politische Bildung" vor (Pohl 2020).

Insgesamt nimmt das Schulfach Politische Bildung jedoch wenig Raum in der schulischen Ausbildung ein. Einer der Gründe dafür mag sein, dass politische Bildung in Deutschland teilweise noch immer mit politischer Indoktrination assoziiert wird. Diese Befürchtung zeigt sich auch im englischsprachigen Raum, wo der Begriff politische Bildung nicht mit *Political Education* übersetzt wird, da *Political Education* mit Indoktrination und nicht mit der Tradition der Demokratiebildung oder -erziehung konnotiert ist (Himmelmann 2003). Die Empirie in Deutschland weist allerdings darauf hin, dass die Mehrheit der Schüler*innen das Gefühl hat, sich im Schulunterricht zu politischer Bildung eine eigene Meinung bilden und diese äußern zu können. Allerdings deutet sich an, dass nicht allzu viele Schüler*innen den Eindruck haben, dass Lehrkräfte unterschiedliche Sichtweisen auf bestimmte Probleme ausreichend abbilden (Achour/Wagner 2019).

1.3 Politische Bildung als Querschnittsaufgabe in Schulen

In deutschsprachigen Debatten zur Bedeutung der politischen Bildung sind häufig Kontroversen darüber zu finden, ob politische Bildung als separates Schulfach oder als Querschnittsaufgabe in Schulen behandelt werden sollte. Dass politische Bildung als Querschnittsaufgabe wichtig ist, wird kaum bezweifelt und u. a. von der KMK kontinuierlich gefordert (KMK 1950 zit. nach Kuhn/Massing 1989; KMK 2018b).

> „In diesem Sinne ist politische Bildung ein Unterrichtsprinzip für alle Fächer und für alle Schularten. Jedes Fach und jede Schulart haben darum nach ihrer Eigenart und Möglichkeit zur politischen Bildung beizutragen" (KMK 1950 zit. nach Kuhn/Massing 1989: 151).

Gleichwohl besteht die Befürchtung, dass eine fächerübergreifende Behandlung dazu führen könnte, dass Politische Bildung als Schulfach reduziert wird. Diese Befürchtung ist nicht unberechtigt. Nicht zuletzt ist das Schulfach Politische Bildung wiederholt von Kürzungen bedroht und spielt im Vergleich zu anderen Fächern nur eine marginale Rolle (Detjen 2015). Die geringe quantitative Bedeutung des Unterrichtsfachs lässt sich historisch begründen, da andere Fächer bereits länger etabliert sind. Detjen warnt jedoch davor, die marginale Rolle des Fachs mit dem Argument zu rechtfertigen, dass politische Bildung als Unterrichtsprinzip fächerübergreifend in Schulen aufgegriffen werden müsse (ebd.). Aus dieser Perspektive kann es nur durch ein eigenständiges Schulfach Politische Bildung gelingen, das notwendige politische Wissen, die politische Allgemeinbildung und politische Analyse- und Urteilsfähigkeit zu vermitteln, die für die Heranbildung mündiger Bürger*innen zentral sind (Patzelt 2019b). Demnach stellt „Fachlichkeit" eine „unhintergehbare Voraussetzung für gelingende" politische Bildungsprozesse dar (Gloe/Oeftering 2020: 14). Eine fachübergreifende Thematisierung könne der Komplexität politischer und gesellschaftlicher Themen nicht gerecht werden. Hierfür sei ein wissenschaftlich fundierter Fachunterricht notwendig (ebd.; Detjen 2015).

Diese Argumente sollten aber nicht davon ablenken, dass politische Bildung für die gesamte Schule als Querschnittsaufgabe und im Kontext der demokratischen Schulentwicklung und Schulkultur wichtig ist. Nicht zuletzt können Themen der politischen Bildung in allen anderen Disziplinen aufgegriffen (Achour/Wagner 2019) und damit „lebensweltliche Anknüpfungspunkte" hergestellt werden (Ammerer 2020: 27). Ammerer (2020) geht noch einen Schritt weiter und argumentiert, dass andere Fächer gesellschaftlich wichtige Themen teils sogar besser behandeln können:

> „Sportunterricht thematisiert beispielsweise weitaus kompetenter Fragen von Kooperation und Wettbewerb, Doping und Fairness, der politischen Dimension internationaler Großveranstaltungen und politischer Gesten bei Fernsehübertragungen; altsprachlicher Unterricht beleuchtet frühe Staatstheorien, lebende Fremdsprachen schöpfen aus der Fülle der politischen Konflikte jener Länder, in denen sie gesprochen werden […]" (ebd.: 26).

In der Empirie zeigt sich allerdings, dass beispielsweise demokratiebezogene Inhalte nur ansatzweise in anderen Fächern aufgegriffen und unterrichtet werden (Achour/Wagner 2019). Aus der Vorstellung, politische Bildung in andere Fächer zu integrieren, lässt sich die Notwendigkeit ableiten, alle angehenden Lehrkräfte (aller Disziplinen und Schulformen) in politischer Bildung auszubilden, was derzeit beispielsweise im Bundesland Sachsen der Fall ist. Darüber hinaus ist die systematische Fortbildung aller praktizierenden Lehrkräfte in Fragen der politischen Bildung zentral (Schedler et al. 2019), um ihre Vertrautheit mit Themen wie u. a. Gruppenbezogene Menschenfeindlichkeit, Extremismusprävention, demokratische Schulkultur und Schulentwicklung sowie generell Demokratiebildung zu gewährleisten. Dazu zählt ebenfalls, dass alle Lehrkräfte und Schulleitungen wissen, wie sie pädagogisch sowie entsprechend der rechtlichen Vorgaben handeln dürfen, können und müssen – beispielsweise, wenn sie in Schulen mit menschenfeindlichen, extremistischen, demokratiefeindlichen oder diskriminierenden Aussagen konfrontiert werden. Eine fundierte Ausbildung, um in entsprechenden Situationen angemessen zu reagieren, ist wichtig und gibt Lehrkräften zudem Sicherheit.

1.4 Politische Bildung als Gesellschaftsaufgabe

Politische Bildung ist, wie oben bereits erwähnt, nicht allein ein Thema in Schulen. Auch für außerschulische Bildungseinrichtungen (wie Kita, Hochschule, Erwachsenenbildung), Nichtregierungsorganisationen (NGOs), Organisationen der Entwicklungszusammenarbeit, Parteien, Stiftungen, internationale Organisationen und Unternehmen ist politische Bildung ein wichtiges Gebiet. Trotz der Relevanz von politischer Bildung für diese Bereiche fokussierte die Ausbildung in der politischen Bildung in Deutschland bisher nur die Heranbildung künftiger Fachdidaktiker*innen. Lediglich in Ausnahmefällen ist politische Bildung beispielsweise Gegenstand und Inhalt eines fachwissenschaftlichen Studiums, obwohl sehr viele Studierende der Politik-, Erziehungs-, Sozial- und auch Geisteswissenschaften nach ihrem Studium im Feld der politischen Bildung tätig sind. Auch im internationalen Vergleich ist diese Lücke im Studium einzigartig. So sind die Schwerpunkte wie Bildungssysteme, Bildungspolitik oder Demokratiebildung in internationalen Universitäten (Beispiel: Hertie School of Governance) oder anderen Ländern (Beispiele: USA, Dänemark,

Australien oder Großbritannien) fest in den Curricula etabliert. Die Themen bilden eine elementare Säule der sogenannten Spitzenuniversitäten wie der Harvard University oder der Cambridge University. An den meisten deutschen Universitäten bleibt die politische Bildung meist nur angehenden Lehrkräften vorbehalten und konzentriert sich dementsprechend auf fachdidaktische Inhalte. Aspekte der politischen Bildung, die für sämtliche Lehrkräfte aller Schulformen und Fächer relevant sind (bspw. demokratische Schulentwicklung) und vor allem die außerschulische politische Bildung, werden vernachlässigt. Zugleich unterscheiden sich die außerschulische und die schulübergreifende politische Bildung wesentlich von der Fachdidaktik. Eine Ausbildung in diesen Bereichen ist daher mit gänzlich anderen Herausforderungen konfrontiert. Es zeigt sich, dass Angebote der außerschulischen politischen Bildung – beispielsweise im Kontext der außerschulischen Institutionen der Jugend- und Erwachsenenbildung (Massing 2010) – andere Voraussetzungen und Maßstäbe berücksichtigen müssen. Formate der außerschulischen politischen Bildung unterscheiden sich insofern von schulischen Formaten, als dass sie freiwillig sind, meist nicht zu einem allgemein anerkannten Abschluss führen und durch eine Pluralität der Angebote und Träger gekennzeichnet sind. Demnach gibt es keine verpflichtenden Curricula, stattdessen entscheiden Organisationen selbst über Inhalte (Bremer/Gerdes 2012) und Didaktik (Hufer 2015). Je nachdem, ob es sich etwa um öffentliche Organisationen (z. B. Volkshochschulen), freie Träger (z. B. Gewerkschaften, Kirchenverbände), Parteien, Stiftungen des öffentlichen Rechts oder private außerschulische Bildungsorte handelt, fallen sowohl Inhalte als auch die Vermittlung der Inhalte anders aus (ebd.).

Darüber hinaus müssen sich außerschulische Angebote nicht zwingend an die Grundsätze der schulischen politischen Bildung halten, beispielsweise den Beutelsbacher Konsens, und können unter anderem parteipolitisch stärker Position beziehen. Außerschulische Angebote der politischen Bildung werden zum Beispiel durch (parteinahe) Stiftungen, Vereine, die Bundes- und Landeszentralen für politische Bildung, öffentlich-rechtliche Medien, Hochschulen, NGOs, internationale Organisationen und viele weitere Akteure erbracht.

In Bezug auf die Erwachsenenbildung argumentiert Hufer (2015), dass das einzige didaktische Prinzip, über das Konsens existiere, die Teilnehmendenorientierung sei, das heißt die Anpassung von Angeboten an die Voraussetzungen und Erwartungen der Teilnehmenden. Über diese Erkenntnis hinaus existiert über die Erwachsenenbildung in Deutschland jedoch nur eine schwache Datenlange, wobei das Deutsche Institut für Erwachsenenbildung (DIE) in Bonn regelmäßig im Verbund mit weiteren Verbänden umfangreiche Befragungen durchführt, um eine „weitreichende Darstellung der öffentlich verantworteten Weiterbildung in Deutschland" zu erlangen (Christ/Horn/Lux 2020: 10). Für den schulischen Bereich sind die Erwachsenenbildung und die außerschulische politische Bildung insofern relevant, als dass für Lehrkräfte beispielsweise Grundlagentrainings, Seminare und Fortbildungen angeboten werden. Auch Lehramtsanwärter*innen werden von außerschulischen Bildungseinrichtungen wie dem Entwicklungspolitischen Bildungs- und Informationszentrum (EPIZ)[2] fortgebildet. Zudem werden Angebote zu Themen der politischen Bildung für Schulen entwickelt, die zum Teil Lücken in der schulischen Ausbildung – beispielsweise zu Rassismus, Sexismus oder Gruppenbezogener Menschenfeindlichkeit – schließen sollen. Letztlich überschneidet sich die politische Bildung mit anderen Themen, beispielsweise der kulturellen Bildung. Diese thematischen Überlappungen werden im Kontext der Öffnung von Schule teils als Querschnittsaufgaben von außerschulischen Bildungsorganisationen adressiert. Auch die KMK (u. a. 2007) verweist wiederholt auf die Schnittmengen von kultureller und politischer Bildung.

1.5 Aufbau des Buchs

Ziel des vorliegenden Buchs ist es, einen umfassenden Zugang zur Forschung über die Schnittmengen von Bildung und Politik im Allgemeinen und politischer Bildung im Besonderen zu geben und diese anhand zentraler Forschungsbereiche, Anwendungsfelder und internationaler Ansätze zu illustrieren. Fragen der politischen Bildung und Bildungspolitik stellen dabei nicht nur Teilbereiche der Politik-, Bildungs- und Erziehungswissenschaften dar, sondern sind ebenfalls relevant für die Nachbardisziplinen (wie u. a. Soziologie oder Ökonomie).

Das vorliegende Buch verwendet, orientiert an der Verwendung der Begriffe in der wissenschaftlichen Literatur, die Großschreibung „Politische Bildung“, wenn das Schulfach Politische Bildung gemeint ist (Ackermann 1996; Achour/Höppner/Jordan 2020; Patzelt 2019a), und die Schreibweise „politische Bildung“, wenn von dem Themenfeld und nicht explizit dem Schulfach die Rede ist (Sächsische Landeszentrale für politische Bildung 2021; Detjen 2013, 2015). Letzteres kann sich auch auf den Schulkontext beziehen (bspw. politische Bildung in der Schule, wenn sich die Aussage nicht auf das Schulfach bezieht).[3]

Das Buch richtet sich sowohl an Studierende und angehende Lehrkräfte aller Schulformen und Disziplinen als auch an Lehrende in den Lehramtsstudiengängen sowie den Disziplinen Politikwissenschaft, Erziehungswissenschaft, Bildungsforschung und Sozialwissenschaften. Angesprochen sind zudem Personen aus

2 Fortbildungen für Multiplikator*innen. Entwicklungspolitisches Bildungs- und Informationszentrum – EPIZ e. V. URL: https://www.epiz-berlin.de/fortbildungen-fuer-multiplikatorinnen/, zuletzt abgerufen am 16.02.2022.

3 Damit orientiert sich das Buch an der in der wissenschaftlichen Literatur dominierenden Schreibweise. In der wissenschaftlichen Literatur wird „Politische Bildung“ meist auf das Schulfach bezogen und groß geschrieben (Ackermann 1996; Achour/Höppner/Jordan 2020; Patzelt 2019a). Ist allerdings das Themenfeld der politischen Bildung gemeint, so wird meist die kleine Schreibweise verwendet (Sächsische Landeszentrale für politische Bildung 2021; Detjen 2013, 2015).

Forschung und Praxis, NGOs, internationalen Organisationen, außerschulischen Bildungseinrichtungen, Bildungspolitik und Weiterbildung. Das Buch ist so konzipiert, dass es nicht vom Anfang bis zum Ende gelesen werden muss. Stattdessen können je nach Interesse, Schwerpunkt und persönlicher Zielsetzung Kapitel übersprungen oder ausgewählt werden.

Zu Beginn eines jeden Kapitels finden sich Übungsfragen, die im Kapitel beantwortet werden. Am Ende der Kapitel stehen Verweise auf weitere Informationen, Podcasts, Videos oder Interviews – jeweils mit einem passenden Icon für die schnelle Übersicht versehen.

Insgesamt gliedert sich das Buch in sechs Überkapitel. Im Anschluss an die vorliegende Einführung werden zentrale Begriffe eingeordnet, diskutiert und definiert. Das dritte Kapitel wendet sich aktuellen Fragen der politischen Bildung (mit dem Schwerpunkt Deutschland) zu und diskutiert Themen wie politische Bildung in der Schule, Demokratiebildung, Extremismus, Gruppenbezogene Menschenfeindlichkeit und Flucht. Daraufhin werden in Kapitel 4 politische Bildung in der Europäischen Union und European Citizenship Education erörtert. Das fünfte Kapitel nimmt Nichtregierungsorganisationen und Stiftungen in Bildungs- und Schulsystemen beziehungsweise in der politischen Bildung in den Blick. Basierend auf den ersten Befunden werden im sechsten Kapitel internationale Konzepte in der politischen Bildung, wie Global Citizenship Education, Bildung für nachhaltige Entwicklung, Klimabildung und Entrepreneurship Education, sowie die Rolle internationaler Organisationen bei der Verbreitung dieser Konzepte diskutiert.

Für die Unterstützung bei der Erstellung des Buchs, Recherchen, Zuarbeiten, Formatierungen und Überarbeitungen danke ich Charlotte Blücher, Djamila Heß, Milan Swarowski, Berfin Yildirim und Eva Brunner. Darüber hinaus hat das Buch von den intensiven Diskussionen mit Studierenden in meinen Vorlesungen, Übungen und Seminaren profitiert – zu nennen sind vor allem die Teilnehmer*innen meiner aktuellen Vorlesungen an der Universität Leipzig „Medienbildung und Politische Bildung in der Schule“, „Politische Bildung und Demokratie“ sowie „Politische Bildung“. Schließlich danke ich meiner Familie, die mir trotz der Herausforderungen durch Schul- und Kitaschließungen während der Pandemie den Rücken gestärkt und die Realisierung des vorliegenden Buchs ermöglicht hat.

Weiterführendes

Dlf – Neues Schulfach. An Berliner Schulen gibt es jetzt „Politische Bildung“: https://www.deutschlandfunk.de/neues-schulfach-an-berliner-schulen-gibt-es-jetzt.680.de.html?dram:article_id=455424

NZZ – Politische Bildung als Schulfach in der Schweiz: Ungenügende Note für die politische Bildung: https://www.nzz.ch/schweiz/ungenuegende-note-fuer-die-politische-bildung-1.18383494)

taz – Expertin über Schulfach Politische Bildung. „Die Themen liegen auf der Straße“. Interview mit Sabine Achour: https://taz.de/Expertin-ueber-Schulfach-Politische-Bildung/!5611138/

2 Begriffsbestimmungen

Das vorliegende Kapitel wendet sich der Bestimmung zentraler Begriffe zu und ist daher insbesondere den Personen empfohlen, die einen Einstieg in das Thema suchen. An dieser Stelle soll außerdem verdeutlicht werden, warum es wichtig ist, zentrale Begriffe im Vorfeld zu definieren und weshalb die Verwendung bestimmter Definitionen in Texten entscheidend für deren Verständnis ist. Wer sich allerdings vor allem für ausgewählte Themen interessiert, kann das vorliegende Kapitel überspringen und gegebenenfalls darauf zurückkommen, falls begriffliche Unklarheiten entstehen.

Einführend wird der Politikbegriff mit seinen unterschiedlichen alltagssprachlichen und wissenschaftlichen Verständnissen vorgestellt. Anschließend wendet sich das Kapitel dem Bildungsbegriff zu – sowohl in seinen historischen als auch aktuellen Deutungen in Bezug auf individuelle Mündigkeit sowie als messbare Größe der Kompetenzerwerbung. Darauf aufbauend wird das Konzept von Erziehung anhand des Dilemmas zwischen individueller Selbstentfaltung und gesellschaftlichen Funktionen eingeführt. Bildung und Erziehung werden sodann von den Konzepten Sozialisation und Lernen abgegrenzt. Abschließend und im Anschluss an die Bestimmung der für die Sozial-, Erziehungs- und Politikwissenschaften, aber auch für Bildungssysteme, Bildungspolitik und politische Bildung grundlegenden Begriffe werden die Konzepte politische Bildung, Citizenship Education und Civic Education sowie Bildungspolitik und Bildungssysteme diskutiert.

2.1 Politik

Übungsfragen

- Welche Verwendungen des Politikbegriffs finden sich in der wissenschaftlichen Literatur? Welchen Minimalkonsens gibt es zum Politikbegriff?
- Auf welche Dimensionen beziehen sich *Policy, Polity* und *Politics*?

Versuche der Systematisierung

Politik ist ein schillernder Begriff, der je nach Ausgangsbasis, gesellschaftlichem, historischem und kulturellem Kontext sowie dem individuellen Selbstverständnis unterschiedlich definiert wird. Anstelle einer einheitlich akzeptierten Definition ist in wissenschaftlichen und öffentlichen Diskursen eine Vielzahl an Verständnissen von Politik vorzufinden. Zugleich beeinflusst die Verwendung eines bestimmten Politikbegriffs die Vorannahmen und den Blick auf bestimmte Fragen oder Phänomene grundlegend. Politische Inhalte sind immer vor dem Hintergrund des gewählten Politikverständnisses zu deuten. Daher ist es wichtig, sich mit den unterschiedlichen Begriffen von Politik sowie ihrer Verwendung zu beschäftigen (Hofmann/Dose/Wolf 2015). Häufig bezieht sich die Verwendung des Begriffs in öffentlichen Debatten auf Vorstellungen über Machthabende und Beherrschte (ebd.). In der wissenschaftlichen Literatur finden sich meist differenziertere Verwendungen des Begriffs. Teils unternehmen Wissenschaftler*innen den Versuch, die unterschiedlichen Begriffe von Politik zu systematisieren. Unterschieden werden kann beispielsweise zwischen

1. weiten und engen,
2. gouvernementalen, normativen und konfliktorientierten,
3. normativ-ontologischen, kritisch-dialektischen und empirisch-analytischen sowie
4. formalen, prozesshaften und inhaltlich fokussierten Perspektiven auf Politik (Massing 2007).

Die Differenzierung zwischen einem ‚engen' und einem ‚weiten' Politikbegriff verdeutlicht, dass die Grenzen von Politik fließend sind. Während sich ein eng gefasster Politikbegriff ausschließlich auf „staatliches" Regieren (ebd.: 285) bezieht, basiert der weite Politikbegriff auf der Annahme einer „Unschärfe des Politischen" (Beck/Hajer/Kesselring 2013: 11). Ausgehend von einer solchen weiten Perspektive auf Politik rücken unterschiedliche Politikfelder und diverse Tätigkeiten in den Fokus. Dies schließt auch Phänomene der „Alltagspolitik" mit ein, die jenseits der klassischen politischen Institutionen verortet sind (ebd.). In den sogenannten „Alltagswelten", zum Beispiel Familie, Geschlechterverhältnisse, Gewerkschaften etc., werden Prinzipien der Demokratie kulturell gewandelt und umgesetzt beziehungsweise deren Nichtumsetzung kritisiert (ebd.).

Zudem können ‚gouvernementale', ‚normative' und ‚konfliktorientierte' Verständnisse von Politik unterschieden werden. Eine gouvernementale Perspektive auf Politik grenzt sich von einem emanzipatorischen Verständnis ab. Mit gouvernemental ist eine Regierungszentrierung gemeint, das heißt vor allem Konzepte wie „Führung", „Herrschaft", „Macht" oder „Hierarchie" (Alemann 1995). Eine emanzipatorische Verwendung des Politikbegriffs fokussiert hingegen Begrenzungen staatlicher Macht durch Mittel wie Teilhabe, Partizipation, Gleichheit oder Demokratie (ebd.). Ein normativer Politikbegriff wird in der Literatur wiederum teils von einem deskriptiven Verständnis von Politik abgegrenzt. Politik wird dann als normativ charakterisiert, wenn sie sich auf Werte, Vorstellungen und Ideen in Bezug auf Ziele oder Wünsche bezieht. Im Gegensatz dazu begrenzt sich eine deskriptive Perspektive auf Politik auf die reine Beschreibung ohne Wertungen (ebd.). Eine solche Unterscheidung lenkt jedoch davon ab, dass Politik im Endeffekt immer in einem gewissen Sinne normativ ist.

Des Weiteren wird der konfliktorientierte Politikbegriff als Gegensatz zu einer konsensbezogenen Definition verstanden. Ersterer beruht auf der Annahme, Konflikt sei Grundlage jeder Politik. In Abgrenzung dazu kann das gesellschaftliche Gemeinwohl bei konsensbezogenen Politikverständnissen in erster Linie durch das Anstreben übereinstimmender Meinungen erreicht werden (ebd.).

Hofmann et al. (2015) differenzieren ferner ‚normativ-ontologische', ‚kritisch-dialektische' und ‚empirisch-analytische' Perspektiven auf Politik. Ein normativ-ontologisches Verständnis geht von der wissenschaftstheoretischen Annahme der Existenz eines absoluten Seins aus. Diese impliziert das Vorhandensein einer universellen Wahrheit und Moral, von der aus schließlich normative Aussagen über das, *was sein soll* formuliert werden, das heißt ethisch-moralische Orientierungen, die auf spezifischen Normen, Werten, Ideologien oder Verfassungen basieren (ebd.). Ausgehend von einer kritisch-dialektischen Perspektive auf Politik bilden Methode und Gegenstand eine Einheit, sodass es keine systematische Darstellung der eigenen Erkenntnismethode geben kann. Soziale Verhältnisse werden in ihrer geschichtlichen „Gewordenheit" und Veränderlichkeit betrachtet, wobei Fragen des sozialen Kampfes, Unterdrückung, Ausbeutung und Emanzipation mit Blick auf das gesellschaftliche Ganze dargestellt werden (Wesche 2012; Hofmann/Dose/Wolf 2015). Politik ist nach diesem Verständnis „Ausdruck der wirtschaftlichen Entwicklung der jeweiligen Gesellschaft" (Hofmann/Dose/Wolf 2015: 16). Empirisch-analytische Verständnisse von Politik bestreiten die Grundannahmen der anderen beiden Perspektiven und versuchen, Fragen der Politik möglichst wertneutral und objektiv zu analysieren beziehungsweise auf der Basis von Beobachtungen Vorhersagen über künftige Entwicklungen zu treffen. Politik ist dabei „ein gesellschaftlicher Teilbereich, in dem gesellschaftlich relevante Entscheidungen gefällt werden, die mit Zwangsgewalt versehen sind" (ebd.).

Dreiteilung und Minimalkonsens: policy, politics und polity

Empirisch-analytische Perspektiven auf Politik haben in den Politik- und Sozialwissenschaften in den letzten Jahren an Bedeutung gewonnen. Doch auch innerhalb der empirisch-analytisch forschenden Wissenschaftler*innen existieren unterschiedliche Verständnisse von Politik. Allerdings gelang es, einen sogenannten „Minimalkonsens" der Definition zu entwickeln, der Politik als einen „gesellschaftlichen Teilbereich [versteht], der für die Gesamtgesellschaft allgemeinverbindlich Entscheidungen trifft" (Hofmann/Dose/Wolf 2015: 18). Drei analytische Dimensionen von Politik sind hierbei zentral: *Policy*, *Politics* und *Polity* (ebd.). Diese Dreiteilung des Politikbegriffs (siehe Abbildung 2-1) erlaubt eine differenzierte Benennung spezifischer Teilbereiche von Politik sowie der Politikfelder (ebd.) und wurde in anderen Disziplinen wie den Erziehungs- und Bildungswissenschaften breit rezipiert.

Polity	Polity bezeichnet das Normengefüge, welches die politischen Strukturen und die sich hieraus ergebende Ordnung bestimmt. Konkret müsste man in Deutschland dazu zählen: das Grundgesetz und die in ihm verankerten Institutionen (z. B. Bundestag, Bundesregierung, Bundesverfassungsgericht) und Verfahren (z. B. die Vorschriften, die bei der Gesetzgebung zu beachten sind).
Politics	Politics bezieht sich auf den Prozess des Politikgestaltens, der durch Konflikt, Konsens und Durchsetzungsprozesse gekennzeichnet ist. Dieser Prozess, in dem Interessen von politischen Akteuren vertreten werden, findet im Idealfall innerhalb der Vorgaben der Polity statt und wird von ihr kanalisiert.
Policy	Umfasst die inhaltliche (materielle) Dimension von Politik, die sich in Parteiprogrammen, Koalitionsvereinbarungen, Gesetzen (z. B. BAföG, Gesundheitsreformgesetz oder Elterngeld) und Rechtsverordnungen niederschlägt. Über die Inhalte wird im Rahmen der Vorgaben durch die Polity häufig gestritten, wenn die verschiedenen Interessen aufeinanderprallen.

Tabelle 2-1: Analytische Dimensionen der Politik, Quelle: eigene Darstellung nach Hofmann/Dose/Wolf 2015, S. 18

Dabei bezieht sich *Policy* auf die inhaltliche Dimension von Politik, welche in den Politikfeldern und Handlungsprogrammen der politischen Akteure und Instanzen sichtbar wird. Politik bedeutet in diesem Kontext die Gesamtheit der materiellen Politiken einer Regierung oder einer Partei (Rohe 1994). Mit *Politics* sind im Unterschied dazu die Prozesse des Politikgestaltens oder der „Regierungskunst" gemeint. *Politics* konzentriert sich auf Konflikte und Auseinandersetzungen um Macht und Einfluss zwischen verschiedenen individuellen oder kollektiven Akteuren, das heißt Personen oder Organisationen. *Polity* fokussiert den formalen Handlungsrahmen beziehungsweise die Bedingungen, unter denen Politik stattfindet. Diese sind als Normengefüge zu verstehen, die politische Strukturen bestimmen und beziehen sich insbesondere auf Verfassungen und Rechtsgrundlagen. Ein enger Politikbegriff adressiert ausschließlich die *Policy*-Dimension. In Abgrenzung dazu bezieht ein weiter Politikbegriff auch *Polity* und *Politics* mit ein, und geht folglich davon aus, dass unterschiedliche gesellschaftlichen Bereiche, beispielsweise Sport, Kultur oder Bildung, als politisch gekennzeichnet werden können (Hellmuth/Klepp 2010).

Weiterführendes

PolitikWissen – Wissen2Go: Was ist Politikwissenschaft? https://www.uibk.ac.at/politikwissenschaft/kommunikation/artikel/podcast/senn_politikwissenschaft.html

2.2 Bildung

Übungsfragen

- Welche historischen Ursprünge hat der Bildungsbegriff und aus welcher gesellschaftlichen Schicht heraus ist er entstanden?
- Welche Verständnisse von Bildung gibt es und welcher Kritik sind diese ausgesetzt?

Der Begriff der Bildung weckt unterschiedliche Assoziationen. So wird Bildung auch in der wissenschaftlichen Literatur sehr divers definiert; es herrschen viele verschiedene Konzeptionen und Operationalisierungen (Tenorth 2020). Teilweise wird sogar die grundsätzliche Eignung des Konzepts in der wissenschaftlichen Debatte infrage gestellt. So ist zuletzt der Vorwurf zu lesen, es sei zur „Mode geworden, den ‚deutschen Bildungsbegriff' als verbrauchte Kategorie in einer Disziplin – der Erziehungs- und Bildungswissenschaften darzustellen, die im Zuge ihrer spezialisierten Ausdifferenzierung und empirischen Umorientierung ihren Gegenstand verloren zu haben scheint" (Bernhard 2011: 174).

Historische Perspektiven auf Bildung beziehen sich oft auf das 18. Jahrhundert, in dem Bildung als politische Waffe im Kampf des aufstrebenden Bürgertums gegen das feudale System verstanden wurde (Bernhard 1997). Bildung formte sich in dieser Zeit als Begriff heraus, der auf den jeweiligen gesellschaftlichen, ökonomischen, politischen und kulturellen Voraussetzungen basiert und vorhandene Ordnungen und Systeme zu entkräften vermag.

> „Die Menschen werden aus ihrer metaphysisch verbürgten Bestimmung in den gesellschaftlich-historischen Prozeß entlassen, in dem sie nun selbst für ihre Handlungen einstehen müssen" (ebd.: 64).

Bildung fokussiert nunmehr – in Abgrenzung zu Erziehung – die Herausbildung des Subjekts, des autonomen, selbsttätigen, selbstbestimmten und mündigen Individuums. Durch Bildung löst sich die Subjektwerdung von der Fremdbestimmung,

> „vollzogen von einer Individualität, die Lernanlässe und Bildungsgüter nur als Angebot sieht, die der Einzelne nach seinen Interessen, Bedürfnissen und Möglichkeiten wählt, um seine eigene Vollkommenheit zu befördern" (Tenorth 2020: 14).

In Anlehnung an Kant ist Bildung verknüpft mit einem Prozess der individuellen Emanzipation. Sie beginnt mit der „physischen Erziehung" und geht dann über in die „Zivilisierung", „Kultivierung" und „Moralisierung", um sich schließlich in und durch „Bildung" zu verdichten (Kant 1964: 699 zit. nach Tenorth 2020:14). Bildung ist nach Kant ein Ideal, nach dem Individuen streben, ohne es vollständig zu erreichen (Tenorth 2020). In anderen Worten handelt es sich bei Bildung um individuelle, „innerweltliche" und historisch konstituierte Prozesse, die sich lösen von religiösen oder theologischen Erwartungen sowie den Annahmen der biologischen Evolution (Tenorth 2016).

Die Unterscheidung zwischen Bildung und Erziehung in der deutschen Sprache ist einzigartig und nur begrenzt in andere Sprachen übersetzbar. Sowohl Erziehung als auch Bildung werden beispielsweise im Englischen mit „education" und im Französischen mit „éducation" übersetzt. Allerdings wird in vielen anderen Sprachen differenziert „zwischen den gesellschaftlich kontrollierten Formen des Aufwachsens und den schönen Bildern der Subjektwerdung" (Tenorth 2020: 12). In der englischen Sprache wird die Unterscheidung in der Begriffsfolge „upgrowing", „education" und „self-cultivation" sichtbar (ebd.). International rezipierte Philosophen, wie der italienische Philosoph Antonio Gramsci, nutzten in ihren Schriften nicht selten die deutschen Wörter – Bildung und Erziehung – um sich die unterschiedlichen Verwendungen und Konnotationen beider Begriffe zunutze zu machen (Bernhard 2011).

Bildung kann auf mannigfache Arten kategorisiert werden. Nach Klafki setzt sich Bildung aus drei Grundfertigkeiten zusammen: der Selbstbestimmung, der Mitbestimmung und der Solidarität. Basierend auf Überlegungen von Klafki werden beispielsweise ‚materiale', ‚formale' und ‚kategoriale' Formen der Bildung unterschieden (Klafki 1964; Bernhard/Freire 1997). Mit materialer Bildung sind Gegenstände oder der Wert eines Inhalts mit geistigem Gehalt gemeint. Konkrete Beispiele sind Bücher oder Kunstwerke, die für die individuelle oder gesellschaftliche Bildung genutzt werden, wobei die Gegenstände mit Bildungswert je nach Generation neu bestimmt werden (Bernhard 1997). Die ‚formale Bildung' adressiert die individuelle Befähigung, Entwicklung von Kompetenzen und pädagogische Interventionen. Damit verbunden sind Ziele wie die Entfaltung von Subjekten sowie die Fähigkeit, (künftige) Herausforderungen im Leben zu meistern (ebd.). Mit der kategorialen Bildung kann nach Klafki (1964) der Dualismus von formaler und materialer Bildung überwunden werden.

> „Bildung nennen wir jenes Phänomen, an dem wir – im eigenen Erleben oder im Verstehen anderer Menschen – unmittelbar der Einheit eines subjektiven (formalen) und eines objektiven (materialen) Momentes innewerden" (ebd.: 297).

Mit der kategorialen Bildung werde somit eine Einheit der Bildung erlebt, das heißt ein Durchdringen sowohl der „dinglichen" als auch der „geistigen Wirklichkeit" mit objektivem Anspruch, aber auch ein Erschließen der subjektiven Wirklichkeit von Menschen (ebd.).

> „Bildung ist der Begriff von Vorgängen, in denen sich die Inhalte einer bestimmten geistigen und dinglichen Wirklichkeit ‚erschließen' und dieser Vorgang ist – von der anderen Seite her gesehen – nichts anderes als das Sich-Erschließen bzw. Erschlossen-Werden eines Menschen für jene Inhalte und ihren Zusammenhang als Wirklichkeit. Bildung ist eben dieses einheitliche Geschehen und zugleich sein Ergebnis" (ebd.: 297).

Die kategoriale Bildung hat einen doppelten Charakter, da sich Individuen zum einen ihre eigene Wirklichkeit kategorial erschließen und zum anderen sie sich selbst nur durch diese Erschließung beziehungsweise die „vollzogenen kategorialen Einsichten, Erfahrungen, Erlebnisse" (ebd.: 298) für das Leben beziehungsweise die Wirklichkeit zugänglich gemacht haben.

Bildung kann außerdem nach den Kontexten ihrer Vermittlung unterschieden werden: So differenzieren viele Autor*innen zwischen ‚formaler Bildung', ‚non-formaler Bildung' und ‚informeller Bildung' (siehe Abb. 2-2). Die formale Bildung findet in Bildungseinrichtungen statt, die den Lernenden – meist vor dem Eintritt in den Arbeitsmarkt – eine Vollzeit- und Erstausbildung ermöglichen. Die Bildung ist in formalen Bildungseinrichtungen organisiert, institutionalisiert und kann nach einer Mindestdauer zu einem staatlich anerkannten Abschluss führen (v.a. Schule und Hochschule). Die non-formale Bildung wird meist als Zusatz oder Ergänzung der formalen Bildung beschrieben (European Union 2016; UNESCO 2011; Köller et al. 2019). Non-formale Bildung ist zwar ebenfalls organisiert und institutionalisiert, führt aber nicht zwingend zu einem allgemein anerkannten Abschluss (bspw. wenn ein formaler Bildungsabschluss erlangt wird). Im Unterschied zur formalen Bildung steht der Wissenserwerb hier nicht unbedingt im Zentrum; vielmehr können Lernprozesse sich ebenso auf Freizeitaktivitäten beziehen. In Abgrenzung zu den beiden anderen Formen ist die informelle Bildung weder institutionalisiert noch strukturiert oder organisiert. Sie führt zu keinem staatlich anerkannten Abschluss, ist meist nicht intentional und kann als das beschrieben werden, was häufig unter dem Begriff der Sozialisation gefasst wird. Lernen findet praktisch „nebenbei" und an unterschiedlichen Orten, wie der Familie, dem Arbeitsplatz oder dem Alltagsleben, statt (European Union 2016; UNESCO 2011; Köller et al. 2019).

Abbildung 2-2: Formale, non-formale und informelle Bildung, Quelle: eigene Darstellung nach Classification of Learning Activities (CLA). Manuel (2016 edition), Luxembourg: Publications Office of the European Union, 2016, S. 14

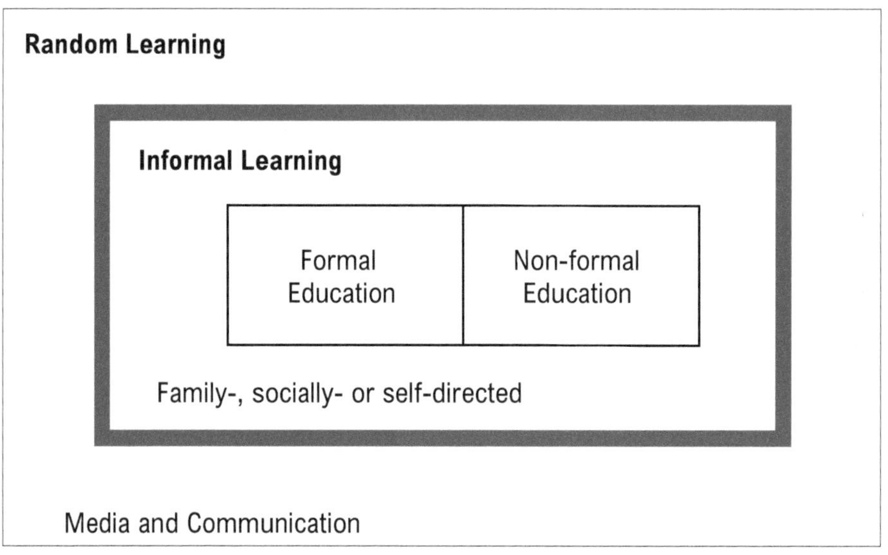

Kontroversen des Bildungsbegriffs

Das Bildungskonzept wird mit verschiedenen Ansprüchen konfrontiert, die sich teilweise nur schwer auflösen lassen: Einerseits soll Bildung die Subjektwerdung und die individuelle Entfaltung von Persönlichkeiten ermöglichen (Bernhard 1997). Andererseits soll sie jedoch auch auf die Qualifikation, die Ausbildung und die Heranbildung künftiger Gesellschaften abzielen. Mit letzterem verbunden sind Ansprüche an eine „Verwertbarkeit" des Menschen, das Durchsetzen gegenüber (globaler) Konkurrenz sowie Aspekte der Nützlichkeit und Notwendigkeit (bspw. gesellschaftlicher Frieden, Zusammenhalt).

Die unterschiedlichen Deutungen und Verständnisse von Bildung werden in der Literatur häufig auf ihre Traditionen und unterschiedliche Bildungsideen zurückgeführt. Gruschka (u.a.Gruschka 2004) unterscheidet beispielsweise die ‚utilitaristische' von der ‚neuhumanistischen Bildungsidee'. Die utilitaristische Bildungsidee zielt auf die Qualifikation von Kindern und Jugendlichen in formalen Bildungseinrichtungen (v.a. Schulen) zur späteren Selbstverwirklichung durch Fleiß, Anpassungsfähigkeit und Ehrgeiz im Beruf ab. Im Unterschied dazu setzt die neuhumanistische Bildungsidee auf die Individualität von Menschen (ebd.). In diesem Sinne – basierend auf den Ideen von Wilhelm von Humboldt – folgt Bildung nicht dem primären Nutzen (bspw. auf dem Arbeitsmarkt), sondern der Auseinandersetzung mit Inhalten, die jenseits der Nützlichkeitslogik zur Entwicklung von Subjektivität und der Selbstentfaltung von Persönlichkeiten ausgewählt werden. Die neuhumanistische Vorstellung versteht Bildung sowohl als Prozess als auch als Zustand.

Einige Autor*innen argumentieren, dass eine dichotome Gegenüberstellung von utilitaristischer und zweckfreier Bildung irreführend sei, da sie eine Zweckfreiheit der humanistischen Bildung suggeriere (Tenorth 2020). Nicht zuletzt habe jedoch bereits Humboldt eine solche unversöhnliche Gegenüberstellung von zwei Bildungsidealen abgelehnt (ebd; Gruschka 2004). Stattdessen berücksichtige die neuhumanistische Bildungsidee neben den bereits beschriebenen Werten der Selbstentfaltung und Individualität auch den Wert der Ausbildung zu einem bestimmten Beruf als Bildung, klammert dabei aber die Herausbildung von Mündigkeit und Autonomie nicht aus (Tenorth 2020; Gruschka 2004).

Aktuelle erziehungs- und bildungswissenschaftliche Debatten erwecken den Eindruck eines zerstrittenen Felds, in dem kein Konsens über den Bildungsbegriff besteht. Zugleich zeigt sich jedoch eine weitgehende Einigkeit in Bezug auf die Annahme, dass Bildung Prozesse der Selbstbildung impliziert – auch wenn verschiedene Erwartungen mit diesen Prozessen verbunden sind und unterschiedliche Faktoren identifiziert werden, die diese Prozesse beeinflussen (Tenorth 2016).

Vor dem Hintergrund dieser Überlegungen lehnt Tenorth (2016) aktuelle Tendenzen in den Erziehungs- und Bildungswissenschaften ab, Bildungsforschung von Bildungstheorie zu trennen. So sei es notwendig, internationale Vergleichsstudien der Bildungsforschung zu Standards, Kompetenzen und der Leistungsfähigkeit von Bildungssystemen (bspw. Programme for International Student Assessment (PISA)) bildungstheoretisch einzuordnen beziehungsweise zu reflektieren. Nicht zuletzt würden diese Studien auf Konstrukte wie Grundbildung oder *Literacy* zurückgreifen, die einen zentralen Bestandteil der Bildungstheorien ausmachten (Tenorth 2016). Umgekehrt seien Theorien der Bildung auf empirische Erkenntnisse angewiesen – seien es *Large-Scale-Assessments* wie PISA oder andere qualitative oder quantitative Forschungen (ebd.). Um die Gegenüberstellung von Bildungstheorie und -forschung zu überwinden, sei die Bildungsphilosophie unabdingbar, da diese erst die „methodisch distinkte Relation zu ‚Bildungsforschung' überhaupt diskutierbar" (ebd.: 48) mache. Dies schließe Bildungstheorien aus, die sich nicht als analytisch erschließbar verstehen, dem Szientifismus entziehen und der empirischen Forschung und Überprüfung verweigerten (ebd.). Idealistische Begriffe von Bildung tendierten dazu, die Realität und Empirie nicht ausreichend mit in ihre Überlegungen mit einzubeziehen und „alte" Utopien ohne Berücksichtigung veränderter Umstände und Erkenntnisse zu reproduzieren (Bernhard 2011: 177). Nach Gruschka mündet ein solches idealistisches Verständnis in einem „gesellschaftlich entleerte[n] Bildungsbegriff" (Gruschka 2004: 223). Umgekehrt sieht sich ein rein empirisch begründetes Verständnis von Bildung mit dem Vorwurf konfrontiert, sich auf messbare Phänomene zu reduzieren und nicht über den Status quo hinauszugehen (Bernhard 2011).

Messbarkeit von Bildung, Vereinheitlichung und Standardisierung

Im Zuge eines *Empirical Turn* in den Erziehungs-, Bildungs- und Sozialwissenschaften wurden spezifische Bildungsziele als Standard formuliert, die im Hinblick auf den *Outcome* regelmäßig getestet und verglichen werden (Beichel/Fees 2007). In diesem Kontext wurden und werden Lehrpläne sukzessive umgestaltet, wobei weniger die Inhalte beziehungsweise das zu vermittelnde Wissen als vielmehr die zu erlernenden Kompetenzen in den Fokus rücken (ebd.). Im Schulsystem wird das Erreichen dieser Kompetenzen anhand von Evaluationen sowie Leistungserhebungen von Schüler*innen überprüft.

Im Kontext dieser Veränderungen ist häufig die Kritik zu finden, dass der Bildungsbegriff zu einem Kompetenzbegriff degradiert und seiner Komplexität nicht gerecht würde. Im Mittelpunkt stehen durch den Fokus auf eine Evaluierung Fragen der „richtigen" Bildung, während Aspekte der individuellen Selbstentfaltung in den Hintergrund rückten. Entgegen dieser Vorwürfe wird Bildung jedoch auch von quantitativ orientierten Bildungsforscher*innen nicht mit Kompetenzen gleichgesetzt. Vielmehr wird häufig explizit darauf verwiesen, dass Schulleistungsstudien keine Rückschlüsse über Bildung an sich erlauben und nur Teilaspekte von Bildung mess- und vergleichbar machen können (Baumert 2002).

Die Notwendigkeit von Bildung wird nicht selten an die Sicherung von gesellschaftlichem Wohlstand, persönlichem Wohlbefinden und gesellschaftlicher Teilhabe geknüpft (Schleicher/Schuknecht 2019). Wie Schleicher und Schuknecht (2019) zeigen, ist es insbesondere in einigen Ländern des Globalen Südens (v. a. in Asien) gelungen, durch eine Verbesserung der Bildungs- und Kompetenzniveaus Wohlstand zu maximieren, extreme Armut zu reduzieren und die globale Mittelklasse auszudehnen. Den Autoren zufolge führt Bildung generell zur Verminderung von Kriminalität und einer verbesserten Gesundheit, mehr Partizipation sowie einem erhöhten institutionellen Vertrauen in Staat und Gesellschaft (ebd.). Dies rechtfertige internationale Vergleichsstudien, die diese Stärken und Schwächen aufdeckten und damit nicht nur eine Bestandsaufnahme von Kompetenzniveaus lieferten, sondern eine Grundlage zur Verbesserung von Bildungssystemen darstellten (ebd.). Anhand solcher Studien lässt sich zudem beispielsweise ermitteln, inwiefern der soziale Hintergrund in Ländern oder Regionen über die Leistungserbringung in Schulen entscheidet (ebd.). Empirische Ergebnisse könnten Hinweise in Bezug auf die Hebel geben, durch die Leistungen von Schüler*innen gesteigert werden könnten (ebd.). Dennoch sollte berücksichtigt werden, dass der Fokus auf messbare Leistungsaspekte von Schüler*innen von anderen Funktionen der Schule ablenkt, die gerade für die politische Bildung von zentraler Relevanz sind, zum Beispiel dem gesellschaftlichen Zusammenhalt.

Bildungsarbeit und -forschung, die sich mit der Ausbildung von Kompetenzen beschäftigen, sehen sich insofern mit Unsicherheiten konfrontiert, als dass zum heutigen Zeitpunkt keine Gewissheit darüber besteht, welches Wissen und welche

Kompetenzen in Zukunft notwendig sind. Prozesse der Technologisierung sowie der derzeitige Wandel der Arbeitswelt ließen jedoch zumindest vermuten, dass es in bestimmten Branchen zu einem weiteren Abbau von Arbeitsplätzen kommen wird und somit Wissensformen hilfreich sind, die weniger auf Auswendiglernen als auf dem Verständnis grundlegender Strukturen von Fächern ausgerichtet sind (ebd.). Schulen kommt eine zentrale Rolle zu, denn nicht zuletzt sind sie in modernen Gesellschaften die einzigen Institutionen, die alle gesellschaftlichen Schichten und Klassen erreichen und eine Auseinandersetzung mit diversen Modi der Weltbegegnung bewirken können (Baumert 2002). Das Verstehen unterschiedlicher Rationalitäten (bspw. kognitiv oder ästhetisch-expressiv) eröffne in Schulen Horizonte, die für Bildung grundlegend sein können (ebd.). Die Erfassung und Überprüfung von Basiskompetenzen mithilfe von Vergleichsstudien wie PISA könne durchaus im Einklang mit dem Humboldtschen Bildungsideal gedacht werden (ebd.). Zur Grundlage einer modernen Allgemeinbildung nach Humboldt zählten neben der „Auseinandersetzung mit den normativ-evaluativen Grundlagen von Wirtschaft und Gesellschaft“ (ebd.: 108) auch naturwissenschaftliche Fähigkeiten sowie die Vermittlung eines Zugangs zu Kultur beziehungsweise kulturelle Basiskompetenzen. Zu diesen gehören beispielsweise Fremdsprachen, IT-Kompetenzen, mathematische Modellierungsfähigkeiten oder Strategien der Selbstregulation für den Wissenserwerb (Baumert 2002: 108).

Weiterführendes

Soziopod – „Bildung, Bildung, Bildung“ https://soziopod.de/2017/11/soziopod-radio-edition-007-bildung-bildung-bildung/

Bundeszentrale für Politische Bildung – Dossier zum Thema Bildung https://www.bpb.de/gesellschaft/bildung/zukunft-bildung/158412/editorial

„Sternstunde Philosophie“ des SRF – „Zankapfel Bildung: Der philosophische Stammtisch“ https://www.srf.ch/play/tv/redirect/detail/ea4a7ece-9423-485f-9874-1f05caf81852

2.3 Erziehung[4]

Übungsfragen

- Wie unterscheiden sich die Konzepte Bildung und Erziehung?
- Was ist das Dilemma der Erziehung?

Es gibt wenige Themen, die den Großteil der Menschen auf dieser Welt interessieren und persönlich betreffen, aber Erziehung zählt dazu. Schauen wir in die Buchläden, Medien, Museen oder andere Einrichtungen wird deutlich: Erziehung ist überall präsent und die normative Frage nach den Anforderungen „guter Erziehung" wird kontrovers diskutiert (Kolleck 2020a). Die Vielzahl an Erziehungsratgebern, die jährlich erscheinen, illustrieren dies recht anschaulich. Setzen wir uns jedoch tiefer mit den Berichten, Ratgebern oder Medienbeiträgen auseinander, so wird schnell klar, dass diesen meist sehr unterschiedliche Verständnisse von Erziehung zugrunde liegen. Diese unterschiedlichen Verständnisse führen zu diversen Ratschlägen oder Empfehlungen, die beispielsweise Lehrkräften oder Eltern im Hinblick auf Erziehung gegeben werden. Teils sind Hinweise sogar widersprüchlich.

Diese Alltagsbeobachtung spiegelt die Diskussion in der wissenschaftlichen Literatur wider, in der ebenfalls unterschiedliche Definitionen von Erziehung existieren. Häufig wird die Definition nach Brezinka angeführt, der den Begriff auf Handlungen bezieht, durch die

> „Menschen versuchen, das Gefüge der psychischen Dispositionen anderer Menschen in irgendeiner Hinsicht dauerhaft zu verbessern oder seine als wertvoll beurteilten Bestandteile zu erhalten oder die Entstehung von Dispositionen, die als schlecht bewertet werden, zu verhüten" (Brezinka 1990: 95).

Erziehung ist demnach eine Art der Vorbereitung von Menschen oder Generationen auf ihr eigenes Leben (Bernhard 1997; Kolleck 2020a). Aus dieser Perspektive hat Erziehung einen intentionalen Charakter, der mit einer gewissen Weltsicht oder Perspektive auf die Welt verbunden ist. Erziehung beinhaltet aufklärerische und reflexive Momente und provoziert eine reflexive Auseinandersetzung von Individuen mit der Welt (Bernhard 1997; Kunert 1997). Während in vielen anderen Sprachen nur ein gemeinsames Wort für Erziehung und Bildung besteht, werden die beiden Begriffe im deutschsprachigen Raum oft voneinander differenziert (Kunert 1997). Häufig findet sich die Argumentation, dass Erziehung als Begriff seit der Aufklärung nicht mehr

4 Dieses Kapitel basiert teils auf Abschnitten, die in einem Aufsatz in der Zeitschrift für Schul- und Professionswissen publiziert wurden (vgl. Kolleck 2020a).

ausreiche, um die Herausbildung von Subjekten und Persönlichkeiten in modernen Gesellschaften einzuordnen (Bernhard 2011). Aus dieser Perspektive haben die Ziele von Emanzipation und Mündigkeit gesellschaftliche Herausforderungen offenbart, die mit dem Konzept der Erziehung allein nicht mehr ausreichend erfasst werden können (ebd.).

Im Unterschied zum Konzept der Sozialisation ist Erziehung immer intentional, das heißt Erziehung geschieht nicht nebenbei beziehungsweise *en passant*, sondern ist immer mit einem Zweck verbunden, einer Intention des Erziehenden. Mit dieser Intention sind gewisse Werte und Normen verbunden, die dem Zögling durch den Erziehenden vermittelt werden sollen. Diese Werte und Normen sind dabei jedoch individuell unterschiedlich. Es existieren diverse Meinungen und Ideen dazu, welche Werte und Normen in welcher Art und Weise wichtig für die Erziehung sind. In der Folge sind mit Erziehung verschiedene Erwartungen verknüpft, die häufig entweder eher auf das Individuum oder die Gesellschaft fokussiert sind. Zu den Erwartungen an die Erziehung, die auf die Gesellschaft abzielen, zählen beispielsweise die Optimierung sozialer, politischer oder ökonomischer Bedingungen und Entwicklungen, die Unterstützung gesellschaftlicher Reproduktion, die Integration verschiedener kultureller Milieus oder der gesellschaftliche Zusammenhalt auf der Basis der Vermittlung gemeinsamer Werte und Normen in unterschiedlichen Milieus. Auf der anderen Seite steht das Individuum im Mittelpunkt, wenn beispielsweise mithilfe von Erziehung die persönliche Entwicklung und Selbstentfaltung gefördert werden sollen. Diese differenten Erwartungen weisen auf ein grundlegendes Dilemma hin, das Fragen von Erziehung, aber auch politischer Bildung, unmittelbar konfrontiert; ein Dilemma, „in dem pädagogische Reformkonzepte eines öffentlichen Schulwesens […] stehen" (Heinrich 2010: 13). Die Erziehung, und demnach auch die Demokratieerziehung und politische Bildung, sind geprägt von zwei „Prämissen pädagogischer Vorstellungen", nämlich „ein aufs Individuum bezogener Fortschrittsoptimismus als Bedingung der Möglichkeit von Pädagogik sowie ein gesellschaftlicher Fortschrittsoptimismus als Bedingung der Möglichkeit öffentlicher Bildung" (ebd.: 10) .

In der erziehungs- und bildungswissenschaftlichen Literatur wird wiederholt argumentiert, dass Individuen und Gesellschaften einerseits von Erziehung geprägt und auf Erziehung angewiesen sind, dass sie andererseits aber selbst auch Erziehung produzieren (u. a. Drinck 2010; Heinrich 2010; vgl. hierzu auch Kolleck 2020a). Erziehung ist Voraussetzung der Entwicklung vom Menschen zum Menschen. Sie basiert auf zwei Bedingungen: erstens der „Lernfähigkeit und Erziehbarkeit, die erst die Möglichkeit des Lernens und Erziehens schafft" und zweitens der „Lern- und Erziehungsbedürftigkeit, die die Notwendigkeit des Lernens und Erziehens voraussetzt" (Drinck 2010: 88).

Die diversen Normen, Werte, Erwartungen und Ziele, die je nach Individuum und Gesellschaft mit Erziehung in Verbindung gebracht werden, nehmen demnach entweder Bezug zu gesellschaftlichen oder zu individuellen Dimensionen. Wie bereits herausgearbeitet wurde, resultiert daraus ein Dilemma, das als eine der Kernfragen der Erziehung und Erziehungswissenschaft dargestellt werden kann: Geht es uns bei der Erziehung primär um das Subjekt, seine individuelle Persönlichkeitsentfaltung und Entwicklung oder um die Herstellung gesellschaftlichen Zusammenhalts sowie die Reproduktion von Gesellschaft? Während Erziehung die individuelle Freiheit ermöglichen soll, sind Menschen zugleich abhängig von ihrer Erziehung. Wie sollen sich allerdings Individuen selbstbestimmt entfalten, wenn sie zugleich gesellschaftliche Erwartungen erfüllen müssen (vgl. u. a. auch Kolleck 2020a)?

Auf diese Fragen gibt es zwar bisher noch keine allgemein akzeptierte Antwort. In der Literatur finden sich aber unterschiedliche Ansätze, die für sich beanspruchen, dieses zentrale Dilemma aufzulösen (vgl. Heinrich 2010; Kolleck 2020a). Zwei dieser Ansätze entwickeln Rousseaus Ideen zu Erziehung weiter (vgl. u. a. Heinrich 2010): Nach Herbart – Philosoph, Pädagoge und Psychologe, dessen pädagogisches Werk zum Ende des 18. und bis hinein ins 19. Jahrhundert entstand – ist die Frage zentral, wie Erziehung möglich ist, ohne das Recht des Kindes auf individuelle Selbstentfaltung zu brechen (Herbart 1806; vgl. u. a. Benner 1993). Gelöst werden könne diese Frage, indem der zukünftige Wille des Kindes in die Überlegungen miteinbezogen werde. Zeige sich ein Kind im Rückblick zufrieden mit der bereits erfolgten Erziehung, könne davon ausgegangen werden, dass Erziehung erfolgreich war. Nicht gelöst wird mit diesem Vorschlag allerdings die Frage, was passiert, wenn diese zukünftige Zustimmung ausbleibt, das heißt wenn beispielsweise das Kind zuvor stirbt (v.a. angesichts der damaligen hohen Kindersterblichkeit) oder auch die vergangene Erziehung nicht positiv bewertet (vgl. u. a. Benner 1993).

Ein zweiter Ansatz, das Dilemma aufzulösen, findet in der heutigen Erziehungswissenschaft einen größeren Zuspruch. Die Ursprünge dieses Ansatzes können in den Überlegungen von Schleiermacher gefunden werden (Schleiermacher 2008; vgl. u. a. Schurr 1975). Ohne direkt auf Schleiermacher Bezug zu nehmen, finden sich Weiterentwicklungen seiner Überlegungen in heutigen Erziehungskonzepten und einigen alltagspraktischen Erziehungstheorien oder -ratgebern (bspw. dem Ansatz der bedürfnisorientierten Erziehung). Bei Schleiermacher geht es, anders als bei Herbart, um die Ermöglichung einer situativen Zustimmung zum Erziehungsgeschehen. Demnach muss immer wieder neu entschieden werden, auf welche Erziehungsmethoden zurückzugreifen ist. Der*die Erziehende soll je nach Ausgangslage, Zustand oder Kontext beurteilen, welches Handeln angemessen ist. Voraussetzung dafür ist, dass das Kind ganz genau beobachtet wird und unterschiedliche Angebote gemacht werden, um herauszufinden, wie der Prozess der Selbstwerdung am besten gefördert werden kann. Im Mittelpunkt dieser Überlegungen steht das Eigenrecht des Kindes. Erwachsene und Kinder, Erziehende und ihre Zöglinge begegnen sich auf Augenhöhe. Damit geht dieser Ansatz davon aus, dass es nicht ein einheitliches Rezept für Erziehung geben kann, da jedes Individuum einzigartig ist und Menschen unterschiedlich auf Erziehungsprozesse reagieren (vgl. u. a. Schurr 1975).

Die politische und die demokratische Bildung sind unmittelbar mit dem Dilemma der Erziehung verbunden. Denn auch hier geht es um die Frage: Wie ist mit dem Dilemma umzugehen? Wie sollte konkret gehandelt werden? Weder die politische noch die demokratische Erziehung können aus der Perspektive Schleiermachers einheitliche Konzepte entwickeln, um sowohl individuellen Bedürfnissen und Aspekten als auch gesellschaftlichen Herausforderungen zu begegnen. Stattdessen müssen sie sich dem Individuum und dem Moment in seiner biografischen wie situativen Einzigartigkeit zuwenden und zugleich den historischen, politischen, sozialen und kulturellen Kontext mit einbeziehen.

Weiterführendes

SWR2 Wissen – Jesper Juul – Das Erbe des Erziehungsexperten“: https://www.swr.de/swr2/wissen/jesper-juul-das-erbe-des-erziehungsexperten-100.html

Sternstunde Philosophie vom SRF – Humanismus: Erziehung zur Freiheit oder Optimierung des Menschen?“: https://www.youtube.com/watch?v=wBCNLY_H2to

2.4 Sozialisation

Übungsfragen

- Wie grenzen sich Bildung und Erziehung von Sozialisation ab?
- Welche Faktoren haben aus heutiger wissenschaftlicher Sicht einen Einfluss auf Sozialisation und wie unterscheidet sich dies von früheren Vorstellungen von Sozialisation?

Im Unterschied zu Erziehung erfolgt Sozialisation meist nicht intentional. Vielmehr kommt es bei Sozialisation zu einer Übernahme von Normen und Werten, die das Verhalten von Individuen oder Akteuren beeinflussen (Mühler 2008). Nach Helsper kann Sozialisation verstanden werden als

> „Gesamtzusammenhang der kognitiven, sprachlichen, emotionalen und motivationalen Entstehung und lebenslangen Veränderung der Person im Rahmen sozialer, interaktiver und gegenständlicher Einflüsse. Sozialisation ist dabei ein aktiver Prozeß der Auseinandersetzung. Die Auseinandersetzungsmöglichkeit der Person mit den äußeren Verhältnissen ist aber

> selbst ein Ergebnis der Sozialisationsprozesse und kann darin auch beeinträchtigt werden“ (Helsper 2002: 72).

Hurrelmann und Bauer (2015) unterscheiden soziologische, psychologische und neurobiologische Perspektiven auf Sozialisation. Im Mittelpunkt sehen sie Spannungen zwischen individuellen und gesellschaftlichen Momenten, Strukturorientierung und Subjektorientierung (ebd.). In diesem Kontext impliziert Sozialisation ein ähnliches Dilemma wie Erziehung: Durch eine Betonung der Individualität auf der einen und sozialer oder ökologischer Faktoren auf der anderen Seite entsteht ein Spannungsverhältnis zwischen individuellen Bedürfnissen der Identitätssicherung und sozialen Integrationsanforderungen. Die Anforderungen, die sich daraus auf der individuellen und der gesellschaftlichen Ebene ergeben, sind durch die Individuen selbst in Einklang zu bringen, um ihre „Ich-Identität“ abzusichern (Hurrelmann/Bauer 2015). Im Unterschied zur Erziehung wird Sozialisation nach Hurrelmann und Bauer nicht als intentionale Einwirkung charakterisiert. Vielmehr geht es um eine dynamische und aktive Verarbeitung innerer und äußerer Umstände im Sinne der produktiven Persönlichkeitsentwicklung (ebd.). Hurrelmann und Bauer (ebd.) unterscheiden dabei zwei unterschiedliche Realitäten, die für Sozialisation elementar sind: Die ‚innere Realität‘, die sich auf körperliche und psychische Dispositionen bezieht und die ‚äußere Realität‘, die soziale und ökologische Umstände mit einschließt. Sozialisation äußert sich demnach in einer lebenslangen aktiven Auseinandersetzung und Bewältigung individueller und gesellschaftlicher Phasen, Herausforderungen und Entwicklungen.

Demzufolge ist für ein umfassendes Verständnis von Sozialisation ein interdisziplinärer Zugang notwendig, der einerseits das Individuum mit seinen körperlichen, biologischen, genetischen, kognitiven und psychischen Eigenschaften adressiert. Andererseits wird die äußere Realität nicht ausgeklammert und beispielsweise der familiäre, sozioökonomische, kulturelle und historische Hintergrund mit eingeschlossen (ebd.).

Ein solches Verständnis von Sozialisation war aber nicht immer selbstverständlich. Émile Durkheim (1858–1917), der mit dem Begriff *Socialisation Méthodique* als einer der ersten von Sozialisation sprach, bezog sich dabei auf Prozesse, die heute eher unter das Konzept der Erziehung subsumiert werden. Konkret ging es ihm mit *Socialisation M*éthodique um die intentionale Prägung der nachwachsenden Generation durch Erwachsene, die auf das Leben in der Gesellschaft vorbereitet werden sollten (Durkheim 2011, 1992; Abels/König 2010). Durkheim entwickelte seine theoretischen Gedanken in einem Zeitraum, der geprägt war von (politischen und wirtschaftlichen) Kämpfen und Krisen, die Sorgen um den gesellschaftlichen Zusammenhalt bewirkten (Hurrelmann 2012). Vor diesem Hintergrund stellte er sich vor allem die Frage, wie Individuen zu gesellschaftlichem Frieden und Zusammenhalt geführt werden könnten (ebd.).

Zu Beginn des 20. Jahrhunderts entstand eine sozialwissenschaftliche Denkrichtung, die heute als ‚symbolischer Interaktionismus' bezeichnet wird und maßgeblich auf Arbeiten von Sozialwissenschaftlern wie Charles H. Cooley, William I. Thomas, John Dewey, William James oder George Herbert Mead zurückzuführen ist (Gudehus/Wessels 2018). Für Sozialisationstheorien spielt der symbolische Interaktionismus eine prägende Rolle. Aus der Perspektive dieses Ansatzes nehmen Menschen bestimmte Rollen ein, die auf der Grundlage des Bildes des ‚generalisierten' Anderen entstehen. Rollen sind demnach nicht durch Zwang antrainiert, sondern bildhaft vermittelt. Das heißt: Menschen versuchen sich selbst in Interaktionen durch die Augen des/der ‚Anderen' zu betrachten und ihr Verhalten zu reflektieren. Auch die Wirkungen, die das eigene Verhalten hervorbringt, werden kontinuierlich bewertet (Sander 2016). Interaktionen werden durch Symbole (v.a. Sprache, Gesten) ermöglicht. Sie funktionieren wie ein Spiel, da auch das Gegenüber die Wirkung des eigenen Handelns prüft und reflektiert. Diese wechselseitigen reflexiven Perspektivenübernahmen vermitteln demnach einen Handlungsrahmen, in dem sich Interaktionen vollziehen (Töpfer/Behrmann 2021). Ausschlaggebend sind das *Me*, das *I* und das *Self*. Das *Me* bezieht sich auf gesellschaftliche Erwartungen an die Rollen der Individuen, die beispielsweise durch Familie, Schule oder Beruf vermittelt werden können (Sander 2016). Das *I* ist spontaner, schneller und singulärer. Es drückt beispielsweise individuelle Bedürfnisse aus. Das *Self* vereint das *Me* und das *I* als ‚Ich-Identität' – im Idealfall in einer Balance zwischen individuellen und gesellschaftlichen Ansprüchen (ebd.).

Der symbolische Interaktionismus, wie er u. a. von Mead entwickelt wurde, löst sich demnach von der Fokussierung des Ziels der gesellschaftlichen Integration. Im Mittelpunkt des Verständnisses von Sozialisation steht demnach vielmehr die individuelle Persönlichkeitsentwicklung im Kontext gesellschaftlicher Umstände (Hurrelmann 2012). Für sozialisationstheoretische Arbeiten seit Mitte des 20. Jahrhunderts spielen vor allem die Werke von Mead eine zentrale Rolle. Seine Gedanken werden von unterschiedlichen Theoretiker*innen aufgegriffen und vor dem Hintergrund der gesellschaftlichen Entwicklungen weitergeführt (ebd.). Gegenwärtige Verständnisse von Sozialisation rücken Einwirkungen durch die Gesellschaft, nicht intentionale Wirkungen der Familie und damit den prozesshaften Charakter der Persönlichkeitsentwicklung und lebenslangen Auseinandersetzung mit gesellschaftlichen Werten, Normen und Strukturen in den Mittelpunkt (Hofmann/Siebertz-Reckzeh 2008). Gesellschaftliche und individuelle Wirkungen werden in ihrem Wechselspielt betrachtet – basierend auf der Annahme, dass moderne Gesellschaften und gesellschaftlicher Zusammenhalt nur durch eine Berücksichtigung beider Faktoren – der individuellen und der gesellschaftlichen – erfolgreich sind (Hurrelmann 2012).

Weiterführendes

Aus Politik und Zeitgeschichte (APuZ) – Sozialisation: https://www.bpb.de/apuz/150612/sozialisation

„Bildungs TV“ mit Klaus Hurrelmann – Geschlechtersozialisation: https://www.youtube.com/watch?v=Qymk_hJVBBw

2.5 Lernen

Übungsfragen

- Welche wissenschaftlichen Zugänge zum Lernbegriff gibt es?
- Warum werden behavioristische Zugänge zum Lernbegriff zunehmend kritisiert?

Bildung, Erziehung und Sozialisation stehen in einem engen Zusammenhang mit Lernen – und sind zugleich von diesem Konzept zu differenzieren. Wirtschaftliche, soziale, kulturelle und politische Änderungen in den letzten Jahrzehnten, Prozesse der Globalisierung und Technisierung sowie Erwartungen an den Einzelnen und die Gesellschaft fordern nicht nur Konzepte von Bildung und Erziehung, sondern auch unser Verständnis von Lernen heraus (Bracht 1997). Unter dem Begriff „Lernen“ werden verschiedene Phänomene verstanden beziehungsweise je nach disziplinärem Zugang unterschiedliche Aspekte betont (ebd.). Dabei ist der Lernbegriff auch im Alltag mit vielseitigen Konnotationen verbunden: Kinder, Erwachsene, Rentner*innen, Tiere, neuronale Netze, Organismen, Organisationen, Viren – sie alle können lernen; zumindest im allgemeinen Sprachgebrauch.

Bracht zufolge fokussiert der Begriff des Lernens die „Aneignung und Vermittlung von Wissen“ (ebd.: 87) sowohl in Bezug auf die individuelle Persönlichkeitsentwicklung als auch auf Prozesse des gesellschaftlichen Wandels. Lernen markiert aus dieser Perspektive eine Erweiterung bestimmter Eignungen und Fähigkeiten individuell und im kulturellen Kontext. Lernen findet intentional und bewusst statt; es wird mit einer Absicht geplant und bezieht sich auf den Prozess der Einprägung von Wissen, Informationen und Fertigkeiten.

> „Unter Lernen verstehen wir alle nicht direkt zu beobachtenden Vorgänge in einem Organismus, vor allem in seinem zentralen Nervensystem (Gehirn), die durch Erfahrung (aber nicht durch Reifung o.ä.) bedingt sind und eine relativ dauerhafte Veränderung bzw. Erweiterung des Verhaltensrepertoires zur Folge haben“ (Treml/Becker 2010: 107).

Insgesamt können drei Aspekte des Lernens unterschieden werden: Die Prägung, die Gewöhnung (bspw. durch Wiederholung) und die Erfahrung (bspw. durch Konditionierung). In den Erziehungs- und Bildungswissenschaften sowie in der politischen Bildung spielt der Lernbegriff bisher keine allzu zentrale Rolle – vielmehr wird hier häufig auf psychologische Lerntheorien zurückgegriffen (Bracht 1997). Klafki unternahm den Versuch, den Begriff des Lernens pädagogisch als „Sinnerfahrung" zu definieren, wobei er sich auf die Aneignung kultureller Aspekte beschränkte (Klafki/Sprenger 1971).

Psychologische Lerntheorien unterscheiden teils zwischen den Konzepten des ‚Lernens durch Erfahrung', ‚Lernen durch Erfolg oder ‚Misserfolg', ‚Lernen am Modell', ‚konstruktivistischem Lernen' und ‚selbstreguliertem Lernen'. Behavioristische Zugänge werden meist auf Vertreter*innen wie Thorndike, Skinner oder Pawlow zurückgeführt (Göhlich/Zirfas 2007). Diese Perspektive verknüpft Lernprozesse mit Reizen und geht davon aus, dass Menschen durch eine klassische Konditionierung lernen. In diesem Kontext wird verinnerlicht, welches Verhalten sich als positiv (nützlich oder angenehm) erweist und welches nicht. Lob und Bestrafung können also bestimmte Verhaltensmuster hervorrufen oder aufhalten (ebd.). Darüber hinaus findet Lernen durch Beobachtung und Nachahmung statt, indem beispielsweise das Verhalten anderer Personen oder Medien imitiert wird (ebd.).

Behavioristische Perspektiven auf Lernen waren lange sehr erfolgreich. Das liegt teils darin begründet, dass sie aufgrund ihrer einfachen kausalen Erklärungen leicht verständlich und adaptierbar sind. Allerdings blenden sie wesentliche Faktoren des Lernens (u. a. innerpsychische und soziale Faktoren) aus und suggerieren ein unterkomplexes Modell von Lernprozessen, bei dem Lernen als Black Box betrachtet wird. Darüber hinaus können behavioristische Perspektiven unerwartetes, kreatives Verhalten kaum erklären und tendieren dazu, menschliches und tierisches Verhalten gleichzusetzen (ebd.).

In der kritischen Auseinandersetzung mit rein behavioristischen Betrachtungen von Lernprozessen bildeten sich neue Theorien heraus – so beispielsweise das konstruktivistische Paradigma, das individuelle Prozesse der Verarbeitung von Informationen fokussiert und ‚Wissen' als konstruiert betrachtet. Lernprozesse sind demnach immer aktiv und von Individuen gesteuert; sie finden situativ und als Austauschprozesse zwischen Individuen und ihrer Umwelt statt (ebd.). ‚Objektive' Erkenntnis ist aus dieser Perspektive, die maßgeblich von Piaget geprägt wurde, nicht möglich (ebd.). Vielmehr sind Lernarrangements geprägt von sozialen Kontexten, Erwartungsstrukturen, Einstellungen und subjektiven Bewertungen (Reich 2010).

Biologische und neurobiologische Zugänge verfolgen das Ziel, die *Black Box* Lernen zu öffnen, fokussieren dabei aber vornehmlich materielle Aspekte (ebd.) und vernachlässigen unter anderem soziale Determinanten. Anders gelöst wird die Öffnung der *Black Box* im Konzept des selbstregulierten Lernens, das sich auf selbstständige und eigenmotivierte Formen des Erwerbs von Wissen und Kompetenzen konzentriert (Götz 2011). Dabei handelt es sich um ein verständnisbasiertes Konzept von Lernen (Kiese-Himmel 2012), das die selbst gesteuerte, konstruktive Generierung von Gedanken, Zielen und Gefühlen fokussiert, die schließlich in spezifischen Handlungen münden (Zimmerman/Schunk 2011). Daher spielen motivationale Aspekte des Lernens eine zentrale Rolle im selbstregulierten Lernen. Mit dem Konzept kann beispielsweise erklärt werden, was Individuen dazu bewegt, bestimmte Dinge oder Inhalte zu lernen, Lernprozesse zu initiieren und aufrechtzuerhalten (Götz 2011). Allerdings suggeriere dies ebenfalls, aus der Perspektive einiger Autor*innen, dass Lernende eine ökonomische Haltung zu sich selbst einzunehmen haben, unter anderem bei der Abfrage des Selbstregulierten Lernens in der internationalen Vergleichsstudie PISA: „Das seine Leistungen optimierende Kind, das sich nur noch an den Mathematik-Noten misst, ist sicher nicht von PISA erfunden worden, aber im Bildungs- und Schulsystem sind Transformationen beobachtbar, in der die kleine Lernmaschine mit allen Folgen und Nebenfolgen eine sehr viel mächtigere Faktizität geworden ist als zuvor" (Wrana 2017: 119).

Auch in Bezug auf die methodische Operationalisierung stößt das Konzept an seine Grenzen – bisher ist es nur gelungen, vereinzelte Aspekte selbstregulierten Lernens zu messen, aber nicht das Konzept insgesamt (Götz 2011). So wurden beispielsweise in der PISA-Studie im Jahr 2000 Merkmale selbstregulierten Lernens von Schüler*innen erhoben (Artelt et al. 2004). Allerdings müssen die Ergebnissen dieser Studie mit Vorsicht interpretiert werden, da sie zentrale Gütekriterien nicht erfüllen (Wrana 2017). So konnte beispielsweise ein Mangel an Validität aufgezeigt werden, da Eigenschaften von Schüler*innen über ihre Selbstauskunft ermittelt wurden, was voraussetzt, dass Individuen ehrlich, transparent und reflektiert über eigene persönliche Eigenschaften berichten (zu verschiedenen Studien dazu vgl. Artelt/Moschner 2005; Wrana 2017).

Weiterführendes

 Manfred Spitzer – Lernen durch Wiederholung https://www.youtube.com/watch?v=ggGvjuOpEgc

 WDR5 mit Gerald Hüther – Erlebte Geschichten: https://www1.wdr.de/mediathek/audio/wdr5/wdr5-erlebte-geschichten/audio-gerald-huether-hirnforscher-102.html

 Gerhard Roth – Wie das Gehirn die Seele macht: https://www.youtube.com/watch?v=wqMIC2QSN10

2.6 Politische Bildung

Übungsfragen

- Welche Ziele werden mit politischer Bildung verfolgt?
- Wie unterscheiden sich Konzepte von politischer Bildung und kultureller Bildung?
- Welche Gemeinsamkeiten und Unterschiede weisen Konzepte politischer Bildung und kulturelle Bildung auf?
- Warum wird Politische Bildung nicht mit Political Education übersetzt?
- Sind Civic Education und Citizenship Education ähnliche Konzepte?
- Wo liegen Gemeinsamkeiten und Unterschiede der Konzepte?

Politische Bildung verbindet – wie der Begriff der ‚Bildungspolitik' – die Begriffe von Politik und Bildung. Während sich Bildungspolitik mit dem Politikfeld Bildung auseinandersetzt, fokussiert politische Bildung eine Bildung mit Bezug zur Politik. Mit dem Begriff der politischen Bildung wird dabei unmittelbar ein Bezug zu einem spezifischen Verständnis von ‚Politik' und ‚Bildung' hergestellt. Je nach Kontext kann politische Bildung auf unterschiedliche Politik- und Bildungsverständnisses zurückgreifen, zum Beispiel auf einen engeren oder weiteren Politik- oder Bildungsbegriff (Reheis 2014). Das jeweilige Verständnis von politischer Bildung ist ebenfalls vom historischen, politischen, sozialen und kulturellen Kontext geprägt. So existieren in verschiedenen Ländern unterschiedliche Definitionen von politischer Bildung (siehe auch Kapitel 4 zu politischer Bildung in der Europäischen Union sowie Kapitel 3.1.1 zu politischer Bildung im internationalen Vergleich). Eine im deutschsprachigen Raum prominente Definition stammt von Massing (2010):

> „Politische Bildung ist die Sammelbezeichnung für alle bewusst geplanten und organisierten, kontinuierlichen und zielgerichteten Maßnahmen von Bildungseinrichtungen, um Jugendliche und Erwachsene mit den zur Teilnahme am politischen und gesellschaftlichen Leben notwendigen Voraussetzungen auszustatten" (Massing 2010: 1).

Entsprechend wird mit politischer Bildung vornehmlich das Ziel verfolgt, Menschen zu Mündigkeit zu befähigen. Mit Mündigkeit ist eine Art der Selbstbestimmung, Urteilsfähigkeit, Eigenverantwortung und Unabhängigkeit verbunden. Häufig wird das Konzept ebenso mit Emanzipation verknüpft. Der Schwerpunkt liegt hier nicht auf den Funktionen des Menschen im Staat, sondern auf dem Individuum selbst (Detjen 2013). Mündigkeit gilt unbestritten als hochrangiges Bildungs- und Erziehungsziel der Schule (ebd.). Zu einem weiteren Ziel der politischen Bildung zählt die Förderung der politischen Urteilsfähigkeit. Damit ist konkret gemeint, dass Individuen dazu befähigt werden, fremde Absichten zu interpretieren und diese mit eigenen Intentionen abzugleichen. Dies wird als relevanter Teilschritt zum Erreichen der politischen Handlungsfähigkeit erachtet (ebd.). Politische Urteilsfähigkeit ist demnach auch die Grundlage dafür, dass Bürger*innen sich ein eigenes Bild über politische Parteien machen und durch Wahlen das demokratische System legitimieren (ebd.).

In der deutschsprachigen Literatur zu politischer Bildung ist wiederholt von „mündigen Bürger*innen" die Rede. Mündige Bürger*innen sind volljährige Staatsangehörige, die Bürgerrechte besitzen, wählen gehen und sowohl geschäftsfähig als auch straffähig sind. Verantwortung bezieht sich beim Begriff „mündige Bürger*in" nicht allein auf die Eigenverantwortung, sondern auch auf die Fähigkeit, für Staat und Gesellschaft Verantwortung zu übernehmen.

Die Bestimmung des jeweiligen Verständnisses von politischer Bildung ist sowohl für Praktiker*innen als auch für Forscher*innen bedeutend. In der Praxis zeigt sich allerdings, dass unterschiedliche Definitionen und Konzepte mit jeweils differenten wissenschaftstheoretischen Grundannahmen teils unkritisch verwendet und kombiniert werden. Zudem werden englische Konzepte wie *Civic Education* oder *Citizenship Education* (siehe Kapitel 2.6.3) häufig synonym zur deutschen Bezeichnung gebraucht, obwohl sich diese Konzepte von dem der politischen Bildung unterscheiden (Muleya 2018).

Dass politische Bildung als Begriff unterschiedlich konzeptualisiert wird, liegt auch daran, dass das Fachgebiet mehrere Bezugswissenschaften besitzt (Bremer/Gerdes 2020). Relevant sind hier insbesondere die Politikwissenschaft, Psychologie sowie Erziehung- und Bildungswissenschaften. Aber auch Soziologie, Geschichtswissenschaft, Rechtswissenschaft, Wirtschaftswissenschaften und zum Teil die Naturwissenschaften werden in diesem Kontext häufig genannt (ebd.).

Differenziert und systematisiert werden die unterschiedlichen Verständnisse von politischer Bildung häufig hinsichtlich ihrer *Gegenstands-* oder *Adressatenorientierung*. Diese beiden Orientierungen verweisen auf unterschiedliche Schwerpunktsetzungen bzw. Perspektiven. Bei der Gegenstandsorientierung erfolgt eine stärkere Fokussierung auf ein bestimmtes politisches Wissen, das in Bezug auf ein spezifisches Staats- oder Demokratieverständnis als erstrebenswert gilt. Bei der Adressatenorientierung wird vom Subjekt und dessen Interessen, Lebenslagen sowie Zugängen zu Politik ausgegangen (Bremer/Gerdes 2020). Einige Autor*innen versuchen den unterschiedlichen Fokus der beiden Konzepte durch abgrenzende Bezeichnungen kenntlich zu machen. So werden Aspekte der Gegenstandsorientierung häufig unter dem Begriff der politischen Bildung gefasst, während die Adressatenorientierung oft mit der Demokratiebildung verbunden wird. Andere Autor*innen verwenden wiederum politische Bildung und Demokratiebildung synonym. Das Spannungsfeld der beiden Konzepte wird vor allem in ihren empirisch-analytischen und normativen Dimensionen gesehen (Fauser 2007). Demokratiepädagogik und -bildung (als

Adressatenorientierung) integrieren demnach normative Aspekte und beziehen sich mehr auf die pädagogische Aufgabe selbst, während politische Bildung tendenziell von einem empirisch-analytisch konstituierten Gegenstandsbereich ausgeht (ebd.). Demokratiebildung kann als pädagogischer und bildungspolitischer Sammel- und Integrationsbegriff für sehr unterschiedliche Konzepte, Initiativen und Programme verwendet werden. Die Stärke der Demokratiebildung bestehe dabei darin, in wissenschaftlichen Prozessen diejenigen Kompetenzen zu klären und zu konkretisieren, die für den Erhalt und die Entwicklung der Demokratie notwendig sind (ebd.). Politische Bildung (als Gegenstandsorientierung) fokussiere im Unterschied mehr das Wissen und weniger das Können und Handeln. Der Begriff ist stärker empirisch-analytisch verankert und richtet sich inhaltlich tendenziell auf die systemische und staatliche Ebene (ebd.). Das Konzept der politischen Bildung ist dadurch anfälliger für die Instrumentalisierung, die politische Bildung als ein Lernen im Interesse partikularer Politiken in den Dienst nimmt. Demokratiebildung nimmt hingegen die normative Aufgabe der Erziehung zu Demokratie mehr in den Blick und setzt auf die Herausbildung von Kompetenzen und Handeln (ebd.). Zudem finden sich Ansätze, die versuchen die Schwachstellen in beiden Konzepten zu überwinden, indem sie die Ansätze kombinieren (z. B. Himmelmann 2012; vgl. auch Bremer/Gerdes 2020).

Für die Definition von Demokratiebildung wird in diesem Buch auf eine Definition nach Achour et al. (2020) zurückgegriffen:

> „Demokratiebildung fördert einen subjektorientierten, ganzheitlichen Prozess der Bildung zur Mündigkeit, basierend auf demokratischen Grundwerten wie Freiheit, Gleichheit, Gerechtigkeit, Solidarität und Emanzipation. Demokratien befinden sich durch gesellschaftliche Prozesse wie Individualisierung, Emanzipation, Globalisierung, Digitalisierung sowie ökologische und ökonomische Herausforderungen permanent im Wandel. Die Zielsetzung von Demokratiebildung, dass Schülerinnen und Schüler jetzt und in Zukunft diese Entwicklungen mitgestalten können, zeigt, dass ihr Bezugspunkt nicht vordergründig die bestehende Form der Demokratie und ihre Verfassungswirklichkeit darstellt. Vielmehr befähigt sie Schülerinnen und Schüler, existierende Machtstrukturen, Ungleichheiten und gesellschaftliche Prozesse kritisch zu analysieren, zu bewerten und mitzugestalten“ (Achour/Gill 2020: 7).

An deutschen Universitäten werden politische Bildung und Demokratiebildung häufig auf den schulischen Bereich bezogen. In der Literatur wird nicht selten argumentiert, dass Schulen der zentrale Ort politischer Bildung seien (z. B. Detjen 2013). Die Ursachsen seien bereits auf die Gründung des modernen Schulwesens im 17. Jahrhundert zurückzuführen. Seitdem zeigten Schulen den größten Einfluss auf die politische Bildung, unter anderem, da aufgrund der allgemeinen Schulpflicht alle Menschen erreicht werden können (ebd.). Diese Argumentation hat ihre Berechtigung, sie lenkt jedoch von der Realität der politischen Bildung in Deutschland ab, für die der außerschulische Bereich eine zentrale Relevanz hat.

Akteure, Gegenstände und Situation der politischen Bildung

Vor allem in der Jugend- und Erwachsenenbildung spielt die politische Bildung in Deutschland eine wichtige Rolle. Ein so umfangreiches Netzwerk wie in Deutschland, mit unterschiedlichen Institutionen, Organisationen und Trägern ist in keinem anderen westlichen demokratischen Land zu finden (ebd.). Die außerschulische politische Bildung ist im Unterschied zur schulischen politischen Bildung durch Freiwilligkeit und die Orientierung an den Teilnehmenden gekennzeichnet (Bremer/Gerdes 2020). Relevante Institutionen in der politischen Jugendbildung sind Jugendhilfe und Jugendämter sowie freie Träger. Die politische Erwachsenenbildung wird hingegen vor allem von öffentlichen Bildungseinrichtungen getragen, wie beispielsweise der Bundeszentrale und den Landeszentralen für politische Bildung, Volkshochschulen sowie von freien Trägern und nicht-staatlichen Organisationen, Vereinen, parteinahen Stiftungen, NGOs (vgl. Kapitel 5), Kirchen oder Gewerkschaften (Detjen 2013). Diese Pluralität an Akteuren der politischen Bildung in Deutschland ist historisch gewachsen und kann u. a. als Resultat der Erfahrung der Gleichschaltung durch die Nationalsozialisten interpretiert werden (Hufer 2016).

Politische Bildung als Schulfach ist in Deutschland ist nicht festgelegt auf einen einheitlichen Themenkomplex. Das liegt einerseits an den diversen Bezugswissenschaften (Detjen 2013), aber auch an der regen Entwicklung der relevanten Inhalte. Je nach Bundesland und Schulform wird das Fach mit weiteren Bezugswissenschaften kombiniert (bspw. ökonomische Bildung), sodass Curricula divergente inhaltliche Schwerpunkte aufweisen (ebd.). In der Primarstufe ist Politische Bildung vor allem im Sachunterricht relevant (vgl. Kolleck/Stackfleth 2021).

Die Ungleichheit im deutschen Bildungssystem manifestiert sich auch in der politischen Bildung: Nicht allen Schüler*innen kommt gleich viel politische Bildung zu (Achour/Wagner 2019). Achour und Wagner (2019) zeigen in einer nicht-repräsentativen Befragung, dass vor allem Schüler*innen des Gymnasiums von Politischer Bildung profitieren – und zwar sowohl hinsichtlich der Qualität (v.a. Vielfalt der Themen, Kompetenzvermittlung und Qualität des Unterrichts) als auch hinsichtlich der Quantität (Stundenzahl).

Für die Auslegung der politischen Bildung bildet im deutschsprachigen Raum der Beutelsbacher Konsens eine zentrale Grundlage.

Beutelsbacher Konsens

Der Beutelsbacher Konsens ist ein Resultat von Kontroversen, die Ende der 1960er und Anfang der 1970er Jahre geführt wurden, als „ein systemkritischer demokratischer Aufbruch Gesellschaft und Politik in Deutschland in erhebliche Unruhe versetzte" (Widmaier/Zorn 2016b: 9). Ein Konsens war notwendig, um eine Einigung zwischen den Positionen herzustellen, die als Pole zwischen „konservativ" und „progressiv", „links" und „rechts" oder „Emanzipation" und „Rationalität" dargestellt werden (Massing 2010). Der Beutelsbacher Konsens ging im Jahr 1967 als Minimalkonsens zwischen diesen unterschiedlichen Positionen hervor. Er ist im Rahmen einer Tagung der Landeszentrale für politische Bildung in Beutelsbach für akademische Fachvertreter entstanden (Widmaier/Zorn 2016b) und wurde schließlich von Wehling (1977) im Rahmen eines Tagungsbands niedergeschrieben.

Zum Zeitpunkt des Entstehens war den Beteiligten die enorme und langfristige Wirkung des Beutelsbacher Konsens noch nicht bewusst. Erst nachdem der Konsens jahrelang rezipiert, in der wissenschaftlichen Community aufgegriffen und wiederholt auf den Tagungsbericht von Wehling verwiesen wurde, wurde er „zu einem zentralen Bestandteil des Selbstverständnisses der politischen Bildung" (Widmaier/Zorn 2016b: 10).

Inhaltlich umfasst der Beutelsbacher Konsens drei Prinzipien für den Politikunterricht: Überwältigungsverbot, Kontroversitätsgebot und Schülerorientierung (Wehling 1977). Diese drei Prinzipien sind eng verbunden mit dem Ziel der Vermeidung von Indoktrination. Das Überwältigungsverbot wird folgendermaßen charakterisiert:

> „Es ist nicht erlaubt, den Schüler – mit welchen Mitteln auch immer – im Sinne erwünschter Meinungen zu überrumpeln und damit an der ‚Gewinnung eines selbständigen Urteils' zu hindern. Hier genau verläuft nämlich die Grenze zwischen Politischer Bildung und Indoktrination. Indoktrination aber ist unvereinbar mit der Rolle des Lehrers in einer demokratischen Gesellschaft und der – rundum akzeptierten – Zielvorstellung von der Mündigkeit des Schülers" (ebd.: 179f.).

Bei dem Kontroversitätsgebot geht es um die Berücksichtigung pluraler Positionen im Unterricht. Das heißt Positionen, die in Wissenschaft und Politik kontrovers diskutiert werden, sollen auch im Unterricht entsprechend divers abgebildet werden.

> „Diese Forderung ist mit der vorgenannten aufs engste verknüpft, denn wenn unterschiedliche Standpunkte unter den Tisch fallen, Optionen unterschlagen werden, Alternativen unerörtert bleiben, ist der Weg zur Indoktrination beschritten. Zu fragen ist, ob der Lehrer nicht sogar eine *Korrekturfunktion* haben sollte, d. h. ob er nicht solche Standpunkte und Alternativen besonders herausarbeiten muß [sic!], die den Schülern (und

> anderen Teilnehmern politischer Bildungsveranstaltungen) von ihrer jeweiligen politischen und sozialen Herkunft her fremd sind.
>
> Bei der Konstatierung dieses zweiten Grundprinzips wird deutlich, warum der persönliche Standpunkt des Lehrers, seine wissenschaftstheoretische Herkunft und seine politische Meinung verhältnismäßig uninteressant werden. Um ein bereits genanntes Beispiel erneut aufzugreifen: Sein Demokratieverständnis stellt kein Problem dar, denn auch dem entgegenstehende andere Ansichten kommen ja zum Zuge" (Wehling 1977: 179f.).

Das dritte Prinzip, die Schülerorientierung, impliziert die Befähigung der Schüler*innen, in politischen Situationen Interessen zu analysieren und eine eigene Meinung zu entwickeln, zu äußern und umzusetzen.

> „Der Schüler muss in die Lage versetzt werden, eine *politische Situation* und seine *eigene Interessenlage zu analysieren*, sowie nach Mitteln und Wegen zu suchen, die vorgefundene politische Lage im Sinne seiner Interessen *zu beeinflussen*. Eine solche Zielsetzung schließt in sehr starkem Maße die Betonung *operationaler Fähigkeiten* ein, was eine logische Konsequenz aus den beiden vorgenannten Prinzipien ist. Der in diesem Zusammenhang gelegentlich – etwa gegen Herman *Giesecke* und Rolf *Schmiederer* – erhobene Vorwurf einer ‚Rückkehr zur Formalität', um die eigenen Inhalte nicht korrigieren zu müssen, trifft insofern nicht, als es hier nicht um die Suche nach einem Maximal-, sondern nach einem Minimalkonsens geht" (ebd.: 180).

Die drei Prinzipien des Beutelsbacher Konsens werden häufig als Wendepunkt der Politikdidaktik rezitiert – sowohl historisch als auch als inhaltlich stellt er einen weit akzeptierten Paradigmenwechsel in der Politischen Bildung dar. Dennoch gibt es Kritik an einer Überhöhung der historischen Bedeutung des Beutelsbacher Konsens. So hinterfragen beispielsweise Pohl/Will (2016) das vorherrschende Narrativ, des Beutelsbacher Konsens als historisch einzigartige Begebenheit und Wendepunkt. Die Autorinnen heben hervor, dass sich die Prinzipien des Überwältigungsverbot und des Kontroversitätsgebot bereits vor der Entstehung des Beutelsbacher Konsens mit der politikdidaktischen Wende durchgesetzt hatten (ebd.). Däuble (2016) argumentiert, dass der Beutelsbacher Konsens gerade deshalb Bestand zeige, weil er keinen Konsens schaffe, sondern den Streit in der Fachdidaktik zusätzlich bestärke. Er hebt hervor,

> „dass der Beutelsbacher Konsens gerade deswegen Bestand hat, weil er eben nicht Streit reduzierenden Konsens erzeugt, sondern – ganz im Gegenteil – heftigste fachdidaktische Kontroversen und Dissens hervorbringt" (Däuble 2016).

Ein wichtiger Aspekt in den Diskussionen um den Beutelsbacher Konsens ist die Frage nach einer notwendigen Neutralität der Lehrenden (Frech/Richter 2017b), die gelegentlich auf das Überwältigungsverbot zurückgeführt wird. Insgesamt findet sich darin jedoch keine Grundlage dafür, dass Lehrkräfte politisch neutral bleiben müssen. Darüber hinaus kann in Frage gestellt werden, ob Neutralität überhaupt ein erreichbares Ziel im Politikunterricht darstellen kann, da selbst die Auswahl von Themen bereits eine inhaltliche Positionierung ist. Anstelle von Neutralität wird teils gefordert, die Authentizität der Lehrenden stärker zu betonen: Es sei mittlerweile Standard in der Fachdidaktik, dass Lehrkräfte nicht neutral bleiben müssen, sondern sich als authentische Individuen politisch positionieren dürfen (ebd.).

Darüber hinaus zeigt sich Oberle/Ivens/Leuning (2018) zufolge in der Praxis der Politischen Bildung, dass Lehrkräfte das Kontroversitätsgebot häufig falsch auslegen und davon ausgehen, dass sie selbst extremistische Positionen gleichberechtigt darstellen müssten. Ganz besonders in Bezug auf die Auslegung des Beutelsbacher Konsens in der Schule gibt es in diesem Kontext Kontroversen. Angesichts der zunehmenden Radikalisierung, gesellschaftlichen Polarisierung und der Ausbreitung des Rechtsextremismus ist die Auslegung des Beutelsbacher Konsens für Lehrkräfte oft mit vielen Unsicherheiten verbunden. Aus diesem Grund werden von einigen Wissenschaftler*innen Konkretisierungen oder Ergänzungen vorgeschlagen. Dazu zählt zum Beispiel die von Sander auf dem Bundeskongress der Deutschen Vereinigung für Politische Bildung im Jahr 1994 vorgeschlagene Erweiterung des Beutelsbacher Konsens, die als Antwort auf den zunehmenden Rechtsradikalismus insbesondere in den neuen Bundesländern zu deuten ist (Scherb 2016: 80):

> „Politische Bildung versteht sich als Teil einer demokratischen politischen Kultur. Sie will mit pädagogischen Mitteln an der Erhaltung und Weiterentwicklung der Demokratie mitwirken, denn nur demokratisch verfasste Gesellschaften können die pädagogisch intendierte Mündigkeit der Schülerinnen und Schüler akzeptieren" (Sander 1995: 217).

Auch die „kritische politische Bildung" sieht in der Anwendung des Beutelsbacher Konsens Probleme. Insbesondere wird argumentiert, dass dieser eine zu geringe Normativität aufweise und dadurch instrumentalisiert werden könne (Lösch 2020).

Während der Beutelsbacher Konsens für die Fachdidaktik und die politische Bildung in der Schule eine zentrale Rolle spielt, ist er nicht ohne Einschränkungen auf den außerschulischen Bereich übertragbar. Dies zeigt sich besonders offensichtlich in Bezug auf die politischen Bildungsaktivitäten von Parteien und parteinahen Stiftungen oder Trägern, die dem Kontroversitätsgebot im engen Sinne nicht entsprechen, da sie nur bestimmte Positionen abbilden (Frech/Richter 2017b).

In der Literatur zu politischer Bildung finden sich viele weitere kritische Anmerkungen und gute Überblicksarbeiten zum Beutelsbacher Konsens, seiner Auslegung und der Implikationen für den Begriff Politischer Bildung, auf die hier für die weitere

Lektüre und intensive Auseinandersetzung verwiesen wird (Ahlheim 2019; Frech/Richter 2017a; Buchstein/Frech/Pohl 2016).

Kurzer Exkurs zur Geschichte der politischen Bildung in Deutschland

Politische Bildung ist eng mit dem politischen System verknüpft, in dem sie stattfindet. Die bildungspolitischen Vorstellungen des jeweiligen Staates, der Region oder des Bundeslands und die theoretisch-didaktischen Entwürfe der politischen Bildung können ein Spannungsverhältnis aufweisen (Massing 2010). Dieses Spannungsverhältnis wird auch bei einer historischen Betrachtung deutlich. Gedankliche Ursprünge der politischen Bildung werden oft auf die Phase der Aufklärung im 18. Jahrhundert zurückgeführt (Hellmuth/Klepp 2010), in der das Ziel der Mündigkeit von Bürger*innen bereits postuliert wurde.

Obwohl die Idee der Mündigkeit von Bürger*innen bereit im 18. Jahrhundert ausgearbeitet wurde, verfolgte die politische Bildung im 19. Jahrhundert überwiegend Ziele der Indoktrination sowie der Erziehung ihrer Bürger*innen zu Staatstreue und Gehorsam (ebd.). So waren zum Beispiel erste Konzepte staatsbürgerlicher Erziehung in Deutschland, der Schweiz und der Habsburgermonarchie durch die vollständige Unterordnung, die Liebe zum Vaterland und „die Erziehung zum braven Staatsbürger“ (ebd.: 19) gekennzeichnet und ebneten den Boden für die Erziehungskonzepte autoritärer und faschistischer Staaten.

Dieses System ließ sich von den Nationalsozialist*innen mühelos in das eigene Indoktrinationssystem überführen, in dem die zentralen Elemente der nationalistischen Ideologie vermittelt wurden: die Propagierung einer Volksgemeinschaft, Nationalismus, Antisemitismus und Rassismus. Ergänzt wurde die Politische Bildung in der Schule durch weitere Organisationen wie der Hitlerjugend und dem Bund Deutscher Mädchen (ebd.). In Kunst und Literatur wird die politische Bildung im Nationalsozialismus nicht als Bruch mit der erzieherischen Tradition beschrieben, sondern vielmehr als Folge von Erziehungstraditionen und -maßnahmen des 19. Jahrhunderts. Die menschenverachtende Politik und Bildung in ihrer Komplexität im 20. Jahrhundert ist dabei insbesondere im Kontext der Reformen um 1900 (Richter 2021) sowie dem zu Beginn des 20. Jahrhunderts dominierenden gesellschaftlichen Klima zu verstehen.

Exkurs: Der Kinofilm „Das weiße Band – eine deutsche Kindergeschichte“ des Regisseurs Michael Haneke illustriert eindrucksvoll wie das Leben und die Erziehung in einem fiktiven Dorf nahe Greifswald geprägt waren von emotionaler Distanz, Misshandlung, Missbrauch, Unterdrückung und Verachtung. Dies bereitete den Boden, so die These des Films, für die Empfänglichkeit der Menschen für Ideologie und Faschismus.

Nach Ende des Zweiten Weltkriegs bildeten sich in West- und in Ostdeutschland jeweils sehr unterschiedliche Verständnisse von politischer Bildung heraus. In der DDR wurde politische Bildung an Schulen durch das Fach „Staatsbürgerkunde" vermittelt. Ziele der „Staatsbürgerkunde" lagen vor allem in der Erziehung zu sozialistischen Staatsbürger*innen und der ideologischen Legitimierung der SED-Führung (Massing 2010). In der BRD wurden ebenfalls eine Neuorientierung der politischen Bildung sowie des Schulfachs Politische Bildung angestrebt und vor allem in den 1950er Jahren vorangetrieben. Die politische Bildung in der westdeutschen Nachkriegszeit wird in der Literatur meist als Abkehr von einer „Erziehung zum Staat" (ebd.: 4) und einer Hinwendung zu einer Bildung und Erziehung über die für Demokratien elementaren Dimensionen (z. B. Verständigung, Solidarität, Kooperation) beschrieben. Zugleich gibt es zu den Ursprüngen der demokratischen Erziehung in der Literatur widersprüchliche Erklärungen. In Deutschland selbst wurde die Darstellung, Demokratie sei eine von den Alliierten eingeführte Regierungsform in einem ehemals totalitären Deutschland, oft als „Kränkung" empfunden (Richter 2020: 269). Um dieses Bild zu entkräften, wurde auf die demokratischen Traditionslinien Deutschlands aufmerksam gemacht und eine Erzählung verbreitet, in der die Phase des Nationalsozialismus als „Irrweg" gekennzeichnet wurde (ebd.: 270). Die Alliierten zweifelten jedoch an dieser Argumentation:

> „Doch trotz der Bemühungen, an die deutsche demokratische Tradition zu erinnern, glaubten nicht nur die Alliierten immer fester an einen antidemokratischen, preußisch-militaristischen Weg der Deutschen, den sie auch zum Zweck einer ‚Re-Education' beförderten. Diese Erzählung diente nicht zuletzt als volkspädagogisches Instrument, in der die wunderbare Demokratiewerdung der Deutschen aus dem Geist der Niederlage beschworen wurde" (ebd.).

Ende der 1960er bis Anfang der 1970er Jahre wurde in der BRD ein heftiger ideologischer Streit um die Zielkonzeptionen politischer Bildung geführt, der sich an den Gegensätzen zwischen „konservativ" und „progressiv", zwischen „links" und „rechts" sowie zwischen „Emanzipation" und „Rationalität" aufrieb und schließlich in einer Pluralisierung der politischen Bildung mündete (Massing 2010). Zu dieser Zeit entstand der Beutelsbacher Konsens, der die politische Bildung in Deutschland bis heute maßgeblich prägt. Der Beutelsbacher Konsens ist ein zentrales Thema der Fachdidaktik der Politischen Bildung und wurde beziehungsweise wird in seiner Entstehung, Wirkung und Adaption umfangreich sowie differenziert von unterschiedlichen Autor*innen aufgearbeitet. Aufgrund der umfassenden vorhandenen Literatur wird in diesem Buch nicht nochmals gesondert darauf eingegangen (für weitere Informationen zum Beutelsbacher Konsens vgl. z. B. Frech/Richter 2017a; Widmaier/Zorn 2016a). In den 1990er Jahren wurde die politische Bildung in Deutschland durch die Wiedervereinigung geprägt. In Schulen wurde dabei vor allem versucht, zur

Stabilisierung der Demokratie in den neuen Bundeländern beizutragen. Dies sollte unter anderem durch die Einführung von Elementen der politischen Bildung (bzw. eines „Gesellschaftskundeunterrichts") erreicht werden (Massing 2010). Durch eine kritische Auseinandersetzung mit historischen Begebenheiten der deutschen Vergangenheit entwickelte sich eine politische Bildung heraus, die manipulative gesellschaftliche Tendenzen hinterfragt sowie zur Urteils- und Kritikfähigkeit der „Aktivbürger" beiträgt (Hellmuth/Klepp 2010). Das Verständnis von politischer Bildung in Deutschland unterscheidet sich zugleich maßgeblich von dem in anderen Ländern der Welt (siehe auch im nächsten Abschnitt zu Civic und Citizenship Education sowie Kapitel 3.1.1 Politische Bildung im internationalen Vergleich).

Bezüge der politischen Bildung zur kulturellen Bildung

Kulturelle Bildung wird in der Wissenschaft unterschiedlich definiert. Meist wird ein enges von einem breiten Verständnis kultureller Bildung unterschieden. Während sich kulturelle Bildung im Rahmen einer engen Definition ausschließlich auf Formen ästhetischer, musischer und künstlerischer Bildung bezieht, schließt ein breites Verständnis von kultureller Bildung ebenfalls Formen der Soziokultur mit ein. In Definitionen kultureller Bildung wird meist die Bedeutung von Teilhabe, Partizipation und sozialem Zusammenhalt betont (u. a. Ermert 2009). Hier zeigen sich bereits die Schnittmengen zur politischen Bildung:

> „Kulturelle Bildung bedeutet Bildung zur kulturellen Teilhabe. Kulturelle Teilhabe bedeutet Partizipation am künstlerisch kulturellen Geschehen einer Gesellschaft im Besonderen und an ihren Lebens- und Handlungsvollzügen im Allgemeinen. Kulturelle Bildung gehört zu den Voraussetzungen für ein geglücktes Leben in seiner personalen wie in seiner gesellschaftlichen Dimension. Kulturelle Bildung ist konstitutiver Bestandteil von allgemeiner Bildung" (ebd.).

Die politische Bildung und die kulturelle Bildung verfolgen in der Regel die gemeinsamen Ziele der Stärkung gesellschaftlicher Teilhabe und der Ermöglichung von Selbstwirksamkeitserfahrungen. Dabei sollen Menschen aus diversen sozialen Lagen erreicht und die Entwicklung ihrer Mündigkeit unterstützt werden. Dies gelingt insbesondere über die Schulbildung, die sämtliche Kinder und Jugendliche adressiert. Mit politischer und kultureller Bildung sollen zudem die Teilhabechancen von Kindern und Jugendlichen gefördert werden, unter anderem mit dem Ziel, Demokratisierungsprozesse zu unterstützten (Fietz 2009). Kultur fungiert als zentrales Moment, das durch partizipative Formate Prozesse der Bildung zur Mündigkeit, der Auseinandersetzung mit der eigenen Person und der individuellen Rolle in unserer Gesellschaft ermöglicht (Detjen 2013).

Neben gemeinsamen Zielen teilen die politische und die kulturelle Bildung eine Herausforderung: Sie stehen unter Legitimationsdruck. Beide Felder werden im formalen Schulsystem meist nicht als sogenannte ‚Kernfächer' betrachtet und sind häufig von Kürzungen betroffen. Ebenso zeigte sich während der Schulschließungen im Zuge der Covid-19-Pandemie, dass unter anderem die politische und die kulturelle Bildung teils ganz von den Unterrichtsplänen gestrichen wurde (Kolleck 2020a). Im außerschulischen Bereich werden zudem häufig Herausforderungen bezüglich der Teilhabechancen in der kulturellen und der politischen Bildung diagnostiziert – zumindest, wenn ein enges Verständnis von kultureller und politischer Bildung angewandt wird (Gloe/Oeftering 2020). Erweiterte Verständnisse von Politik und Kultur beziehungsweise politischer und kultureller Bildung relativieren diesen Befund – nicht zuletzt auch, weil nichttraditionelle und derzeit populäre Formen politischer und kultureller Partizipation mitberücksichtigt werden (ebd.). Allerdings wird in Bezug auf eine solche Perspektive eine ‚Verwässerung' der beiden Begriffe (politische Bildung und kulturelle Bildung) befürchtet. Diese Befürchtung wird dadurch bestärkt, dass beide häufig allein als Querschnittsaufgabe an Schulen vermittelt werden sollen und teils nicht als eigene Schulfächer anerkannt sind. Umgekehrt erfahren sowohl die kulturelle als auch die politische Bildung seit einigen Jahren zunehmend Aufmerksamkeit – sowohl im schulischen als auch im außerschulischen Bereich. Als Reaktion auf eine in Deutschland zunehmende Radikalisierung und gesellschaftliche Polarisierung sowie den Zuwachs antidemokratischer Bewegungen werden in beiden Feldern Ansatzpunkte für die Lösung aktueller Probleme, aber auch für die Prävention von Extremismus und Resilienz sowie für die Förderung sozialen Zusammenhalts diskutiert. Die Verknüpfung oder Erweiterung politischer Bildung mit Formaten der kulturellen Bildung bietet zugleich Möglichkeiten, komplexe Themen näher an der Lebenswirklichkeit und den Interessen von jungen Menschen zu behandeln. Auf diese Weise kann es ihnen beispielsweise gelingen, einen anderen Zugang zu eigenen Gedanken und Gefühlen zu erlangen (Witt 2017/2018).

Angesichts der regionalen Disparitäten im Bildungsbereich rücken insbesondere strukturschwache Regionen und ländliche Räume, die mittlerweile zu den „Verlierern" des Bildungssystems gezählt werden, in den Mittelpunkt der kulturellen Bildung (Autorengruppe Bildungsberichterstattung 2012). Eine Thematik, der sich auch das Bundesministerium für Bildung und Forschung (BMBF) mittlerweile verstärkt zuwendet (Kolleck/Büdel 2020; Bender et al. 2019b). So wurde beispielsweise eine Förderrichtlinie „Kulturelle Bildung in ländlichen Räumen" initiiert, in deren Rahmen verschiedene Aspekte kultureller Bildung in ländlichen Räumen in unterschiedlichen Regionen und Disziplinen erörtert werden. Damit werden sowohl das Forschungsfeld durch neue Erkenntnisse systematisch fortentwickelt als auch ein substanzieller Beitrag für die Praxis geleistet.[5]

5 Vgl. die durch das BMBF im Rahmen der Förderlinie „Kulturelle Bildung in ländlichen Räumen" geförderten Projekte MetaKLuB (FKZ: 01JKL19MET) und PaKKT (FKZ: 01JKL1915A-B).

Direkt nach Beginn der Förderrichtlinie Ende des Jahres 2019 scheint sich die Situation der kulturellen Bildung in Deutschland jedoch drastisch verschlechtert zu haben.

> „Dies gilt bereits jetzt vor allem für die nicht-staatlichen Einrichtungen und Unternehmen der Kultur- und Kreativwirtschaft wie u. a. Galerien, Kinos oder Buchhandlungen. Aber auch staatliche Einrichtungen trifft die Krise schwer. Es bleibt deshalb im Rahmen der Forschung der Förderrichtlinie zu beobachten, wie sich die unerwartete neue gesellschaftliche Situation auf den Bereich der Kulturellen Bildung auswirkt und welche Wirkung die angekündigten Notfallfonds von Bund und Ländern entfalten können" (Kolleck/Büdel 2020).

Dies gilt sowohl für die Thematisierung kultureller Bildung als auch für die Kooperationen mit außerschulischen Bildungseinrichtungen. Nicht zuletzt sind letztere unmittelbar von der Krise betroffen und befinden sich seit Ausbruch der Pandemie in einer schwierigen wirtschaftlichen Lage.

Civic Education und Citizenship Education

In der internationalen Literatur wird politische Bildung meist nicht mit *Political Education*, sondern mit *Civic Education* oder *Citizenship Education* übersetzt (Muleya 2018). Dies liegt auch daran, dass in englischsprachigen Ländern und darüber hinaus der Begriff *Political Education* meist vermieden wird, weil mit ihm teils Formen der Indoktrination oder eine Tendenz zur ‚Staatsbürgerkunde' assoziiert werden (Halbritter 2004; Sander 2009). In kommunistischen Regimen Südosteuropas wird mit *Political Education* unter anderem eine aufgezwungene schulische Manipulation verbunden. In Deutschland hat die Kritik an dem Begriff teils historische Wurzeln, da das Fach Politische Bildung in der Vergangenheit als Mittel diente, um Kinder systematisch in den Faschismus einzuführen. Heute werden die Konzepte teils als „imposed policy" (Engel/Ortloff 2009: 188) kritisiert und es wird darauf verwiesen, dass das Fach von den Alliierten direkt nach der Niederlage Deutschlands im Zweiten Weltkrieg als Entnazifizierungspolitik eingeführt wurde. Engel und Ortloff (2009) sehen genau hier ein Paradox: Politische Bildung wurde einerseits ohne eine angemessene demokratische Beratung und Diskussion implementiert. Andererseits soll sie demokratiebildend wirken und Schüler*innen zur Partizipation befähigen (Engel/Ortloff 2009).

Die Begriffe *Civic Education* und *Citizenship Education* werden in der Literatur teilweise unterschiedlichen Bereichen der politischen Bildung zugeschrieben.

Civic Education bezieht sich meist auf eine intentionale und systematische Bildung, die vor allem in institutionalisierten Bildungsorten stattfindet. Zu den Zielen einer *Civic Education* zählen die Befähigung von Individuen zu mündigen Bürger*innen sowie zur aktiven Teilnahme an Gesellschaften in einer Welt, die durch regionale, nationale, globale und supranationale Prozesse gekennzeichnet ist. *Civic Education* wird nicht nur auf die Bildung in der Schule begrenzt, sondern findet im Sinne lebenslangen Lernens ebenfalls an anderen Bildungsorten statt – sowohl in Kindertagesstätten als auch in Hochschulen, der beruflichen Bildung oder der Erwachsenenbildung. Demzufolge lässt sich *Civic Education* nicht allein auf die formalen Strukturen der weltweit unterschiedlichen Schulsysteme beschränken, sondern schließt die unterschiedlichen Lebens- und Entwicklungsphasen von Menschen in die Überlegungen mit ein.

Citizenship Education wird dagegen in der Literatur eng mit ‚Staatsbürgerschaft' und damit dem Bürgerbegriff in Bezug gesetzt (Halstead/Pike 2006), bezieht sich also auf die Zugehörigkeit zu einem Land oder Staat beziehungsweise einer festen politischen Gemeinschaft. Je nach Staat, Land oder Region und abhängig vom jeweiligen Bürgerverständnis wird *Citizenship Education* als Schulfach angeboten (Annette 2005). Dieses soll Schüler*innen zu mündigen Bürger*innen befähigen. Kindern und Jugendlichen soll es ermöglicht werden, Kenntnisse und Kompetenzen zu lokalen, nationalen und globalen Themen zu erwerben, eigene Überzeugungen und Werte als junge Bürger*innen zu entwickeln, diese zu äußern und einzubringen, sich aktiv in ihren Gesellschaften zu engagieren und am politischen Leben zu partizipieren (ebd.).

Tendenziell wird *Citizenship Education* eher mit der Bereitstellung von Wissen zur Staatsbürgerschaft sowie der Diskussion der Rolle des Individuums innerhalb eines Staates in Beziehung gesetzt (Morris/Cogan 2001). *Civic Education* ist meist breiter angelegt und schließt Möglichkeiten der aktiven Teilnahme an politischen Prozessen und politischem Engagement sowie die Reflexion über und die Verinnerlichung von Werten mit ein (ebd; Muleya 2018). *Citizenship Education* kann verstanden werden als eine Form der Erziehung zur Staatsbürgerschaft, die Schüler*innen auf ihre Rolle als Bürger*innen in Demokratien vorbereitet. *Civic Education* ist hingegen ähnlich dem, was wir in Deutschland unter ‚politischer Bildung' verstehen. Dies involviert ebenfalls die Bereitstellung von Informationen und die Ermöglichung von Lernerfahrungen mit dem Ziel, Bürger*innen zur Teilnahme an demokratischen Prozessen zu befähigen.

> „The term ‚civics' often is associated more with education that stresses knowledge about civics, while 'citizenship' is associated more with attempts to promote education through (via participation) and for (via active engagement) civic education" (Morris/Cogan 2001: 119).

In der wissenschaftlichen Literatur zeigen sich einige Überschneidungen der Definitionen und Verwendungen der Begriffe *Civic Education* und *Citizenship Education*. Beide Konzepte weisen eine konvergierende Natur auf und werden in der Literatur teils synonym verwendet. So verfolgen beide Ziele der Ausbildung, bei denen den Lernenden verschiedenen Formen von Wissen und Fähigkeiten in den Bereichen Politik, Kultur, soziale und wirtschaftliche Entwicklung vermittelt werden (Muleya

2018). Eine synonyme Verwendung der Begriffe wird in erster Linie dadurch gerechtfertigt (ebd.), dass es trotz eines gewissen Maßes an Ambiguitäten zwischen *Civic Education* und *Citizenship Education* mehr Konvergenzpunkte als Unterschiede gibt (ebd.; Muleya 2017).

Sowohl *Civic* als auch *Citizenship Education* gewannen in den letzten Jahren in verschiedenen Ländern zunehmend an Relevanz. Als Ursache dafür kann unter anderem angeführt werden, dass sich Schulsysteme weltweit mit neuen sozialen, ökologischen und ökonomischen Herausforderungen konfrontiert sehen. Dazu zählen beispielsweise eine gesellschaftliche Polarisierung, Bildungsungleichheiten oder Radikalisierung. Trotz dieser ähnlichen Herausforderungen können enorme nationale Unterschiede in Bezug auf die Inhalte, Fächer, Unterrichtsmethoden und die generelle Art der Vermittlung von *Citizenship* und *Civic Education* beobachtet werden (Engel/Ortloff 2009).

Weiterführendes

 Bundeszentrale für Politische Bildung – Dossier zu politischer Bildung https://www.bpb.de/gesellschaft/bildung/politische-bildung/218581/definitionen

 Infokanal „Deine tägliche Dosis Politik“ für den Messengerdienst Telegram mit kurze Erklärtexten, Hintergrundinformationen und Angeboten zu Begriffen aus Politik und Geschichte: https://www.bpb.de/dialog/257145/deine-taegliche-dosis-politik

 Geschichte der Bundeszentrale für politische Bildung: https://www.bpb.de/geschichte/zeitgeschichte/geschichte-der-bpb/

 Bundeszentrale für politische Bildung – Demokratisierung durch Entnazifizierung und Erziehung: https://www.bpb.de/geschichte/nationalsozialismus/dossier-nationalsozialismus/39605/entnazifizierung-und-erziehung

 Metaklub – KuBiLand; Podcast zu kultureller Bildung sowie Forschung dazu im ländlichen Raum: https://anchor.fm/kubiland

 Kulturelle Bildung im Gespräch – der Podcast des Vereins Rat für Kulturelle Bildung https://www.rat-kulturelle-bildung.de/newsroom/podcast

 Projekt „Metaklub“ durch das BMBF im Rahmen der Förderlinie „Kulturelle Bildung in ländlichen Räumen“ gefördert https://www.uni-leipzig.de/projekt-metaklub/

 Kulturstiftung der Länder – „Kulturelle Bildung – Was? Wozu?“ https://youtu.be/c1cHC3MaS0E

 Civic Academy SA – Why is Civic Education important? https://youtu.be/FWxOt_ZxEUU

Online-Kurs „Citizenship Education MOOC" mit Wissenswertem unter anderem über demokratische Schulentwicklung, das Zusammenleben in diversen Gesellschaften und Mitgestaltung durch Engagement und Partizipation: https://www.oncampus.de/mooc/citizenedu

2.7 Bildungspolitik und Bildungssysteme

Übungsfragen

- Mit welchen Herausforderungen ist die internationale Bildungspolitik konfrontiert?
- Welche Forschungen und Studien im Bereich Bildungssysteme und Bildungspolitik finden sich im deutschsprachigen Raum?

Zu den bisher betrachteten Konzepten – Politik, Bildung, Erziehung, Sozialisation, Lernen und politische Bildung – existiert eine Fülle an Literatur, die eine Vielzahl an einschlägigen Überblicksarbeiten, theoretischen Ausarbeitungen sowie empirischen Studien umfasst. In der wissenschaftlichen Community haben sich im Zuge einer intensiven Diskussion der Konzepte unterschiedliche Verständnisse und ‚Schulen' herausgebildet.

Für die Konzepte Bildungspolitik und Bildungssysteme ist die Situation jedoch eine andere: Sie werden nur selten definiert, diskutiert oder differenziert. In der Literatur sind wenige einschlägige Werke zu finden und die Mühe, die vorhandenen Werke und Ansätze voneinander abzugrenzen, scheint sich bisher kaum jemand zu machen. Insbesondere in der deutschen Wissenschaftslandschaft zeigen sich dabei Desiderate. Während die Themen Bildungspolitik und Bildungssysteme in anderen Ländern ‚boomen', wurden diese Wissensbereiche in Deutschland reduziert (Kolleck 2018). Professuren oder wissenschaftliche Arbeitsbereiche an Universitäten und Forschungsinstituten sind in Deutschland sehr selten vorzufinden.

Bildungssysteme (Education Systems)

In der wissenschaftlichen Literatur werden die Begriffe ‚Bildungssysteme' und ‚Bildungswesen' häufig synonym verwendet.

> „Als Bildungssystem oder Bildungswesen bezeichnet man das Insgesamt an institutionell-organisatorischen Möglichkeiten (Bildungsangebote) in einer Gesellschaft, die es bestimmten Personen oder Personengruppen erlauben sollen, durch meist planvolle organisierte Lehr-Lern-Prozesse in

> einem bestimmten Zeitraum definierte Bildungsziele zu erreichen“ (Gukenbiehl 2001: 89).

Viele Autor*innen beziehen Bildungssysteme auf die etablierten Bildungsinstitutionen, wie die inhaltlich verschiedenen und zeitlich gestuften Bildungsgänge (ebd.). Dazu zählen die Bildungsstufen Elementarbereich, Vorschule, Primarbereich (gemeinsame Grundschule), Sekundarbereich (allgemeinbildende und berufliche Schule), tertiärer Bereich (Hochschulbereich) sowie der quartäre Bereich (Weiterbildung) (Hepp 2011).

Besonders spannende Entwicklungen sind im Feld der internationalen Vergleiche von Bildungssystemen zu beobachten. Hier vergleicht die wissenschaftliche Literatur vor allem bestimmte Bildungsbereiche (bspw. frühkindliche oder schulische Bildung) (Busemeyer 2015b), wobei politische und wirtschaftliche Faktoren und Kontexte (bspw. politische Systeme, Höhe der Bildungsausgaben) mit in die Vergleiche einbezogen werden.

Aus einer systemtheoretischen Perspektive werden Bildungssysteme als eines der gesellschaftlichen Funktions- oder Organisationssysteme gedeutet (Gaus/Drieschner 2014). Bildungssysteme sind demnach eine Unterform sozialer Systeme in modernen Gesellschaften – neben Systemen wie Wirtschaft, Politik, Gesundheit oder Recht. Die verschiedenen Funktions- oder Organisationssysteme überschneiden sich, beeinflussen sich wechselseitig und wandeln sich im Zeitverlauf (ebd.).

Bildungspolitik (Education *Policy*)

Wie der Begriff der politischen Bildung stößt Bildungspolitik auf die Herausforderung, zwei komplexe Konstrukte – nämlich Bildung und Politik – miteinander zu kombinieren. Aus den bisherigen Ausführungen ist bereits hervorgegangen, dass für beide Begriffe, Bildung und Politik, keine allgemein akzeptierten Definitionen existieren (Busemeyer 2015a). Hinzu kommt, dass Bildungspolitik ein sehr breites Feld mit unterschiedlichen Teilbereichen, Akteuren, Funktionen und Inhalten ist, die eine präzise Definition erschweren (Schmid/Schuhen 2016). Zudem hat sich der Begriff selbst erst in den 1960er Jahren durchgesetzt (Hepp 2011). Verkürzt wird Bildungspolitik oft zur Begründung von Absichten oder bildungspolitischen Praktiken verwendet und verstanden als

> „a specification of principles and actions, related to educational issues, which are followed or which should be followed and which are designed to bring about desired goals“ (Trowler 2003: 95).

Auf diese Weise wird allerdings der prozesshafte Charakter von Bildungspolitik nicht ausreichend mit einbezogen (ebd.). Die Gegenstandsbereiche von Bildungspolitik beziehen sich einerseits auf die formalen Bildungsinstitutionen (u. a. Hochschule,

Schule), sind aber nicht allein auf öffentliche Bildungseinrichtungen reduziert. Ebenso umfasst der Gegenstandsbereich von Bildungspolitik eine breite Anzahl an außerschulischen Bildungsakteuren und privaten Bildungsträgern (Hepp 2011). In diesem Buch wird Bildungspolitik verstanden als

> „die Gesamtheit der Entscheidungen, Handlungen, Handlungsprogramme und Regelungen, die von öffentlichen oder privaten Organisationen getroffen werden, um die Bedingungen für das Gelingen von Lernprozessen inhaltlich, organisatorisch und ressourcenmäßig zu gestalten" (Schmid 2018).

Bildungspolitik schließt demnach unterschiedliche Regelungen, Kodizes, Pläne, Richtlinien, Bekanntmachungen, Dokumente, Programme, Normen und Maßnahmen mit ein und adressiert Beziehungen sowie Konflikte im Bildungsbereich (Fan/Popkewitz 2020). Für Regierungen ist Bildungspolitik ein Mittel, um Bildung zu verwalten, weiterzuentwickeln sowie um gesellschaftliche Reformen umzusetzen und diese normativ zu untermauern (ebd.). Für moderne Gesellschaften ist Bildungspolitik „unerlässlich", da sie elementare gesellschaftliche Funktionen sicherstellt (Anzenbacher 1999: 29).

Busemeyer (2015a) identifiziert drei Theorien, die versuchen, Unterschiede und Varianzen in verschiedenen Bildungspolitiken und Bildungssystemen zu erklären: über die Bildungsausgaben, sozioökonomische und demografische Faktoren, über Verteilung von Kompetenzen und Steuerungsbefugnissen im Bildungsbereich und die Internationalisierung der Bildungspolitik oder über die verschieden starken Einschränkungen der Marktwirtschaft zugunsten sozialstaatlicher Absicherung und besseren Möglichkeiten zur (Weiter)Bildung.

Bildungspolitik im Wandel: Globalisierung und Konvergenz

Die gegenwärtige Bildungspolitik ist mit vielen unterschiedlichen Herausforderungen, Erwartungen und Veränderungsprozessen konfrontiert. Internationale Vergleichsstudien, der demografische Wandel, die Anerkennung der Notwendigkeit des lebenslangen Lernens, der technologische Fortschritt, Klimawandel oder der wachsende Einfluss internationaler Organisationen sind nur wenige der vielen Faktoren, die die Bildungspolitik weltweit bedingen (Windzio/Martens/Nagel 2010).

Prozesse wie die Europäische Integration (Busemeyer 2009) oder Vergleichsstudien internationaler Organisationen zur Qualität und Effektivität von Bildungssystemen bewirkten starke Veränderungen der Bildungsprogramme in Europa und weltweit (Windzio/Martens 2016). In Deutschland zeigt sich dieser Einfluss vor allem in einem grundlegenden bildungspolitischen Strukturwandel (Niemann 2010), einem Rückzug des Nationalstaates, der Verringerung der Input-Steuerung und einer zunehmenden Output-Steuerung (Kolleck 2017).

Andere Ursachen für eine neue Ära der Bildungspolitik könnten ebenfalls im Zusammenbruch des Kolonialismus, der Entstehung neuer unabhängiger Staaten nach dem Zweiten Weltkrieg, in der Gründung der United Nations Educational, Scientific and Cultural Organization (UNESCO) sowie der Verabschiedung der Allgemeinen Erklärung der Menschenrechte liegen (Mundy et al. 2016). Gekennzeichnet ist diese neue Ära unter anderem durch globale Einflüsse, die Herausbildung neuer (inter)nationaler Programme und Organisationen sowie die Öffnung internationaler Organisationen (u.a. Weltbank, Welthandelsorganisation (WHO), Gruppe der G8, Organisation for Economic Co-operation and Development (OECD), Freihandelszonen wie die Association of Southeast Asian Nations (ASEAN)) für bildungspolitische Themen (Windzio/Martens/Nagel 2010; Mundy et al. 2016). Darüber hinaus wird Bildungspolitik zunehmend von nichtstaatlichen und transnational organisierten Akteure wie multinationalen Unternehmen, Nichtregierungsorganisationen, Interessenverbänden oder Stiftungen beeinflusst (Mundy et al. 2016).

Die Internationalisierung der Bildungspolitik hinterlässt ebenfalls auf der nationalstaatlichen Ebene ihre Spuren (Jakobi/Teltemann/Windzio 2010). Dies wird unter anderem von Jakobi, Teltemann und Windzio (ebd.) gezeigt, die anhand einer vergleichenden Untersuchung von 38 Länder internationale Wirkungen auf nationale Bildungspolitiken aufzeigen. Interessant ist, dass sich diese Wirkungen dabei vor allem hinsichtlich der Transformationskapazitäten der Länder unterscheiden (ebd.). Knill et al. (2013) untersuchen bildungspolitische Auswirkungen des Bologna-Prozesses und stellen einen Politiktransfer fest, der über die Mitgliedstaaten der Europäischen Union (EU) hinausgeht. Länder, die nicht am Bologna-Prozess beteiligten waren, begannen ebenfalls, Inhalte wie die Bachelor- und Masterreformen zu übernehmen. Die konvergenzfördernde Wirkung des Bologna-Prozesses zeigte sich auch in internationalen Organisationen, die den Transfer der Hochschulpolitiken förderten und umwarben (ebd.) und damit eine Verankerung der transnationalen Perspektive auf Hochschulpolitik bewirkten (Dobbins/Knill 2009). Diese Befunde werden auch von Martens et al. (Martens/Nagel/Windzio 2010) gestützt, die eine zunehmende Angleichung nationaler *Policies*, *Politics* und *Polities* durch die Wirkung internationaler Organisationen wie der EU und der OECD proklamieren.

Weiterführendes

Fernuniversität Hagen „Meet the Expert" mit der Vorstellung bildungs- und erziehungswissenschaftlicher Forschungsfelder: https://www.fernuni-hagen.de/zebo/lehrvideos/index.shtml

Podcast des Wissenschaftszentrums Berlin für Sozialforschung (WZB) zu Fragen der Bildungspolitik: https://bildungspolitik.blog.wzb.eu/

3 Demokratiebildung und politische Bildung im schulischen und außerschulischen Bereich

„Jeder Mensch hat das Recht auf Bildung." Allein dieses Menschenrecht verdeutlicht: Demokratie, Bildung und Politik haben viel miteinander zu tun. In Demokratien soll nicht mehr die Herkunft von Individuen über ihre Bildung und Teilhabechancen, gesellschaftliche Position sowie Berufs- und Karrierechancen entscheiden. Maßgeblich sind vielmehr die individuellen Fähigkeiten, Engagement oder Erfolge. Bildung ist demnach ein entscheidender Faktor für das individuelle Leben in demokratischen Gesellschaften. Zugleich soll mit Bildung die Grundlage für eine „funktionierende" demokratische Gesellschaft geschaffen werden. Denn erst durch Bildung, so die Annahme, werden Individuen dazu in die Lage versetzt, sich mündig am sozialen und politischen Leben zu beteiligen, das öffentliche Leben mitzugestalten, gesellschaftlichen Zusammenhalt und Frieden zu fördern und eigenständig Urteile und Meinungen zu bilden. Die zentrale Institution hierfür ist die Schule, die Kinder und Jugendliche aller gesellschaftlichen Schichten und Klassen erreicht. Darüber hinaus spielt politische Bildung außerhalb der Schule in verschiedenen Lebenssituationen und -bereichen als non-formale oder informelle Bildung eine zentrale Rolle.

Das vorliegende Kapitel legt daher den Schwerpunkt auf die Bereiche politische Bildung und Demokratiebildung im schulischen und außerschulischen Bereich. Der erste Themenblock bezieht sich vor allem auf schulische Bildung und politische Bildung als fächerübergreifendes Prinzip. Dies wird in verschiedenen Schul- und Bildungssystemen sehr unterschiedlich verstanden und umgesetzt. Reflektiert wird vor allem die Situation in Deutschland – internationale Aspekte werden am Rande diskutiert. Insgesamt gliedert sich das Unterkapitel in sechs Abschnitte. Zuerst wird kurz auf die Konzepte im internationalen Kontext eingegangen. Differenzen und Gemeinsamkeiten von politischer Bildung und Demokratiebildung im Kontext von Schule sind Gegenstand des zweiten Abschnitts. Aufbauend auf diesem Abschnitt werden Lösungsansätze vorgestellt und in jeweils separaten Unterkapiteln die Themen demokratische Schulkultur, Ganztagsschulen als Beispiel für demokratische Schulentwicklung sowie Bildungslandschaften im Kontext der Bewältigung von Chancenungleichheiten besprochen. Das folgende Unterkapitel wendet sich den Themen Extremismus und Gruppenbezogene Menschenfeindlichkeit (GMF) sowie deren Eignung für Aspekte der politischen Bildung in Deutschland zu. Zudem wird ein Ausblick auf die internationale Forschung geworfen. Abschließend wird die Umsetzung politischer Bildung im Bereich Flucht diskutiert. Hier werden die aktuelle Umsetzung der politischen Bildung mit Geflüchteten in Deutschland sowie aktuelle internationale Forschungsergebnisse vorgestellt und Forschungsdesiderate identifiziert. Sowohl die Themen Extremismus und GMF als auch Flucht fokussieren Aspekte des schulischen sowie des außerschulischen Bildungsbereichs.

3.1 Demokratiebildung und politische Bildung in der Schule

Übungsfragen

- Warum ist Demokratiebildung in der Schule notwendig?
- Wo wird Demokratie in der Schule gelernt?
- Wie kann Demokratie in der Schule vermittelt und erlebbar gemacht werden?
- Vor welchem Spannungsverhältnis stehen Schulen und wie kann dieses gelöst werden?
- Was ist eine demokratische Schulkultur?
- Was ist unter Service Learning zu verstehen?
- Ab wann gilt eine Schule als Ganztagsschule und welche Kriterien gibt es für die Bestimmung von Ganztagsschulen?
- Welche positiven Effekte werden von Ganztagsschulen erwartet?
- Welche Kooperationen finden an Ganztagsschulen statt und welche Effekte zeigen sie?
- Was sind Bildungslandschaften und welche gesellschaftlichen Probleme sollen damit bearbeitet/gelöst werden?
- Was ist evidenzbasierte Steuerung und welche Rolle spielt sie für Bildungslandschaften?
- Welche Bedeutung haben Bildungslandschaften in ländlichen Räumen?

3.1.1 Politische Bildung im internationalen Vergleich

Politische Bildung in Deutschland hat sich bisher verhältnismäßig wenig für globale und transnationale Prozesse geöffnet. Dies gilt vor allem für die traditionelle Fachdidaktik,

> „denn bisher fehlt es der deutschen Politikdidaktik – mit wenigen Ausnahmen (Sliwka, Koopmann) – an einem Bezug zur internationalen Diskussion. Die deutsche Diskussion erscheint bisher zuweilen eher selbstbezüglich" (Himmelmann 2003).

Ein Vergleich der politischen Bildung über Deutschland hinaus weist darauf hin, dass starke Unterschiede in Bezug auf die Ziele, Lehrstrategien und Vermittlungsmethoden der politischen Bildung in den verschiedenen Kontinenten, Ländern und Regionen bestehen (Kennedy 2012). Differenzen zeigen sich bei der Etablierung der politischen Bildung im außerschulischen Bereich sowie bei der Umsetzung des Themas in Curricula und Schulen. Ein Beispiel ist die Funktion der Bundeszentrale für politische Bildung, zu der es in keinem anderen Land auf der Welt eine äquivalente Institution gibt. Zudem werden *Civic* und *Citizenship Education* in verschiedenen Ländern unterschiedlich umgesetzt und gelehrt (Morris/Cogan 2001). So wird *Civic Education* in Japan, Taiwan und Thailand in der Regel durch obligatorische Schulfächer landesweit vermittelt. In Australien, Hongkong und den USA entscheiden die Bundesstaaten oder Schulen selbst über die jeweilige Umsetzung von *Civic Education*. Und auch die Ziele und Inhalte von *Civic Education* sind divers. In Hongkong, Taiwan und Thailand liegt der Fokus von *Civic Education* auf der Vermittlung von vorab definierten und als „gut" deklarierten Werten der Bürger*innen, während in Australien und in den USA die Befähigung zur Mündigkeit, zu aktivem staatsbürgerlichem Handeln und zur Teilnahme an demokratischen Prozessen betont wird (ebd.).

Unterschiede in den schulischen Curricula hängen stark vom nationalen Kontext ab. So konzentrieren sich Lehrkräfte in Ländern wie Hongkong oder in postkommunistischen Ländern, in denen Demokratie teils unter Druck steht oder als nicht vollständig entwickelt gilt, eher auf die Wissensvermittlung und die Unterstützung der Schüler*innen als aktive Mitglieder in lokalen Gemeinschaften als auf die Förderung von demokratischen Kompetenzen, unabhängigem Denken und Toleranz (Reichert/Torney-Purta 2019). In den meisten asiatischen Ländern wird *Civic Education* zwar eine wichtige Bedeutung zugeschrieben – die konkrete Ausgestaltung variiert jedoch wesentlich je nach regionalen, sozialen, kulturellen und politischen Umständen (Kennedy/Li 2014). Selbst in liberalen Gesellschaften spielen traditionelle kulturelle Werte oft eine wichtige Rolle. Allerdings werden mit *Civic Education* in solchen, beispielsweise liberalen asiatischen Ländern, ebenso demokratische Werte und Ziele verbunden. Anders sieht es in vielen autoritär regierten asiatischen Ländern aus, in denen *Civic Education* teils auf undemokratische Absichten ausgerichtet ist – mit einer Tendenz hin zur Indoktrination (ebd.).

3.1.2 Demokratiebildung an Schulen

Demokratie und Schulen: Gehört das zusammen? Ein Blick in die Schulgesetze der Länder sowie die Dokumente der KMK zeigt eindeutig: Demokratie ist ein elementarer Bestandteil der schulischen Bildung.

> „Eines der obersten Ziele schulischer Bildung überhaupt ist es, junge Menschen zu befähigen, sich in der modernen Gesellschaft zu orientieren und politische, gesellschaftliche und wirtschaftliche Fragen und Probleme kompetent zu beurteilen. Dabei sollen sie ermuntert werden, für Freiheit,

> Demokratie, Menschenrechte, Gerechtigkeit, wirtschaftliche Sicherheit und Frieden einzutreten. Diesem übergeordneten Ziel sind grundsätzlich alle Unterrichtsfächer verpflichtet, insbesondere aber die des gesellschaftswissenschaftlichen Bereichs“ (KMK 2021).

Wie in Kapitel 2.6 bereits erwähnt, wird Demokratiebildung in der wissenschaftlichen Literatur unterschiedlich definiert. Das vorliegende Buch orientiert sich an einer Definition nach Achour et al. (2020) die den „subjektorientierten, ganzheitlichen Prozess der Bildung zur Mündigkeit, basierend auf demokratischen Grundwerten wie Freiheit, Gleichheit, Gerechtigkeit, Solidarität und Emanzipation“ (siehe Kapitel 2.6.). Schule ist demnach ein Ort demokratischen Lernens. Das Lernen von Demokratie in der Schule basiert auf dem Dreisäulenmodell des schulischen Demokratielernens und umfasst erstens eine schulübergreifende Ebene (bspw. Kooperation mit außerschulischen Projekten, Besuch von Parlamenten oder Gerichten, nationalen Schülerkonferenzen), zweitens die Schulebene (bspw. Leitbild, Werte, Mitbestimmung, Klima, siehe dazu auch das folgende Unterkapitel zu Schulkultur) und drittens die Unterrichtsebene (bspw. Politik und Demokratie als Schulfach oder konkreter Lerngegenstand, Klassenrat, Klassensprecher*in, Klassengemeinschaft) (Busch 2018). Eine demokratische Schulkultur beinhaltet die Verfolgung demokratischer Grundsätze, Partizipation und Teilhabe, die Übernahme von Verantwortung für die Gemeinschaft, Kenntnisse zu politischen und sozialen Fragen, Urteils- und Konfliktfähigkeiten sowie die Bereitschaft zum Dialog und zur Übernahme von Perspektiven anderer (ebd.).

Die Förderung der Demokratie gilt in Deutschland unter anderem als Bildungs- und Erziehungsauftrag der Schule. Schüler*innen sollen zu mündigen Bürger*innen herangebildet werden, um gesellschaftliche Verantwortung zu übernehmen, sich für die Demokratie zu engagieren und sich mit den Grundwerten der Demokratie zu identifizieren. Eine Grundlage für diesen Bildungs- und Erziehungsauftrag bildet das Grundgesetz (GG), das diesen Auftrag zunächst als Recht und Pflicht der Eltern definiert. So lautet Art. 6 Abs. 2 GG: „Pflege und Erziehung der Kinder sind das natürliche Recht der Eltern und die zuvörderst ihnen obliegende Pflicht. Über ihre Betätigung wacht die staatliche Gemeinschaft“. Demgegenüber steht das Schulwesen nach Art. 7, Abs. 1 GG „unter der Aufsicht des Staates“, woraus ein staatlicher Erziehungsauftrag resultiert. Die Förderung von Demokratiebildung und politischer Bildung ist zwar nicht im Grundgesetz enthalten, die Schulpflicht garantiert jedoch, dass politische Bildung und Demokratiebildung in Schulen alle Kinder und Jugendlichen erreichen können. Zudem sind politische Bildung und Demokratiebildung meist Bestandteil der Verfassungen und Schulgesetze der Länder. So lautet Art. 101 Abs. 1 der Verfassung des Freistaates Sachsen beispielsweise:

> „Grundsätze der Erziehung und Bildung: (1) Die Jugend ist zur Ehrfurcht vor allem Lebendigen, zur Nächstenliebe, zum Frieden und zur Erhaltung

> der Umwelt, zur Heimatliebe, zu sittlichem und politischem Verantwortungsbewußtsein, zu Gerechtigkeit und zur Achtung vor der Überzeugung des anderen, zu beruflichem Können, zu sozialem Handeln und zu freiheitlicher demokratischer Haltung zu erziehen."

Ausgestaltet werden die Grundsätze im Sächsischen Schulgesetz (SächsSchulG). So wird in diesem in §1 ausgeführt, dass die schulische Bildung zur Entfaltung der Persönlichkeiten in der Gemeinschaft, zu einem politischen Verantwortungsbewusstsein und zur Vermittlung einer freiheitlich demokratischen Haltung beitragen soll. Zudem sollen die Schüler*innen dazu befähigt werden, „allen Menschen vorurteilsfrei zu begegnen, unabhängig von ihrer ethnischen und kulturellen Herkunft, äußeren Erscheinung, ihren religiösen und weltanschaulichen Ansichten und ihrer sexuellen Orientierung". Schüler*innen sollen lernen, sich für ein „diskriminierungsfreies Miteinander" einzusetzen sowie „Ursachen und Gefahren der Ideologie des Nationalsozialismus sowie anderer totalitärer und autoritärer Regime zu erkennen und ihnen entgegenzuwirken" (vgl. §1 Abs. 3 SächsSchulG).

Die Rolle der Bundesländer in der Vermittlung von Demokratiebildung wird in einem Beschluss zur Weiterentwicklung des Unterrichts von der Kultusministerkonferenz (KMK 2018b) spezifiziert. Dieser Beschluss hebt unter anderem eine Auseinandersetzung mit Extremismus ab der Primarstufe, die Verankerung demokratiepädagogischer Inhalte, die Behandlung von Demokratie in Schulkultur und als Kriterium von Schulentwicklung, eine Stärkung von Initiativen wie „Schule ohne Rassismus", die systematische Integration außerschulischer Lernorte (u. a. Gedenkstätte, Museen) sowie die Erweiterung und Intensivierung der Mitwirkungsmöglichkeiten von Schüler*innen in Schulen hervor (KMK 2018b).

Schwerpunkte bilden dabei die historisch-politische Bildung (u. a. zur NS-Diktatur) sowie

> - „die Förderung des Verständnisses von Minderheitenschutz als zentralem Aspekt rechtsstaatlicher Demokratie sowie die Entwicklung von Fähigkeiten zur Analyse und Beurteilung demokratiefeindlicher Systeme und Tendenzen sowie der ihnen jeweils zugrundeliegenden Interessen und Ideologien,
> - die Förderung einer fachlich fundierten Auseinandersetzung mit allen Formen von Diskriminierung, Rassismus, gruppenbezogener Menschenfeindlichkeit, Antisemitismus, Abwertung von Sinti und Roma, Muslim- bzw. Islamfeindlichkeit, Fremdenfeindlichkeit, Fundamentalismus, Sexismus, Homophobie, Gewalt und Intoleranz sowie politischem Extremismus (…)" (ebd.: 9).

Den Bundesländern in Deutschland kommt demnach die Aufgabe zu, (niedrigschwellige) Bildungsangebote zu diesem umfassenden Themenkomplex anzubieten.

In Schulen soll nicht allein das Wissen vermittelt werden, sondern darüber hinaus demokratische Werte, Partizipation und die „Übernahme von Verantwortung und Engagement in Staat und Gesellschaft" gefördert werden (ebd.: 4).

Demokratiebildung in Schulen findet auf drei Ebenen statt: erstens der „Bildung über Demokratie", zweitens der „Bildung durch Demokratie" und drittens der „Bildung für Demokratie". Die dritte Ebene, das heißt die Bildung für Demokratie, beinhaltet Aspekte der ersten beiden Ebenen. Dabei stärken die ersten beiden Ebenen demokratische Einstellungen und Verhalten sowie die Bereitschaft einer aktiven Bürgerschaft.

Schule ist sowohl Erziehungs- und Bildungs- als auch Sozialisationsinstanz. Eine Öffnung von Schule für non-formale Lernorte im Kontext der Etablierung von Bildungslandschaften (Kolleck/Brix 2017) kann eine Stärkung der Zivilgesellschaft sowie der gesellschaftlichen Partizipation bewirken (siehe auch Kapitel 3.1.5 zu Bildungslandschaften). Wie bereits oben erwähnt fungiert politische Bildung nicht allein als Schulfach, sondern ebenfalls als Teil des schulischen Gesamtkonzepts (Kolleck/Stackfleth 2021), das Schüler*innen von Beginn an (Kolleck/Eller-Ebenstein 2019) „konkrete Lebens- und Orientierungshilfen" offeriert, fachliche Inhalte mit fächerübergreifenden Konzepten und sozialem Lernen verbindet und die „politischen" Momente des „gemeinsamen Zusammenlebens in der Gesellschaft" verdeutlicht (Himmelmann 2004: 2).

Ursprünge dieser Ideen zur demokratischen Schulentwicklung werden häufig bei John Deweys Schriften zu Demokratie und Erziehung verortet (Dewey 1916). Seine Konzepte basieren auf den Annahmen, dass sich Lernen durch Erfahrung vollzieht und sich Demokratie durch gemeinsame Erlebnisse konstituieren kann. Demokratie sei keine Angelegenheit für einzelne Personen oder die Regierung, sondern jede*r Einzelne in der Gesellschaft müsse seine Leistungen für die Demokratie erbringen. Erziehung kommt eine doppelte Funktion zu, da sie einerseits bestehende demokratische Systeme stützt und andererseits zur Erneuerung und Modernisierung beiträgt (Beutel/Fauser 2013; Himmelmann 2007). Schulen haben unter anderem die Aufgabe, Demokratie für Schüler*innen erfahrbar und erlebbar zu machen. Dazu zählt auch, soziale Ungleichheiten zu minimieren. Nach Himmelmann ist Demokratie als Trias zu verstehen (vgl. Abbildung 3-1): als Lebensform, Gesellschaftsform und Herrschaftsform (Himmelmann 2004). Diese Trias ist wichtig, weil sie auf die unterschiedlichen Ebenen von Demokratie aufmerksam macht. Politische Demokratie wird in Wissenschaft und Öffentlichkeit häufig allein als Herrschaftsform gedacht, auf den Staat bezogen und mit Aspekten wie Menschen- und Bürgerrechte, Rechtsstaat, Volkssouveränität, Gewaltenteilung, Parlamentarismus und Parteienwettbewerb, Minderheitenschutz und Mehrheitsprinzip verbunden (ebd.).

Abbildung 3-1: Demokratie als Lebens-, Gesellschafts- und Herrschaftsform, Quelle: eigene Darstellung nach Himmelmann 2004

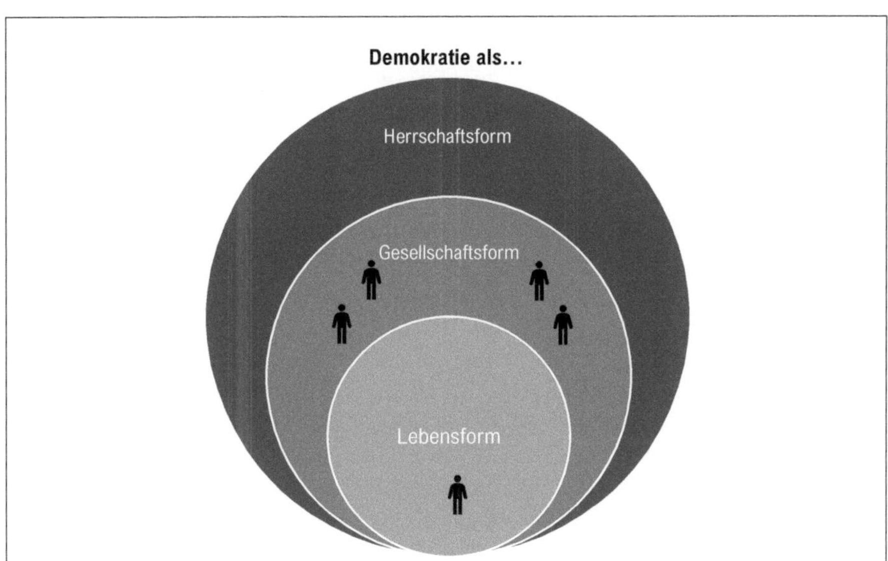

Demokratie als Gesellschaftsform erweitert diese Vorstellung, indem sie aufzeigt, wie Kinder und Jugendliche in einer pluralen und vielfältigen Gesellschaftsform lernen. Als Gesellschaftsform basiert Demokratie demnach auf der Existenz eines sozialen Pluralismus, einem funktionsfähigen System autonomer gesellschaftlicher Konfliktregulierung, der Ausgestaltung eines sozial und ökologisch fairen Systems der Marktwirtschaft, unabhängigen Medien, einer freien Öffentlichkeit sowie Partizipation und (zivil)gesellschaftlichem Engagement (Himmelmann 2004). Als Lebensform bezieht sich Demokratie auf Formen des sozialen Zusammenlebens – beispielsweise in Familien, ländlichen Räumen, Städten oder in Schulen. Nur wenn Demokratie als Lebensform existiert, so Himmelmann (2004), kann ein demokratisches System dauerhaft stabil existieren.

> „Die Interpretation der Demokratie als Lebensform geht also tiefer als der Ansatz der Demokratie als Herrschaftsform und noch tiefer als der Ansatz der Demokratie als Gesellschaftsform“ (ebd.: 10).

Elementar ist für die Umsetzung von Demokratie als Lebensform, dass Schüler*innen, aber auch Erwachsene, Prinzipien wie Individualität, Selbstbestimmung, Selbstverwirklichung, Gleichberechtigung, Gegenseitigkeit, Kooperationsfähigkeit, soziale Verantwortung und Engagement für gemeinschaftliche Zwecke erfahren und diese im Zusammenleben, aber auch in Schulen, greifbar und erlebbar gemacht werden (Himmelmann 2007).

Nach Himmelmann können drei neue Initiativen innerhalb der politischen Bildung beobachtet werden, die dieses Demokratieverständnis berücksichtigen und sich an dem Ansatz des „Demokratie-Lernens“ orientieren. Als erste Initiative nennt der Autor den „projektorientierten Ansatz“. Darunter fallen beispielsweise die Konzepte „erfahrene Demokratie“ und „Demokratie – lernen und leben“ nach Beutel und Fauser (2001) sowie Edelstein und Fauser (2001), aber auch das „Lernprogramm der Demokratie“ von Büttner und Meyer (2000). Die zweite Initiative wurde von Himmelmann selbst entwickelt und verbindet theoretische Elemente der Politikwissenschaft mit didaktischen Momenten. Dabei überträgt er die Kopplung von Demokratie als Lebens-, Gesellschafts- und Herrschaftsform in die politische Bildung und ermöglicht so ein breiteres Verständnis des „Demokratie-Lernens“. Drittens nennt Himmelmann (2003) den internationalen Ansatz zu *Civic Education*, in dem er Parallelen zur Literatur um Demokratie-Lernen im deutschsprachigen Raum erkennt. *Civic Education* sei thematisch breiter und didaktisch tiefer angelegt (ebd.). Im Zusammenhang mit diesem dritten Ansatz weist Himmelmann zudem auf ein Desiderat in der deutschen Politikdidaktik hin: Der mangelnden internationalen Öffnung und einer Selbstreferenzialität der Diskussionen im Feld der deutschen Fachdidaktik der politischen Bildung (ebd.).

Exkurs: International Civic and Citizenship Education Study (ICCS)

Die mangelnde internationale Öffnung im Feld der politischen Bildung zeigt sich ebenfalls in der International Civic and Citizenship Education Study (ICCS). Hier handelt es sich um eine internationale Vergleichsstudie zu *Civic and Citizenship Education*, die von der *International Association for the Evaluation of Educational Achievement (IEA)* koordiniert wird. Ziel der Studie ist zu analysieren, wie junge Menschen auf ihre Rolle als Bürger*innen in einer Welt vorbereitet werden, in der sich die Kontexte von Demokratie und Bürgerbeteiligung kontinuierlich verändern. Die Studie wurde 2009 zum ersten Mal durchgeführt. Ein Folgezyklus fand 2016 statt und ein weiterer ist im Jahr 2022 geplant. ICCS berichtet über das Wissen und das Verständnis der Schüler*innen von Konzepten und Themen rund um politische Bildung, Demokratiebildung und Bürgerschaft sowie über ihre Überzeugungen, Einstellungen und Verhaltensweisen in Bezug auf diese Themen. Darüber hinaus erhebt ICCS umfangreiche Kontextdaten zur Organisation und zu den Inhalten der *Citizenship Education* in den Lehrplänen der beteiligten Länder, zu den Qualifikationen und Erfahrungen der Lehrkräfte, zur Unterrichtspraxis, zum Schulumfeld und -klima sowie zur Unterstützung durch Elternhaus und Region (IEA 2021). Deutschland nahm an dieser Studie bisher nicht teil. Allerdings beteiligte sich das Bundesland Nordrhein-Westfalen unter Leitung von Hermann Josef Abs (Arbeitsbereich Educational Research and Schooling der Universität Duisburg-Essen) im Jahr 2016 an der ICCS – als einziges deutsches von weltweit 24 Bildungssystemen in Europa, Lateinamerika und Asien (Abs/Hahn-Laudenberg 2017a). Im Jahr 2022 nimmt zusätzlich zu NRW ebenfalls das Bundesland Schleswig-Holstein an der Studie teil (Universität Duisburg Essen 2021). In Deutschland fokussiert die Studie die Erhebung des „politischen Mindsets" von Schüler*innen der achten Jahrgangsstufe, Lehrkräften sowie Schulleitungen der teilnehmenden Schulen. Mit *politischem Mindset* ist das demokratiebezogene Wissen gemeint, das auch Überzeugungen, Zugehörigkeit und Handlungsdispositionen umfasst (Abs et al. 2017: 22). Diese Aspekte werden um Einstellungen, Werte, Identitäten, Kompetenzen sowie die Partizipationsbereitschaft von Schüler*innen (kognitive, evaluative, behaviorale und affektive Variablen) ergänzt (ebd.). Der Fragebogen der Studie enthält mehrere Items und Fragen, die in der Studie nachzulesen sind (ebd.). Im Fokus standen unter anderem folgende Fragen:

„- Über welche Fähigkeiten zur Analyse des politischen Geschehens verfügen Schüler*innen im internationalen Vergleich?
- Welche für Bürgerschaft relevanten Einstellungen, Identitäten und Partizipationsabsichten zeigen 14-Jährige?
- Welche Voraussetzungen sind innerhalb und außerhalb der Schule für zivilgesellschaftliche und politische Bildung bedeutsam?" (Abs/Hahn-Laudenberg 2017b)

ICCS strebt die Erhebung repräsentativer Stichproben an. Die Befragung gliedert sich in vier Inhaltsbereiche: Zivilgesellschaft und Systeme (inkl. Bürgerrechte und -pflichten, Schule), soziale Werte (inkl. normative und ethische Grundlagen von Demokratie), Partizipation (inkl. indirekte sowie direkte Formen der Teilhabe), und Identität (inkl. individuelles Selbstbild und Zugehörigkeit). Als normativer Hintergrund der zivilgesellschaftlichen und politischen Bildung wird die Anerkennung von Demokratie, Menschenrechten und Rechtsstaatlichkeit definiert (Abs/Hahn-Laudenberg 2017a). Wie im Jahr 2016 werden im Jahr 2022 die Themen politisches Wissen, Toleranz, institutionelles Vertrauen, nationale und europäische Identität sowie Partizipationsbereitschaft erfasst (vgl. Universität Duisburg Essen 2021); hinzu kommen Aspekte nachhaltiger Entwicklung, Digitalisierung von Lebenswelten und gesellschaftlicher Heterogenität (ebd.).

3.1.3 Schulkultur

Schulen sollen zugleich nach Leistung selektieren sowie eine Demokratiebildung ermöglichen. Daraus resultiert ein Spannungsverhältnis. Wie sind beispielsweise die Erfahrung von Gleichheit und die Unterstützung gesellschaftlichen Zusammenhalts im Sinne der Demokratiebildung möglich, wenn Schüler*innen zugleich entsprechend ihrer Leistung segregiert werden? Negt (2014) argumentiert, dass Demokratie nur funktionieren kann, wenn Schüler*innen lernen, Zusammenhänge herzustellen.

> „Soll die Schule nicht zu einer Selektionsinstitution herabsinken, in der die gesellschaftliche Polarisierung fortgesetzt und zementiert wird und die Kinder möglichst zukünftig nach zukünftigen Gewinnern und potenziellen Verlierern sortiert werden, dann muss sie aus dem bestehenden Herrschaftsgefüge herausgebrochen und zu einem wahrhaft menschlichen Erfahrungsraum werden“ (ebd.: 13).

Insbesondere hat Negt die Konzepte des „Zusammenhänge Herstellens“ und des „Exemplarischen Lernens“ herausgearbeitet, die in einem Gesamtkontext der Weltdeutung zu betrachten sind, in dem der*die Einzelne sich in einer „Welt der Umbrüche“ orientieren lernen solle (Negt 2016: 186). Nicht die alleinige Ansammlung von Wissen, sondern das Herstellen von Zusammenhängen des eigenen Lebens mit dem anderer Menschen beziehungsweise der Gesellschaft könne zu einem Lernprozess führen, in dem Freiheit und Autonomie begründet seien (ebd.: 214).

Negts Ideen können im Kontext der Entwicklung einer demokratischen Schulkultur interpretiert werden. Eine demokratische Schulkultur heißt, dass Schulen einen Raum bieten, um demokratische Prinzipien (u. a. „Partizipation als Erfahrung der Gleichheit“, „Befähigung zur Teilhabe in der Gesellschaft“, „Bildungsgerechtigkeit“, „Toleranz als Erfahrung der Gleichberechtigung“) zu erlernen und zu erfahren (Deutsche Gesellschaft für Demokratiepädagogik e. V. 2017). Dazu gehören auch die diversen Formen und Möglichkeiten der demokratischen Mitwirkung und Mitsprache von Schüler*innen, Lehrkräften und Eltern in Schulen, wie die direkte Beteiligung durch unter anderem Klassenrat und Schulparlament, repräsentative Formen der Beteiligung oder regelmäßige Treffen zwischen Schulleitung, Schüler*innen- und Elternvertreter*innen (ebd.).

Es können, wie oben bereits angedeutet, drei Ebenen des Lernens von Demokratie beziehungsweise Citizenship Learning unterschieden werden: Learning About Democracy (über Demokratie lernen), Learning For Democracy (für Demokratie lernen) und Learning Through Democracy (durch Demokratie lernen). Für die demokratische Schulkultur ist vor allem die dritte Ebene, das heißt Learning Through Democracy, relevant (Edelstein 2009; Himmelmann 2005). Diese Ebene ist besonderes von Bedeutung, da Demokratie in der politischen und gesellschaftlichen Realität oft sehr abstrakt erscheint und mithilfe einer demokratischen Schulkultur erfahrbar gemacht werden kann. Um dieser Wahrnehmung entgegenzuwirken, müssen Aspekte wie Pluralismus, Repräsentation oder Rechtstaatlichkeit erlebbar gemacht werden, um von allen Schüler*innen erlernt und verstanden zu werden. Es bieten sich verschiedene Methoden an, dies zu erreichen. So wird in Schulen ein Einblick in demokratische Entscheidungsprozesse durch Partizipationsstrukturen und Gremien gewährleistet. Zu prominenten Gremien zählen der Klassenrat oder das Schulparlament. Das Konzept des *Service Learnings* fördert die basisdemokratische Partizipation vor Ort. Dabei leisten Schüler*innen mit Projekten einen Dienst am Gemeinwohl (*Service*) und erarbeiten zeitgleich Lerninhalte, wenden diese an und erlangen Kompetenzen (*Learning*) (Sliwka 2004). *Service Learning* geht über den Schulkontext hinaus, da Lernen durch Engagement als eine Form der Partizipation in der eigenen Kommune erfahrbar wird. (Zivil)Gesellschaftliche außerschulische Akteure erhalten die Möglichkeit, Verantwortung für die Schule zu übernehmen. Schüler*innen können im Rahmen von *Service Learning* bürgerschaftliches Engagement in ihrer Region oder ihrem Wohnort demonstrieren (Edelstein 2009). Ziel von *Service Learning* ist es, dass Schüler*innen lernen, gesellschaftliche Herausforderungen in ihrem Umfeld zu erkennen und Lösungsvorschläge zu entwickeln, zu diskutieren und gegebenenfalls im Rahmen spezifischer Projekte umzusetzen (Seifert/Nagy 2014). Die Inhalte der problemorientierten Projekte werden zeitgleich in Unterricht oder Klassenrat behandelt, was eine durchdachte Strategie und zielgerichtete Arbeitsprozesse erfordert (Edelstein 2009).

> „Die Schüler/innen lernen nicht nur ihre Gemeinde und ihr direktes Lebensumfeld besser kennen, sie lernen auch die Menschen kennen, die dort leben. Sie erproben ihre Sozialkompetenz und erhalten durch ihr Engagement die Gelegenheit, ihre Wertvorstellungen zu reflektieren und mit Menschen in Kontakt zu kommen, denen sie sonst im Alltag nicht begegnen würden. Sie erwerben, trainieren und vertiefen damit nach Himmelmann Demokratiekompetenz“ (Seifert/Nagy 2014).

Die Etablierung eines Klassenrats als basisdemokratische Institution kann als Handlungs- und Planungszentrum für gemeinsame Initiativen im Rahmen des *Service Learnings* fungieren und die Verantwortung von Schüler*innen für ihre Klassengemeinschaft nach außen tragen (Edelstein 2009). Hier werden demokratische Elemente bereits eingeübt, wenn beispielsweise Vertreter*innen für eine festgelegte Zeit in Ämter und Funktionen gewählt werden (ebd.). Es bietet sich an, dass der Klassenrat in Abstimmung mit Lehrkräften über die Inhalte von Projekten im Kontext von *Service Learning* entscheidet und anschließend versucht wird, Akteure aus der jeweiligen Gemeinde, Kommune oder dem Bezirk zu identifizieren und für die Projekte zu gewinnen (Edelstein 2011). Zudem gibt es diverse Möglichkeiten der Mitwirkung von Eltern und außerschulischen Akteuren, um die Schule in den Mittelpunkt von Region, Stadtteil, Gemeinde oder ländlichem Raum zu rücken.

> „Die Schule muss die pädagogische Isolierung überwinden, um eine demokratische Lebensform zu gewinnen“ (ebd.: 92).

Gelingen kann dies durch die Öffnung von Schulen. Ganztagsschulen und Bildungslandschaften sind zwei Konzepte, die sich hierzu anbieten. Wenden wir uns diesen in den folgenden Abschnitten zu.

3.1.4 Ganztagsschule als Beispiel für demokratische Schulentwicklung

Als zentrale Maßnahme zur Verbesserung der Chancengleichheit im deutschen Bildungswesen gilt der Ausbau von Ganztagsschulen. Mithilfe des ganztägigen Unterrichts sollen Schulen dabei unterstützt werden, sich mehr für außerschulische Bildungsorte zu öffnen, Schule stärker an den Bedürfnissen der Kinder und Jugendlichen unabhängig von ihrer Herkunft zu orientieren und somit zum Abbau der Disparitäten im Bildungssystem beizutragen (2020b). In der Literatur umstritten ist die Frage, was Ganztagsschulen von Halbtagsschulen unterscheidet. Es existieren unterschiedliche Sichtweisen zu den Gemeinsamkeiten und Unterschieden der beiden Konzepte. Ein Merkmal liegt auf der Hand: Schule im Ganztag findet auch am Nachmittag statt. Nach Hopf und Stecher (2014) müssen für Ganztagsschulen noch weitere Merkmale vorliegen, so zum Beispiel das Vorhandensein außerunterrichtlicher Angebote. Die KMK verfolgt hingegen eine breite Definition von Ganztagsschulen, die sich auf Schulen im Primar- und Sekundarbereich I bezieht (KMK o. D.). So müssen Schulen an mindestens drei Tagen in der Woche Schule im Ganztag (d. h. mindestens sieben Zeitstunden) gewährleisten und ein Mittagessen für alle Schüler*innen anbieten, um als Ganztagsschulen bezeichnet werden zu können. Zudem sind ein konzeptioneller Zusammenhang des Ganztagsangebots zum Unterricht und die „Aufsicht und Verantwortung der Schulleitung“ wichtig (ebd.; Kielbock/Stecher 2014; KMK 2018a).

Unterschieden werden kann weiterhin zwischen gebundenen und offenen Formen von Ganztagsschulen (Kolleck 2020b). Gebundene Ganztagsschulen verpflichten zur Teilnahme am Ganztagsunterricht. Offene Formen von Ganztagsschulen setzen auf freiwillige Zusatzangebote nach Schulschluss, das heißt am Nachmittag. Der zunehmende Ausbau von Ganztagsschulen ist in Deutschland mit hohen Erwartungen verbunden. Unter anderem sollen die Kompetenzen der Schüler*innen erhöht, Schüler*innen unabhängig von ihrer Herkunft und ihren unterschiedlichen Stärken und Schwächen gefördert und eine bessere Verschränkung schulischer und außerschulischer Bildung unterstützt werden (KMK 2015). Einige Ganztagsschulen setzen zudem auf die Chancen, die sich durch eine Flexibilisierung der Unterrichtszeiten entsprechend der Lernphasen der Schüler*innen ergeben (Bertelsmann Stiftung 2017). Darüber hinaus soll mit dieser Schulform die Erweiterung oder Einbindung neuer „Lernkulturen“ in den Unterricht, die stärkere Orientierung an den

Interessen und die Erhöhung des Wohlbefindens der Schüler*innen (Fokus auf positive Emotionen in Schulen), eine Erleichterung der Vereinbarkeit von Familie und Beruf durch eine verlässliche und gute Betreuung der Schüler*innen und damit ein wirtschaftlicher und finanzieller Nutzen für Familien sowie damit einhergehend eine Steigerung der Geburtenrate in Deutschland erreicht werden (Kielblock et al. 2021; Kielbock/Stecher 2014; Graßhoff/Sauerwein 2021). Nicht zuletzt wird in Ganztagsschulen die Chance erkannt, Elemente der Demokratiepädagogik zu stärken (Sliwka 2008).

Damit verbunden ist das übergeordnete Ziel von Ganztagsschulen, familiäre Einflüsse auf den Erfolg von Schüler*innen in Schulen auszugleichen und auf diese Weise Teilhabe- und Bildungschancen zu stärken. Aus dieser Perspektive können Ganztagsschulen zur systematischen Unterstützung von Kindern und Jugendlichen in Bezug auf schulisches und außerschulisches Lernen beitragen. Kinder und Jugendliche können unabhängig von ihrer Herkunft von den Angeboten, die den regulären Unterricht ergänzen, profitieren. Der Ausbau der Ganztagsschulen zeigte sich in den letzten Jahren vor allem bei neu eingeführten Schularten, beispielsweise der Integrierten Sekundarschule (ISS), die im Zuge der Schulstrukturreformen im Bundesland Berlin etabliert wurde. Wie bereits in Kolleck (2020b) dargestellt, findet sich der Großteil der Ganztagsschulen bei Formen Integrierter Gesamtschulen (87 Prozent gelten als Ganztagsschulen) und Schulen mit mehreren Bildungsgängen (80 Prozent gelten als Ganztagsschulen) (Autorengruppe Bildungsberichterstattung 2018). Den geringsten Anteil weisen Realschulen (54 Prozent), Gymnasien (62 Prozent) und Grundschulen (66 Prozent) auf. Doch auch in Bezug auf die letztgenannten Schulformen sind positive Entwicklungen zu verzeichnen und die Anzahl an Ganztagsschulen konnte in den letzten Jahren systematisch erhöht werden (ebd.; Autorengruppe Bildungsberichterstattung 2006).

Der Ausbau von Ganztagsschulen wird in Deutschland anhand unterschiedlicher Studien wissenschaftlich begleitet und evaluiert. Es mangelt zwar noch an längsschnittlichen Studien, übertragbaren Erkenntnissen sowie systematischen Analysen der vielen verschiedenen Maßnahmen und Konzepte, die bei der Etablierung von Ganztagsschulen verfolgt werden (Spillebeen/Willems 2014). Die derzeitige Studienlage ermöglicht aber, bereits erste Rückschlüsse in Bezug auf die Chancen und Grenzen der derzeitigen Ansätze in Bezug auf den Ausbau von Ganztagsschulen zu ziehen (Kolleck 2020b). Teils weisen aktuelle empirische Ergebnisse auf Anhaltspunkte hin, die bei dem künftigen Ausbau von Ganztagsschulen beachtet werden können (vgl. z. B. StEG 2018). Berücksichtigt werden muss dabei allerdings, dass die bisherigen wissenschaftlichen Erkenntnisse nicht einheitlich oder eindeutig sind – insbesondere in Bezug auf die Effekte von Ganztagsschulen auf die Leistungsentwicklung von Schüler*innen gibt es bisher unterschiedliche Befunde (Wendt/Bos 2015). Dies könnte unter anderem daran liegen, dass Ganztagsschulen in Deutschland bisher sehr unterschiedlich umgesetzt werden. Offene und gebundene Modelle von

Ganztagsschulen zeigten in Studien jedoch bisher keine beachtlichen Unterschiede in Bezug auf die Leistungsentwicklung der Schüler*innen (Fischer 2011). Zu den prominentesten Studien im Bereich der Ganztagsschulen zählt die „Studie zur Entwicklung von Ganztagsschulen" (StEG 2018).

> „Die Studie zur Entwicklung von Ganztagsschulen (StEG) evaluiert seit mehr als zehn Jahren die Folgen dieser Veränderungen. StEG setzt mit seinen Untersuchungen bei den beteiligten Schulen an, nimmt aber auch die außerschulischen Träger des Ganztagsbetriebs, Kooperationspartner wie etwa Vereine sowie das Freizeitverhalten der Kinder und Jugendlichen und deren Familien in den Blick" (Decristan/Klieme 2016: 757).

Die Studie offenbart das Potenzial von Ganztagsschulen, Lernen anders zu erleben und Sozialverhalten, Motivation und Selbstkonzept zu fördern. Durch einen höheren Grad an Autonomie, den sowohl Lehrkräfte als auch Schüler*innen erfahren, können zugleich Bildungsverläufe und -übergänge unterstützt werden. Auch diese Faktoren beeinflussen maßgeblich den Bildungserfolg individueller Karrieren (ebd.). Zudem deutet sich an, dass bestimmte Faktoren den Erfolg von Ganztagsschulen positiv beeinflussen (Kolleck 2020b). Dazu zählt unter anderem, dass das Angebot systematisch mit dem regulären Unterricht verknüpft ist und eine hohe Qualität aufweist (Kielblock et al. 2021). Die Qualität des Ganztagsschulangebots wird wiederum von Faktoren wie dem Schulklima, der Lehrkräftekooperation sowie der Zusammenarbeit zwischen Lehrkräften und Schüler*innen beeinflusst (ebd.). Eine starke professionsübergreifende Zusammenarbeit scheint sich ebenfalls positiv auf Ganztagsschulen auszuwirken (ebd.).

Doch mit wem kann in Ganztagsschulen konkret zusammengearbeitet werden? In Ganztagsschulen können derzeit zwei Formen der multiprofessionellen Kooperation unterschieden werden: erstens die Zusammenarbeit innerhalb von Schulen (z. B. zwischen Lehrkräften, Schulsozialarbeiter*innnen und Psycholog*innen, Eltern oder Sonderpädagog*innen). Zweitens die Kooperation zwischen dem schulischen Personal und außerschulischen Lernorten (z. B. Vereine, Verbände, Kinder- und Jugendhilfe). Insbesondere die Kooperation mit den außerschulischen Lernorten zeigt sich als stark ausbaufähig (Coelen 2014). Das Potenzial dieser Kooperationen liegt darin, Desiderate gemeinsam anzugehen oder Mängel in der Demokratiebildung wechselseitig auszugleichen. Schulen können beispielsweise die Partizipation und Mitwirkung von Kindern und Jugendlichen fokussieren, während sich Akteure der Jugendarbeit auf niedrigschwellige Angebote und die Gewährleistung von Integrationsmöglichkeiten konzentrieren (ebd.). In Bezug auf die Jugendarbeit kommen dabei sowohl öffentliche (Städte/Gemeinden) als auch frei-gemeinnützige (Wohlfahrts- und Jugendverbände, Vereine, Initiativen, Kirchen) Träger sowie gewerbliche Anbieter infrage, wobei die frei-gemeinnützigen derzeit zur relevantesten Gruppe gezählt werden (ebd.). Dass ein beachtlicher Teil der außerunterrichtlichen Angebote an Ganztagsschulen nicht von Lehrkräften angeboten wird (Hopf/Stecher 2014), kann jedoch auch kritisch gesehen werden. Nicht zuletzt weisen die Akteure außerschulischer Lernorte oft keine pädagogische Ausbildung auf und verfügen zu etwa 49% nicht über einen Hochschulabschluss (Coelen/Rother 2014; Hopf/Stecher 2014).

Als Merkmal für den Erfolg von Ganztagsschulen wird häufig die Qualität der sozialen Beziehungen und Interaktionen der involvierten Akteure erkannt (Kolleck 2020b). Bei dieser Argumentation wird unter anderem auch auf den internationalen Forschungsstand zurückgegriffen. So wurde in früheren Studien auf die positiven Effekte von Kooperationen auf die Qualität von Schule aufmerksam gemacht (Little 1990) und darauf hingewiesen, dass unterstützende Beziehungen, die Bedürfnisse nach Nähe, Verbundenheit und sozialer Integration erfüllen, mithilfe außerschulischer Angebote optimiert werden können (Eccles/Appleton Gootman 2002). Diese Befunde zur Relevanz sozialer Beziehungen und Kooperationen für die Qualität von Schule bestätigen sich in einigen Studien, die in Deutschland durchgeführt wurden (u. a. Fischer 2011; Schuster/Hartmann/Kolleck 2021). Es zeigt sich, dass nicht allein die Beziehung innerhalb von Schulen maßgeblich ist, sondern außerschulische Angebote der Ganztagsschule Beziehungen stärken (Kuhn/Fischer 2014) und Selbstwertgefühl beziehungsweise Selbstwirksamkeit erhöhen können (Blomfield/Barber 2010; Shernoff/Vandell 2007). Ganztagsschulen haben die Chance, an diese Befundlage anzuknüpfen und die Zusammenarbeit innerhalb ihrer Institution (bspw. zwischen Lehrkräften), aber auch mit außerschulischen Lernorten zu stärken (BMFSFJ 2005).

Die Umsetzung von Ganztagsschulen in Deutschland stößt allerdings noch auf viele Herausforderungen. Diskutiert werden unter anderem strukturelle Faktoren wie die bauliche Struktur der meisten Schulgebäude, die die Umsetzung eines ganztagsschulischen Angebots erschwert. Zudem werden finanzielle Schwierigkeiten angeführt, die verhindern, dass eine ausreichende Qualität des Angebots und genug Personal garantiert werden. Schließlich wird moniert, dass häufig nicht ausreichend Zeit zur Abstimmung der pädagogischen Fachkräfte zur Verfügung steht (Kolleck 2020b). Diese Aspekte sind vor allem auch für die Integration demokratiepädagogischer Momente sowie die Umsetzung von Inklusion in Ganztagsschulen zentral.

> „Angesichts aktueller (pädagogischer) Herausforderungen, wie z. B. das gemeinsame Lernen von Kindern mit und ohne Bedarf an sonderpädagogischer Unterstützung oder einer optimierten individuellen Förderung, wird der Anspruch an das Fundament in der Zukunft nicht kleiner, sondern erwartungsgemäß gleich bleiben – wenn nicht sogar weiter ansteigen“ (Börner et al. 2014).

Zusammenfassend konnten Wirkungen des Ausbaus von Ganztagsschulen in Bezug auf die positive Entwicklung der Leistungen der Schüler*innen sowie die Optimierung der Bildungschancen bisher noch nicht zuverlässig nachgewiesen werden. Es zeichnet sich jedoch bereits ab, dass die Qualität des Angebots und eine systematische Verknüpfung außerschulischer und schulischer Formate entscheidend für die Qualität von Ganztagsschulen sind (Kolleck 2020b). Dazu zählen unter anderem ein positives Schulklima und die professionsübergreifenden sozialen Beziehungen innerhalb von Schulen sowie zwischen schulischen und außerschulischen Lernorten. Die multiprofessionelle Zusammenarbeit spielt demnach eine entscheidende Rolle. Diese steht vor allem bei der Umsetzung von Bildungslandschaften, -netzwerken oder -regionen im Mittelpunkt. Wenden wir uns dieser Thematik im folgenden Abschnitt zu.

3.1.5 Bildungslandschaften im Kontext der Bewältigung von Chancenungleichheiten

Chancenungleichheit und Bildungsplanung sind eng miteinander verknüpft (Kolleck 2022). Der Diskurs zu dem Thema hat sich seit einigen Jahren zwar gewandelt und Aspekte der Benachteiligungen von Mädchen wurden beispielsweise weitgehend abgebaut. Allerdings bestehen weiterhin regionale Disparitäten (vgl. Kolleck/Büdel 2020; Nikolai 2007). In Studien treten dabei vor allem die ungleichen Bildungs- und Teilhabechancen hervor, insbesondere auch in Bezug auf ländliche und städtische Räume (Kolleck/Büdel 2020; Bender et al. 2019a). Ländliche Regionen werden oft als „Verlierer im deutschen Bildungssystem" bezeichnet (Autorengruppe Bildungsberichterstattung 2016, 2018). Empirische Studien weisen vermehrt auf Zusammenhänge zwischen familiären Lebenslagen und Strukturmerkmalen sowie Kompetenzen von Kindern und Jugendlichen hin (Kolleck 2020b). In der Bildungsplanung werden unterschiedliche Lösungsansätze diskutiert. Dazu zählt das Konzept der Bildungslandschaften. In diesem Buch verstehe ich Bildungslandschaften als eine Form des lokalen oder regionalen Netzwerks, das sich aus formalen, non-formalen und informellen Bildungsakteuren zusammensetzt. Zu den zentralen Zielen, die in solchen Bildungslandschaften verfolgt werden, zählen unter anderem sowohl der Abbau von Bildungsungleichheiten als auch die Optimierung der Lern- und Entwicklungschancen aller Individuen vor Ort (vgl. u. a. auch ebd.; Kolleck 2015b, 2014). Mit Bildungslandschaften beziehe ich mich hier zugleich auf ein Phänomen, das in der Literatur unter verschiedenen Begriffen diskutiert wird. In der wissenschaftlichen Literatur gängig ist auch die Verwendung von Konzepten wie „multiprofessionelle Kooperation", „Bildungsinitiativen" oder „Bildungsverbünde". Der Begriff Bildungslandschaft wird nicht selten mit einem Adjektiv ergänzt, um eine gewisse Schwerpunktsetzung zu verdeutlichen – populär ist die Verwendung von unter anderem den Begriffen „lokale", „regionale", „kommunale" oder „kulturelle" Bildungslandschaften. Auch im internationalen Sprachraum variieren die Begriffe zur Bezeichnung dieser Form der Bildungszusammenarbeit. So zum Beispiel im englischsprachigen Raum – hier sind Konzepte wie *Cross-Sector Alliances, Networked Communities* oder *Partnerships, Learning Regions* oder *Professional Learning Communities* häufig zu finden (vgl. Kolleck/Rieck/Yemini 2020).

In der wissenschaftlichen Literatur werden Bildungslandschaften oft unter dem Schlagwort der „Neuen Steuerung“ diskutiert (Kappauf/Kolleck 2018a, 2018b). Mit „Neuer Steuerung“ gemeint sind Prozesse, die von einer Input- zu einer Output-Steuerung führen. Während für Unterricht und Schule früher vor allem staatliche Steuerungsmodi galten, werden in der „Neuen Steuerung“ zunehmend neue Verfahren eingeführt, die Schulen mehr Spielraum lassen und Ergebnisse und Wirkungen von Schule und Unterricht am Ende bewerten (Fuchs/Hans-Werner 2009).

In diesem Kontext sind „demokratische Bildungslandschaften“ relevant, die meist einen Bottom-up-Ansatz mit partizipativen Elementen verfolgen (Kolleck 2022). Mithilfe partizipativer Ansätze sollen Bedarfe und Bedürfnisse der in demokratische Bildungslandschaften involvierten Akteure in den Mittelpunkt gestellt werden. Zu den Akteuren zählen unterschiedliche formale, non-formale und informelle Bildungsakteure und Lernorte, das heißt sowohl schulische als auch außerschulische Individuen und Organisationen (bspw. Lehrkräfte, Bibliotheken, kulturelle Bildungseinrichtungen, Vereine, Bildungspolitik- und -verwaltung oder Jugendhilfeeinrichtungen). Mit dem Fokus auf einer sozialraumorientierten Vernetzung der Individuen und Organisationen vor Ort sollen demokratische Aspekte in Bildungslandschaften besonders hervorgehoben werden (vgl. Veith/Buhl/Förster 2018). Demokratie wird auf die Partizipation und Einbindung im Sinne der Meinungsbildung und -äußerung bezogen (ebd.).

Wie bereits in Kolleck (2022) ausgearbeitet, bleibt unklar, auf welchen demokratietheoretischen Aspekten oder Ideen demokratische Bildungslandschaften basieren. Wie soll politische Beteiligung und Partizipation realisiert werden? Wie kann die in demokratischen Bildungslandschaften proklamierte Meinungsäußerung gefördert werden? Reichen die Maßnahmen tatsächlich aus, um von „demokratischen“ Bildungslandschaften zu sprechen? Aspekte der Partizipation und Meinungsäußerung allein garantieren noch keine Demokratie. Aus diesem Grund sind differenziertere Auseinandersetzungen mit den demokratietheoretischen Prämissen und Effekten demokratischer Bildungslandschaften notwendig. Wie bereits in Kolleck (2022) ausgearbeitet, ist die Suche nach einer treffenden Antwort auf die Demokratiefrage von Bildungslandschaften insofern herausfordernd, als dass demokratietheoretische Ansätze – beispielsweise deliberative oder assoziative Demokratietheorien – zur Erfassung von Bildungslandschaften adaptiert werden müssten.

Zu den Effekten von Bildungslandschaften gibt es bisher noch kein sicheres Wissen. Studien weisen auf unterschiedliche Befunde hin. Ein Grund dafür ist sicherlich auch, dass es nicht das eine Konzept von Bildungslandschaften gibt und Bildungslandschaften in der Praxis sehr unterschiedlich realisiert werden. Bisherige wissenschaftliche Studien beziehen sich meist auf die Evaluationen von Programmvorhaben. Sie weisen tendenziell auf positive Effekte dieser Form von Bildungsnetzwerken hin. Diskutiert werden unter anderem Wirkungen wie die Optimierung der Zufriedenheit der involvierten Individuen (Bollweg 2018), Fortschritte in Bezug auf die Schüler*innenleistungen oder die Unterstützung von Schulleitungen (Hadfield/Jopling 2012). Kritisiert wird an Bildungslandschaften insbesondere ihre „Strategiediffusität“ (Maykus 2020: 1573). Mit Strategiediffusität ist gemeint, dass Bildungslandschaften oft nicht klären, mit welchem Bildungsverständnis sie arbeiten, was Folgen in Bezug auf die Operationalisierung und Umsetzung von Bildungslandschaften hat. Der Grund dafür liegt in Grenzen, die durch Gesetzte definiert würden (ebd.: 1575).

Chancenungleichheit soll in Bildungslandschaften durch unterschiedliche Strategien umgesetzt werden. Dazu zählt unter anderem die Etablierung und der Ausbau von Ganztagsschulen (Beutel/Wehe 2018; Maykus 2020) (siehe auch Kapitel 3.1.5 zu Ganztagsschulen). Auch die Einführung einer integrierten Bildungsplanung vor Ort mit einer umfassenden Steuerungsstruktur unter systematischer Berücksichtigung von Sozialindizes wird in diesem Kontext diskutiert (Kolleck 2022). Als förderlich erachtet wird dabei die Optimierung der Datenbasierung (Maykus 2020) – beispielsweise anhand der Daten aus Monitoringinstrumenten, Lernstandserhebungen oder Schulinspektionen. Dazu zählen außerdem ein „kontinuierlich erstelltes Berichtswesen mit einem abgestimmten Daten- und Indikatorenkonzept sowie Planungsgruppen“ (ebd.: 1582) zur Förderung der Netzwerke zwischen den involvierten Individuen. Mithilfe von Sozialindizes können auf der Basis bereits ermittelter Werte Aspekte der sozioökonomischen Benachteiligung nachvollzogen und anschließend diesen entgegengewirkt werden. Ein Ergebnis könnte es beispielsweise sein, benachteiligte Schulen stärker zu unterstützen oder ihnen ein höheres Maß an Ressourcen zuzuführen. Durch eine „evidenzbasierte Steuerung“ könnten Sozialindizes eine chancengerechtere Verteilung von Ressourcen ermöglichen, wobei zugleich betont wird, dass die Erfassung und Wirksamkeit von Sozialindizes weiterhin kontrovers beurteilt wird (ebd.).

Bildungslandschaften können auch zu einem Standortfaktor der Kommunalentwicklung werden. Dies zeigt sich vor allem in ländlichen Räumen, die von der Abwanderung junger Menschen und dem demografischen Wandel betroffen sind (Jahnke/Hoffmann 2015). Mit Initiativen – wie erfolgreichen Bildungslandschaften – kann es gelingen, junge Leute in ländlichen Räumen zu halten und die Vernetzung von schulischen und außerschulischen Bildungsorten systematisch voranzubringen. In wissenschaftlichen Studien zur Situation in Deutschland sind vor allem die Unterschiede zwischen den Entwicklungen in Ost- und Westdeutschland sowie in städtischen und ländlichen Räumen bemerkenswert (vgl. Fobel/Kolleck 2021, im Erscheinen). In städtischen Räumen der alten Bundesländer werden vor allem Entwicklungen wie der zunehmende Zuzug sowie soziale, sozioökonomische und soziokulturelle Faktoren in einer heterogenen Gesellschaft diskutiert. Beobachtet werden in diesem Kontext unter anderem die Etablierung von Konkurrenzmechanismen, die sich in städtischen Regionen unter anderem anhand der regionalen Unterschiede in Bezug auf die Qualität von Schulen zeigen. Auf der einen Seite bilden sich sogenannte „Brennpunktschulen“ heraus, auf der anderen Seite versuchen Schulen in wohlhabenderen Gegenden durch die Entwicklung von Profilen und Maßnahmen der Schulentwicklung „bessere" Schüler*innen für sich zu gewinnen und sich zu profilieren. Ländliche Regionen hingegen sehen sich oft mit sinkenden Einwohner*innenzahlen konfrontiert. So werden dort primär die Aspekte möglicher Schließungen, „der ökonomischen Rentabilität, der regionalen Bildungsversorgung sowie als Standortfaktor im Wettbewerb um junge Familien in einer schrumpfenden und alternden Gesellschaft diskutiert" (Jahnke/Hoffmann 2015: 365–366). Mit Bildungslandschaften kann es gelingen, Wettbewerbsvorteile zu erlangen, Familien vor Ort zu behalten und eine lebhafte Bildungskultur vor Ort zu realisieren.

Wissenschaftliche Studien über Bildungslandschaften sind meist Begleitstudien, die die Etablierung solcher Bildungslandschaften mit wissenschaftlichen Analysen unterstützen, indem Chancen und Herausforderungen eruiert und Möglichkeiten der Weiterentwicklung aufgezeigt werden (Kolleck 2016; Sendzik et al. 2012). Zu Erfolgsfaktoren von Bildungslandschaften zählen unter anderem die Entwicklung gemeinsamer Ziele, die Identifikation der involvierten Individuen mit ebendiesen Zielen und das relationale Vertrauen (Kolleck/Rieck/Yemini 2020; Kolleck 2022). Weiterhin erweist sich die Etablierung einer ‚*Backbone Organisation*' als vorteilhaft – das heißt eine Institution, die sich allein um organisatorische Dinge kümmert und die aktive Vernetzung der Individuen vor Ort und die Qualitätsentwicklung ausführt und voranbringt. In der Literatur zu demokratischen Bildungslandschaften wird der Fokus auf organisatorische Aspekte teils zwar kritisch gesehen (vgl. u. a. Veith/Buhl/Förster 2018), in der internationalen Forschung wird die Notwendigkeit einer solchen ‚*Backbone Organisation*' jedoch als notwendig erachtet (Kolleck 2022; Kolleck/Rieck/Yemini 2020).

Weiterführendes

Geschichte der Bundeszentrale für politische Bildung: https://www.bpb.de/geschichte/zeitgeschichte/geschichte-der-bpb/

Bundeszentrale für politische Bildung – Demokratisierung durch Entnazifizierung und Erziehung: https://www.bpb.de/geschichte/nationalsozialismus/dossier-nationalsozialismus/39605/entnazifizierung-und-erziehung

„Value Education" in Hongkong: https://www.tellerreport.com/life/2021-12-01-hong-kong-announces-curriculum-framework-for-values-%E2%80%8B%E2%80%8Beducation-to-strengthen-students--national-values.BJUJuJiEKK.html und https://www.edb.gov.hk/en/curriculum-development/4-key-tasks/moral-civic

Tedx Talk – Why we need civic education? | Usama Khilji | Pakistan: https://www.youtube.com/watch?v=S3MvFakF6jc

 Oncampusthl – Prof. Dr. Gerhard Himmelmann über die Dilemmata der Politischen Bildung: https://www.youtube.com/watch?v=MzADG1D47sA

 Oncampusthl – Prof. Dr. Oskar Negt zur Demokratiebildung in der Schule: https://www.youtube.com/watch?v=MzADG1D47sA

 SWR 2 – Ganztagsschulen - Der verschenkte Nachmittag?: https://www.ardaudiothek.de/episode/wissen/ganztagsschulen-der-verschenkte-nachmittag/swr2/53996420/

 Deutsche Kinder- und Jugendstiftung – Um wen geht's in der Bildungslandschaft?: https://www.youtube.com/watch?v=PP95q2Q_-z8

 Paper im Rahmen des Netzwerks Bildung der Friedrich-Ebert-Stiftung – Es braucht ein ganzes Dorf – und noch mehr…?: http://library.fes.de/pdf-files/a-p-b/18554.pdf

 SWR2 – Wie politisch dürfen Lehrkräfte sein?: https://www.swr.de/swr2/wissen/wie-politisch-duerfen-lehrkraefte-sein-100.html

3.2 Extremismus

Übungsfragen

- Was wird unter Extremismus verstanden?
- Welche Formen des Extremismus können unterschieden werden?
- Welche Kritik gibt es am Extremismusbegriff?
- Welche Gründe sprechen dafür, ihn dennoch aufrecht zu erhalten?
- Welche Formen der Prävention von Extremismus existieren?
- Welche Themen finden sich in der internationalen Extremismusforschung?

Extremismus ist ein zentrales Thema in der schulischen und außerschulischen politischen Bildung. In der politischen Bildungsarbeit wird dabei vor allem die Prävention von Extremismus diskutiert. Da bereits an anderer Stelle ausführliche und tiefgründige Analysen und Überblickswerke erschienen sind (u. a. Jesse/Mannewitz 2018; Salzborn 2020b), soll der Extremismusbegriff an dieser Stelle nur kurz eingeführt werden, um anschließend unterschiedliche Verständnisse sowie Kritikpunkte herauszuarbeiten. Daraufhin werden Formen der Extremismusprävention diskutiert und abschließend ein kurzer Einblick in die internationale Forschung zum Thema gegeben.

3.2.1 Verständnis von Extremismus

Extremistischen Positionen ist gemein, dass sie den demokratischen Verfassungsstaat mit seinem Mehrparteiensystem, freier politischer Betätigung, fairen Wahlen, Gewaltenteilung, Interessenpluralismus und Rechten der Opposition ablehnen. In der Forschung wird Extremismus meist als „Antithese des demokratischen Verfassungsstaates“ (Jesse 2015) konstruiert. Dabei stehen häufig die Formen Rechtsextremismus, Linksextremismus und religiöser Fundamentalismus sowie Islamismus im Fokus.

Rechtsextremismus ist durch die Bekämpfung von Minderheiten und fremden Kulturen gekennzeichnet und tendiert zu Führerkult und nationalistischen Ideologien (Mannewitz et al. 2018).

> „Rechtsextremisten agieren rassistisch und fremdenfeindlich, antisemitisch oder islamfeindlich (oder beides), vielfach nationalistisch, sie streben einen ethnisch homogenen Nationalstaat an und sie versuchen, ihre Vorstellungen von Hierarchien sowohl innerhalb von Staaten als auch zwischen Nationen zu verwirklichen“ (ebd.).

Seit 1990 wurden nach Angabe des Bundeskriminalamts in Deutschland Mordanschläge im dreistelligen Bereich sowie jährlich rund 1000 Gewalttaten mit rechtsextremistischem Hintergrund verübt (Bundeskriminalamt 2020; Speit 2021).

Linksextremismus setzt hingegen „gesellschaftliche Gleichheitsansprüche absolut und überlagert damit das Freiheitsprinzip“ (Mannewitz et al. 2018). Das primäre Ziel linksextremistischer Handlungen ist meist die Beseitigung von Kapitalismus beziehungsweise Marktwirtschaft. Dies bedeutet aber nicht, dass Kapitalismuskritik oder Sozialismusforderungen automatisch extremistisch sind: Nur Linke, die demokratische Prinzipien ablehnen, werden als linksextremistisch charakterisiert. Statistiken weisen darauf hin, dass sich rechts- und linksextremistische Straftaten in ihrem Fokus stark unterscheiden: Während bei linksextremistischen Taten „Widerstandsdelikte“, Landfriedensbruch und Sachbeschädigung deutlich häufiger vorkommen, nehmen bei rechtsextremistischen Straftaten Körperverletzungen sowie „andere Straftaten“ eine vordergründige Stellung ein (BMI 2021a, 2021b).

Religiöser Fundamentalismus gilt als Form des Extremismus, der auf der Annahme einer Utopie im Jenseits basiert. Die aktuell in Deutschland meistdiskutierteste Form des religiösen Fundamentalismus ist der Islamismus. Sein Ziel ist die Errichtung eines Gottesstaats auf der Grundlage von Interpretationen der Gesetze der Sharia. Dazu zählt die Ablehnung von Verfassungsprinzipien wie Menschenrechte, Volkssouveränität und Gewaltenteilung. Als ‚Hauptfeind‘ des Islamismus wird der westliche Liberalismus positioniert (Mannewitz et al. 2018).

Der Extremismusbegriff dient als Sammelbegriff für inhaltlich sehr unterschiedlich ausgerichtete Phänomene, die von Linksextremismus über religiösen Fundamentalismus bis zu totalitären Herrschaftsformen reichen (Stöss 2015). Auch die drei skizzierten Formen extremistischer Positionen weisen starke Unterschiede in ihren Zielen und Mitteln auf. In der Extremismusforschung werden sie dennoch häufig verglichen und die Gemeinsamkeiten herausgearbeitet. Dazu zählen unter anderem eine Kompromisslosigkeit, Überlegenheitsfantasien, die Tendenz, Gegner durch Zwang dem eigenen Weltbild zu unterwerfen sowie die eingesetzten Instrumente wie ideologische Absolutheitsansprüche, ein Freund-Feind-Denken und Verschwörungserzählungen (Jesse 2015).

In Wissenschaft und Praxis wird der Begriff des Extremismus aus vielen Richtungen kritisiert. Vorgeworfen werden insbesondere eine Unwissenschaftlichkeit und Unterkomplexität, die zu Vorurteilen, Simplifizierungen und mangelnder analytischer Reichweite führen können.

Da sich die Extremismusforschung aufgrund der thematischen Engführung auf die beschriebenen übereinstimmenden Merkmale der unterschiedlichen Extremismusformen konzentriert, wird ihr ein sehr begrenztes Erkenntnisinteresse vorgeworfen (Stöss 2015). So lenke beispielsweise die Unterordnung des Islamismus als Extremismusform von einer substantiellen inhaltlichen Auseinandersetzung mit diesem und seinen Entstehungs- und Wirkungslogiken ab (Cheema 2019). In der Forschungspraxis führe dieses Dilemma dazu, dass sich die Extremismusliteratur eher selten tatsächlich mit den Schnittmengen extremistischer Phänomene auseinandersetze, sondern sich vielmehr auf spezifische Extremismusformen konzentriere (Stöss 2015; Neugebauer 2001). In diesem Kontext plädieren insbesondere viele Rechtsextremismusforscher*innen für die Verwendung des Begriffs „Rechtsextremismus" anstelle von „Extremismus" als Sammelbegriff. Auf diese Weise sollen die Analyse und Reflexion weltanschaulicher Strukturen des Rechtsextremismus, ihrer dynamischen Veränderungen sowie die Bezüge zur politischen Mitte in den Fokus rücken, ohne diese mit anderen Extremismen gleichzusetzen (Salzborn 2020b). Salzborn (2020a) zufolge sind in der internationalen und vergleichenden Extremismusforschung durchaus differenzierte Ansätze und Konzepte zu finden, auf die in Studien zurückgegriffen werden könne (ebd.).

Ein weiterer häufiger Kritikpunkt am Konzept des Extremismus bezieht sich auf die Gefahr einer Gleichstellung unterschiedlicher Phänomene, die sowohl inhaltlich als auch in ihren Ausmaßen, Mitteln und Auswirkungen auf die Gesellschaft zutiefst unterschiedlich sind (Stöss 2015). Vor allem wird die Gefahr einer Gleichsetzung von Links- und Rechtsextremismus erkannt (Berendsen/Rhein/Uhlig 2019). Die Vorstellung, Extremismus sei stets am rechten oder linken politischen Rand verortet, wird insbesondere im Hufeisenmodell illustriert (siehe Abbildung 3-2).

Abbildung 3-2: Hufeisenmodell, Quelle: eigene Darstellung nach ZDF 2020

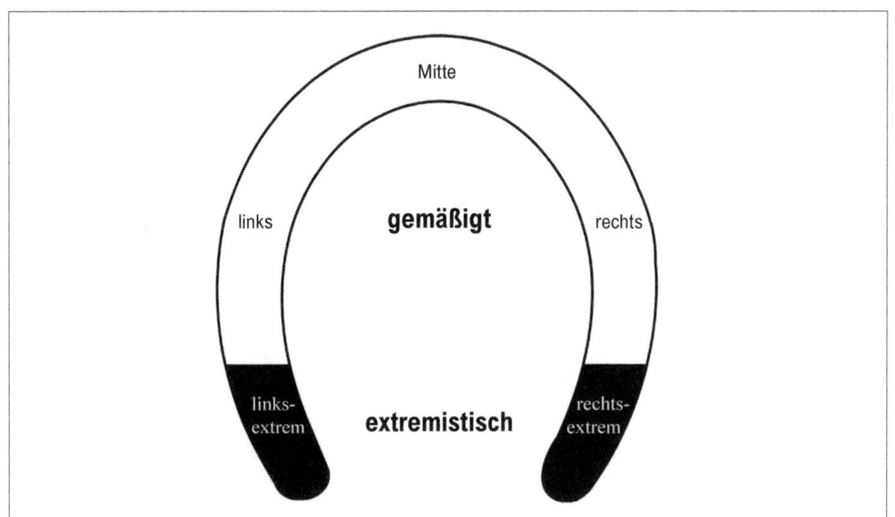

Die Abbildung zeigt die Gegenüberstellung von Links- und Rechtsextremismus sowie die gemäßigten demokratischen Positionen, die sich links, rechts und in der politischen Mitte finden. Viele Kritiker*innen lehnen die Darstellung von Extremismus durch das Hufeisenmodell ab, da der Erkenntnisgewinn durch das Modell relativ gering sei: Es sei simplifizierend und scheitere in der Abbildung der realen gesellschaftlichen Gegebenheiten. Zudem liefere das Modell wenig Nutzen für die wissenschaftliche und bildungspraktische Arbeit über die Erkenntnis hinaus, dass es sowohl demokratische als auch extremistische Formen links und rechts im politischen Spektrum gebe (u. a. Pfahl-Traughber 2019). Schließlich werde durch das Modell suggeriert, dass nichtextremistische linke und rechte Positionen automatisch weniger demokratisch seien als eine nicht weiter definierte „Mitte" (u. a. ebd.).

Dabei unterscheiden sich links- und rechtsextremistische Phänomene vor allem in ihren politischen Programmatiken grundlegend. Mit einem menschenverachtenden Partikularismus am rechten Extrem, der sich pauschal gegen alles wendet, was fremd erscheint und einem demokratiefeindlichen Spektrum am linken Rand. Diese grundlegenden Unterschiede im Kern der beiden Extremismen werden im Extremismusbegriff vernachlässigt und vermeintliche Ähnlichkeiten hervorgehoben (Berendsen/Rhein/Uhlig 2019). Die Vorstellungen des Hufeisenmodells sind mit dem Mythos einer Mitte der Gesellschaft verknüpft, die vermeintlich „zwangsläufig" im harmonischen Einklang mit demokratischen Ansprüchen steht. Gesellschaftliche Probleme lassen sich demnach nur am linken und rechten Rand verorten (Rhein 2019: 80f.). Allerdings zeigt die Realität, dass linke und rechte Extreme oder auch islamistische Narrative ebenfalls in „der Mitte" der Gesellschaft vorgefunden werden können (Cheema 2019; Salzborn 2020a).

In den Ergebnissen der alle zwei Jahre erscheinenden Mitte-Studie der Friedrich-Ebert-Stiftung wird offensichtlich, dass extremistische Einstellungen nicht nur am „Rand" politischer Extreme vorkommen. Unter dem Begriff der „Mitte" der Gesellschaft, die von den Autor*innen als Gegengewicht zum Extremismus dargestellt wird, werden „nicht nur die politische Mitte, sondern alle Teile der Bevölkerung, die theoretisch eine vermittelnde und auch stabilisierende Kraft in der Demokratie sein können", gefasst (Friedrich-Ebert-Stiftung 2021). Gezeigt wird in den Mitte-Studien unter anderem, dass antidemokratisches und verfassungsfeindliches Gedankengut von klar rechtsextremen Akteuren über Rechtspopulisten auch in die Mitte der deutschen Gesellschaft getragen werden (Küpper/Zick/Rump 2021). Ein praktisches Beispiel für einen Extremismus der Mitte ist die Bürgerbewegung Querdenken-711, die sich unter anderem gegen die Corona-Verordnungen in Deutschland richtet und vom Landesamt für Verfassungsschutz als teils extremistisch eingestuft wurde, da unter anderem gezielt demokratiefeindliche Inhalte verbreitet werden.

Die Ergebnisse der Mitte-Studie zeigen, dass die Vorstellung, Einstellungen ließen sich in eindeutig extremistisch oder eindeutig gemäßigt einschätzen, zu unterkomplex ist: Tatsächlich können Menschen in unterschiedlichen Graden als demokratisch beziehungsweise extremistisch charakterisiert werden, was Stöss (2015) zufolge vom Extremismuskonzept nicht ausreichend berücksichtigt werde. In dieser Hinsicht enthält das Konzept eine stark wertende und kategorisierende Komponente (Berendsen/Rhein/Uhlig 2019; Keil 2019; Seidel 2019). Einige Autor*innen betrachten das Konzept darüber hinaus als in seinen Grundzügen politisiert und auf eine Relativierung von rechten und rechtsextremen Positionen ausgerichtet (Keil 2019).

Auch in Bezug auf die politische Bildung stellt sich die Frage, wie fruchtbar das Konzept Extremismus in Forschung und Praxis tatsächlich ist. So konstatiert Stärck (2018) beispielsweise, dass weniger die Gemeinsamkeiten der extremistischen Phänomene, als vielmehr die ideologischen Hintergründe und politischen Überzeugungen Schwerpunkte sein müssen, um demokratiefeindliche Einstellungen im (pädagogischen) Alltag erkennen, kontextualisieren und kritisieren zu können. Daher bevorzugen viele Bildungswissenschaftler*innen das Konzept der Gruppenbezogenen Menschenfeindlichkeit (GMF), durch welches gesellschaftlich problematische Einstellungen adressiert werden können (z. B. Rassismus und Antisemitismus), die nicht explizit die demokratische Grundordnung infrage stellen. Zu anderen Konzepten, die in diesem Kontext oft verwendet werden, zählen Radikalisierung, Totalitarismus oder Populismus.

Trotz vieler Kritikpunkte halten Autor*innen wie Jesse (2015) am Extremismusbegriff fest.

> „Die Extremismusforschung hebt einerseits die massiven Unterschiede zwischen den antidemokratischen Richtungen hervor und zielt andererseits auf strukturelle Gemeinsamkeiten zwischen den vielfältigen Formen etwa des Rechts- und des Linksextremismus“ (ebd.).

Betont wird demnach die Möglichkeit, mithilfe des Vergleichs von extremistischen Positionen mehr über die betroffenen Personen und Gruppierungen lernen zu können, beispielsweise in Bezug auf ähnliche Feindbilder.

3.2.2 Prävention von Extremismus

Die Prävention von Extremismus ist in der politischen Bildung ein zentrales Thema. Insgesamt können drei Formen der Prävention von Extremismus unterschieden werden: die primäre, die sekundäre und die tertiäre Prävention (Achour/Gill 2020). Formen der primären Extremismusprävention dienen der Abwehr problematischer Verhaltens- und Handlungsweisen vor ihrer Entstehung und richten sich an sämtliche Kinder beziehungsweise Erwachsene. Sekundäre Maßnahmen zur Prävention von Extremismus adressieren gezielt betroffene Gruppen oder Individuen, um eine Verstärkung bereits existierender Denk-, Einstellungs- und Handlungsweisen zu verhindern. Tertiäre Maßnahmen werden als Reaktionen auf bereits stattgefundene Handlungen durchgeführt und sind darauf ausgerichtet, Betroffene zu resozialisieren (ebd.).

Achour und Gill (2020) betonen, dass die primäre Extremismusprävention mit der Herausforderung konfrontiert sei, die Ziele der politischen Mündigkeit sowie der Urteils- und Handlungsfähigkeit von Individuen nicht im engen Sinne adressieren zu können. Stattdessen ginge es darum, präventiv bestimmte Handlungen oder Verhaltensweisen zu verhindern. Individuen würden somit wie „Objekte staatlicher Maßnahmen“ (ebd.) behandelt und die potenzielle Gefährdung durch die Jugendlichen eher in den Vordergrund gestellt als ihre politische Teilhabe. Problematisch ist vor diesem Hintergrund auch, dass die Ziele der Prävention nicht klar seien und potenziell alle Entwicklungen in den Mittelpunkt der Präventionsarbeit rücken könnten:

> „Indem Prävention, um überhaupt gezielt intervenieren zu können, einen Ausschnitt aus der Wirklichkeit herauslöst und Zusammenhänge zwischen gegenwärtigen Phänomenen und künftigen Ereignissen oder Zuständen postuliert, konstruiert sie ihr eigenes Aktionsfeld. Und da es nichts gibt, was nicht als Bedrohung wahrgenommen oder zur Bedrohung deklariert werden könnte, kann alles zur Zielscheibe präventiver Anstrengungen werden“ (Bröckling 2008).

Bei der Prävention von Extremismus im Kontext der Demokratieförderung wird explizit auf die freiheitlich-demokratische Grundordnung (fdGO) Bezug genommen

(Widmaier 2020). Nach Widmaier (2020) hebt die fdGO die Trias *Menschenwürde*, *politische* und *demokratische Gleichheit* der Bürger*innen und *Rechtsstaatlichkeit* hervor. Aus dieser Perspektive haben Demokratieförderung und politische Bildung unterschiedliche Schwerpunkte. Während politische Bildung weitergefasst ist und beispielsweise Bereiche wie das Empowerment zur Partizipation umfasst, bezieht sich Demokratieförderung enger gefasst auf Aspekte wie zum Beispiel Extremismusprävention. Die (staatliche) Fokussierung auf eine sicherheitspolitisch motivierte Demokratieförderung (z. B. durch das Demokratiefördergesetz), so Widmaiers (2020) Argumentation, grabe der politischen Bildung daher Ressourcen ab und führe zu einem Bedeutungsverlust. Diese statische Auffassung von Demokratieförderung impliziere, dass Demokratie und politische Bildung auf den Status quo reduziert nach einem Top-Down-Modell funktionierten. In diesem setze der Staat demokratische Ansprüche, die sich am Paradigma der fdGO orientierten (Rhein 2019). Dabei werde eine prozesshafte Perspektive auf Demokratie vernachlässigt, nach der demokratische Rechte und Freiheiten stets ausgehandelt und erweitert werden sollten und für die eine kritische Perspektive auch staatlicher Autorität gegenüber unerlässlich sei (ebd.).

Im Unterschied zur ausschließlichen Fokussierung auf die Extremismusprävention plädiert Stolzenberg (2020) für eine Kombination von Prävention und politischer Bildung. Dabei bezieht er sich unter anderem auf das Prinzip der politischen Bildung, Individuen zur selbstständigen Meinungsbildung zu befähigen (ebd.)

In Bezug auf die Frage, wie Extremismusprävention in der Praxis ausgestaltet werden sollte, finden sich verschiedene Positionen und Schwerpunkte. In der internationalen Literatur werden in diesem Kontext häufig die Themen Terrorismus und Fundamentalismus diskutiert und die Arbeiten von Davies (u. a. 2009) und Lindner (u. a. 2006) angeführt. Davies (2009) argumentiert, dass religiöser Fundamentalismus sowie Terrorismus in den Schulen thematisiert werden sollten. Hierfür werden von der Autorin spezifische Formen der staatsbürgerlichen Erziehung vorgeschlagen, die auf Medienkompetenzen sowie Fähigkeiten zur Analyse politischer und religiöser Botschaften abzielen und einen kritischen Idealismus fördern sollen (Davies 2008a).

Lindner (2006) entwickelt Vorschläge auf der Grundlage eines oft übersehenen Aspekts menschlicher Erfahrung – der Emotion der Demütigung. Solche Emotionen aus vergangenen Demütigungen können zu sozialen Spaltungen führen und extremistisches Verhalten, extreme Gewalt, Wut, Konflikte und Kriege auslösen (ebd.). Formale Bildung kann hier ansetzen und Gemeinsamkeiten in Bezug auf die gemeinsame Zukunft von Gruppen in den Vordergrund rücken, um jungen Menschen zu verantwortungsvollen Orientierungen zu verhelfen (Haavelsrud 2009).

Ferner argumentiert Stolzenberg (2020), dass Programme der politischen Bildung nicht per se ‚Gegen-Botschaften' zur extremistischen Propaganda entwickeln sollten, um durch eine solche Fokussierung Propaganda nicht implizit zu legitimieren.

3.2.3 Internationale Forschung zu Extremismus

Die englischsprachige Literatur zu Extremismus bezieht sich zu einem Großteil auf Großbritannien, die Vereinigten Staaten und Australien. Um auch einen kurzen Einblick in internationale Themen und Diskussionen zu Extremismus und Extremismusprävention zu geben, werden im vorliegenden Kapitel prominente internationale Studien des Feldes vorgestellt.

In England dienen Empfehlungen der Regierung zu ‚*countering violent extremism*' als Vorschläge für Lehrkräfte zur Bekämpfung von gewalttätigem Extremismus in Schulen (Jerome/Elwick 2020). Darin werden Lehrkräften insbesondere dazu angehalten, radikalisierungsgefährdete Schüler*innen zu identifizieren und diese zu ermutigen, offene Diskussionen über kontroverse Themen im Unterricht zu führen. Schulen stehen zudem in der Pflicht, Schüler*innen hinsichtlich grundlegender „britischer Werte" zu erziehen, die jedem Extremismus diametral gegenüber stehen (ebd.).

In einer explorativen qualitativen Studie zu Lehrkräften im Feld *Citizenship Education* in England wurde in sieben Schulen untersucht, wie Lehrkräfte auf diese Regierungsempfehlungen reagieren (ebd.). Dabei wird argumentiert, dass der Anspruch potenziell extremistische, demokratiefeindliche Schüler*innen zu erkennen und kontroverse Themen angemessen zu behandeln, Herausforderungen birgt. Obwohl Lehrkräfte die kontroverse Aufarbeitung von Themen als wichtig erachten, werden in der Studie die Spannungen offensichtlich, die bei der Diskussion kontroverser Themen im Unterricht entstehen. Darüber hinaus wird eine Tendenz beschrieben, Schulen mit ihrer Sozialisationsfunktion als Gegenmittel für unerwünschte soziale Haltungen zu betrachten (ebd.).

Eine weitere Studie aus England beschäftigt sich mit Projekten der Extremismusprävention für Schüler*innen der Sekundarstufe. Jerome und Elwick (2019) analysierten dafür die Wahrnehmung von Schüler*innen, die an einem Lehrplanprojekt über Terrorismus, Extremismus und Radikalisierung teilnahmen. Die Ergebnisse geben Hinweise darauf, dass Schulen insbesondere durch das hohe Vertrauen, das Schüler*innen ihren Lehrkräften entgegenbringen, ein geeigneter Ort für das Lernen über diese Themen sind. Die Autoren argumentieren außerdem, dass Wissen über Terrorismus und Extremismus die Grundlagen für die Fähigkeit der Schüler*innen zur kritischen Auseinandersetzung mit Radikalisierung bildet. Insbesondere könne in diesem Kontext eine verbesserte politische Bildung und Medienkompetenz unterstützend wirken (Jerome/Elwick 2019). Somit stehe dieses Vorgehen im Gegensatz zu einem restriktiveren, sicherheitsorientierten Ansatz (ebd.; analog zu Achour/Gill 2020 siehe auch 3.2.2. Prävention von Extremismus).

Die wissenschaftliche Literatur zu den USA fokussiert weniger allgemein auf die Möglichkeiten, Extremismus zu bekämpfen oder zu verhindern. Vielmehr bezieht sich die Extremismusforschung hier häufig auf Formen des Rechtsextremismus (Costello et al. 2018; Piazza 2015), wobei wie in Deutschland Vergleiche zwischen rechtem und linkem Extremismus vorgenommen werden (McClosky/Chong 1985, 2009). Ursachen für die divergente Schwerpunktsetzung der Literatur in Großbritannien und in den USA könnten in den unterschiedlichen Ausgangslagen begründet sein, die unterschiedliche Strategien der Extremismusprävention notwendig machen. McClosky und Chong (1985, 2009) gehen beispielsweise davon aus, dass die Ähnlichkeit zwischen linkem und rechtem Extremismus im europäischen Raum größer sei als in den Vereinigten Staaten. Begründet wird dies damit, dass die Vereinigten Staaten über eine stärkere liberal-demokratische Tradition verfügten, die zu einer Schwächung radikaler Bewegungen führe. Europa weise im Unterschied, so die Autoren, eine Tradition massiver extremistischer Bewegungen auf (ebd.). Allerdings werfen die jüngsten Prozesse der Polarisierung in den USA, die sich unter anderem unter der Trump-Regierung sowie in antidemokratischen Ereignissen wie dem Sturm des Kapitols in Washington 2021 zeigen, die Frage nach den extremistischen Einstellungen in der Mitte der Gesellschaft erneut auf. Andere Arbeiten untersuchen die psychologischen und psychiatrischen Risikofaktoren für Terrorismus, Extremismus, Radikalisierung, Autoritarismus und Fundamentalismus (Scarcella/Page/Furtado 2016).

Aly et al. (2014) untersuchten in einer Studie aus Australien die Entwicklung einer Bildungsintervention der *Building Community Resilience Grants* der australischen Regierung, der *Beyond Bali Education Resource*, das für Schulen entwickelt wurde. Das Programm ist darauf ausgerichtet, die sozial-kognitive Widerstandsfähigkeit von Schüler*innen gegenüber gewalttätigem Extremismus zu fördern beziehungsweise herzustellen (ebd.). Die Schüler*innen wurden in diesem Programm geschult, möglichen Einflüssen des gewalttätigen Extremismus zu begegnen, der zu moralischem Disengagement führen kann (ebd.). Das Konzept des moralischen Disengagements bezieht sich auf die Rechtfertigung unmoralischer Handlungen. Moralisches Disengagement (auch: Loslösung) wird durch die Überzeugung ermöglicht, dass ethische Normen in einem bestimmten Kontext nicht auf einen selbst zutreffen. Dadurch werden Mechanismen der Selbstverurteilung ausgeschaltet und destruktives Verhalten als moralisch akzeptabel neu konstruiert. Aly et al. (2014) illustrieren, wie Individuen auf diese Art den moralischen Wert von Gewalt kognitiv rekonstruieren und unmenschliche Handlungen rechtfertigen. Durch die Analyse extremistischer Narrative werden die Mechanismen des moralischen Disengagements deutlich, die auf die Entmenschlichung der Opfer abzielen, Folgen von Gewalt ignorieren und Individuen von Schuld freisprechen (Aly/Taylor/Karnovsky 2014).

Weiterführendes

Bundeszentrale für politische Bildung – Debatte: Extremismustheorie: https://www.bpb.de/politik/extremismus/rechtsextremismus/200097/debatte-extremismustheorie

Bundeszentrale für politische Bildung – Fünf Folgen über Extremismus: https://www.bpb.de/politik/extremismus/rechtsextremismus/314062/fuenf-folgen-ueber-extremismus

„de:hate" der Amadeu-Antonio-Stiftung – Antifeminismus und rechter Terror – nach Utøya, Halle und Hanau (April 2021): https://dehate.podigee.io/14-antifeminismus

KN:IX talks – Podcast zu aktuellen Themen der Islamismusprävention: https://kn-ix.de/podcast/

3.3 Gruppenbezogene Menschenfeindlichkeit

Übungsfragen

- Was wird unter dem Begriff ‚Gruppenbezogene Menschenfeindlichkeit' verstanden?
- Auf welchen Annahmen basiert das Konzept?
- Welche Formen von GMF können unterschieden werden?
- Inwiefern stellt GMF eine Alternative zum Extremismuskonzept dar?

Seit einigen Jahren gewinnt das Konzept der Gruppenbezogenen Menschenfeindlichkeit (GMF) zunehmend an Relevanz in der politischen Bildung. Dies liegt nicht zuletzt auch daran, dass eine der wesentlichen Aufgaben der (politischen) Bildung darin gesehen wird, sich mit Vorurteilen, Stigmatisierung und vereinfachten Weltbildern sowie deren Auswirkungen auseinanderzusetzen (Steinbrenner 2019). Damit verbunden ist das Ziel, „in Jugendlichen die Überzeugung zu stärken, dass alle Menschen – unabhängig von Herkunft, Religion, Hautfarbe und sozialem Status – gleichermaßen wertvoll sind" (ebd.: 50). Stereotype und Stigmatisierungen beziehen sich meist auf den Ausschluss bestimmter Gruppen, die mit bestimmten Merkmalen assoziiert werden. Auswirkungen der Formen der Ausgrenzung reichen oft bis zur massiven physischen und psychischen Gewalt. Eine kritische und tiefgreifende Auseinandersetzung mit den Hintergründen der einzelnen Phänomene ist mit dem klassischen Extremismusbegriff (siehe auch Kapitel 3.2 zu Extremismus) jedoch nur schwer möglich (ebd.). GMF kann hier eine Alternative bieten. Der Begriff wurde insbesondere durch die von Wilhelm Heitmeyer geleitete Studie „Deutsche Zustände" geprägt und im Jahr 2002 erstmals publiziert (Heitmeyer 2011). Heitmeyer (2005) bezieht das Konzept auf die „Abwertung und Ausgrenzung" von Gruppen aufgrund von selbstgewählten oder extern zugeschriebenen Zugehörigkeiten:

> „Werden Personen aufgrund ihrer gewählten oder zugewiesenen Gruppenzugehörigkeit als ungleichwertig markiert und feindseligen Mentalitäten der Abwertung und Ausgrenzung ausgesetzt, dann sprechen wir von Gruppenbezogener Menschenfeindlichkeit. Hierdurch wird die Würde der betroffenen Menschen antastbar und kann zerstört werden" (Heitmeyer 2005).

Küpper und Zick (2015) grenzen GMF stärker von anderen Formen der Ausgrenzung und Ungleichheiten ab. Demzufolge liege GMF erst dann vor, wenn Formen des Ausschlusses oder Ungleichheiten mit einer „Ideologie der Ungleichwertigkeit" verbunden sind und Menschen aufgrund ihrer vorliegenden oder mutmaßlichen Zugehörigkeit zu bestimmten Gruppen abgewertet werden. GMF bezieht sich hiernach auf

> „abwertende und ausgrenzende Einstellungen gegenüber Menschen aufgrund ihrer zugewiesenen Zugehörigkeit zu einer sozialen Gruppe. Eine in diesem Sinne menschenfeindliche Haltung kann sich auch in ausgrenzender oder sogar gewalttätiger Handlung zeigen oder Einfluss auf die Gestaltung von diskriminierenden Regeln und Prozessen in Institutionen und den Aufbau von diskriminierenden Strukturen haben. Nicht alle Formen von Ausgrenzung einzelner Personen müssen ein Ausdruck von Gruppenbezogener Menschenfeindlichkeit sein, zum Beispiel Mobbing aufgrund von Armut und nicht jede Form von Ungleichheit – so schlimm dies für die Betroffenen auch ist. Sie sind es aber dann, wenn sie von einer Ideologie der Ungleichwertigkeit unterfüttert und angetrieben sind und die Abwertung und Ausgrenzung sich nicht individuell begründen, sondern sich gegen Menschen aufgrund ihrer tatsächlichen oder vermeintlichen Zugehörigkeit zu einer Gruppe richten" (Küpper/Zick 2015).

Zentral für die Forschung zu GMF ist die Ungleichwertigkeitsideologie, die Ungleichheit zwischen Gruppen erzeugt und legitimiert:

> „Eine Ungleichwertigkeitsideologie ist zentral für das GMF-Syndrom, weil sie letztendlich danach trachtet, soziale Ungleichheit zwischen Gruppen herzustellen. Einerseits wird Ungleichheit durch sozioökonomische Traditionen und Entwicklungen verstärkt oder abgeschwächt. Andererseits bedarf die Ungleichheit einer Ungleichwertigkeitsideologie, die sie stabi-

> lisiert und legitimiert. Die materielle Verarmung statusniedriger Gruppen oder die ökonomische Schwächerstellung und Zuweisung von subdominanten Statuspositionen werden durch die Ungleichwertigkeit erzeugt und zugleich nachvollziehbar“ (Groß/Zick/Krause 2012).

Die Amadeu Antonio Stiftung (2019) listet verschiedene Formen von GMF auf: Altersdiskriminierung, Antisemitismus, antimuslimischer Rassismus, Abwertung von Menschen mit Behinderung, Diskriminierung aufgrund sozialer Herkunft, Feindschaft gegenüber geflüchteten Menschen, Feindschaft gegen Obdachlose, Homo- und Trans*feindlichkeit, Lookismus, Rassismus, Rassismus gegen Sinti*zze und Rom*nja sowie Sexismus.

Die Studie „Deutsche Zustände“, die am Institut für interdisziplinäre Konflikt- und Gewaltforschung in Bielefeld durchgeführt wurde, machte unter anderem darauf aufmerksam, dass Individuen, die eine bestimmte Gruppe oder Menschen mit einem spezifischen Merkmal (Hautfarbe, Religion etc.) ablehnen, meist dazu tendieren, auch weitere Gruppen zu Außenseitern zu stilisieren und abzulehnen (Groß/Zick/Krause 2012). Wer beispielsweise Personen mit einer anderen Staatsangehörigkeit ablehnt, könnte sich ebenfalls gegen Menschen jüdischen oder katholischen Glaubens wenden.

Das Konzept GMF wurde von vielen Wissenschaftler*innen und Organisationen aufgegriffen und beispielsweise von der Friedrich-Ebert-Stiftung (FES) für die „Mitte-Studien“ eingesetzt (Friedrich-Ebert-Stiftung 2021). Dabei zeigt sich, dass GMF kein Phänomen der politischen Ränder ist: Menschenfeindliche Vorurteile verankern sich durch Diskurse und Debatten im Kern der Gesellschaft (Groß/Zick/Krause 2012). Ein Grund für die Einführung und zunehmende Prominenz des Begriffs GMF kann in der Ablehnung des Extremismusbegriffs gesehen werden, die vor allem von Vertreter*innen der Rechtsextremismusforschung vehement formuliert wird. GMF bezieht sich auf unterschiedliche Formen von Diskriminierung, systematischer Ausgrenzung und Benachteiligung. Dabei kann beobachtet werden, dass Vorurteile, Stereotype, Stigmatisierungen und die Ausgrenzung ganzer Gruppen nicht allein an den gesellschaftlichen Rändern zu finden sind, wie das Extremismusmodell nahelegt, sondern auch in der Mitte der Gesellschaft existieren. In Bezug auf rassistische, menschenfeindliche oder antifeministische Meinungen ist hier das Eisbergmodell populär geworden (siehe Abb. 3-3).

Abbildung 3-3: Rechtsextremismus im Eisbergmodell auch in der Mitte der Gesellschaft, Quelle: eigene Darstellung nach Küpper et al. 2021, S. 82.

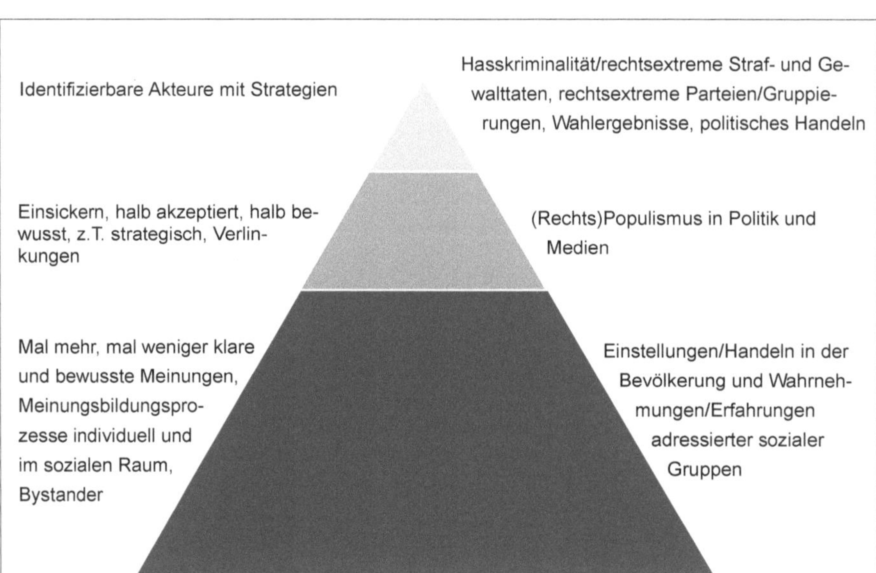

Nach dem Modell sind die identifizierbaren extremistischen Strukturen, Akteure sowie Hasskriminalität nur der sichtbare Teil des rechtsextremen Lagers, der sich „über der Oberfläche" befindet. Dessen Überzeugungen „sickern" jedoch schließlich auch in Politik und Bevölkerung ein und spiegeln sich in den bewussten und unbewussten Meinungen, Einstellungen und Handlungen sozialer Gruppen wider (Küpper/Zick/Rump 2021).

Im Rechtsextremismus werden die Abwertung anderer und die Aufwertung der eigenen Gruppe durch Mythen und Vorurteile legitimiert, die dazu dienen, sich selbst zu erheben und von den ‚Anderen' abzugrenzen. Dahinter stehen verschiedene Konstruktionsprozesse, wie Küpper/Zink/Rump (2021) erarbeiten. So diene der Rassismus zum Beispiel zur ‚Festigung des Anrechtsprinzips' der eigenen Gruppe und der Herstellung eines Bilds der biologischen Minderwertigkeit der ‚Anderen'. Auch Homosexualität werde als „widernatürlich" konstruiert (Küpper/Zick/Rump 2021). Die Abwertung ‚Arbeitsloser' oder ‚Leistungsschwacher' als gesellschaftlich und wirtschaftlich ‚nutzlos' werde durch die Proklamierung eines erfolgs- und leistungsorientierten Gerechtigkeitsprinzips zementiert (vgl. Abbildung 3-4) (ebd.).

Abbildung 3-4: Gruppenbezogene menschenfeindliche Einstellungen, Quelle: eigene Darstellung nach Heitmeyer 2011, S. 2

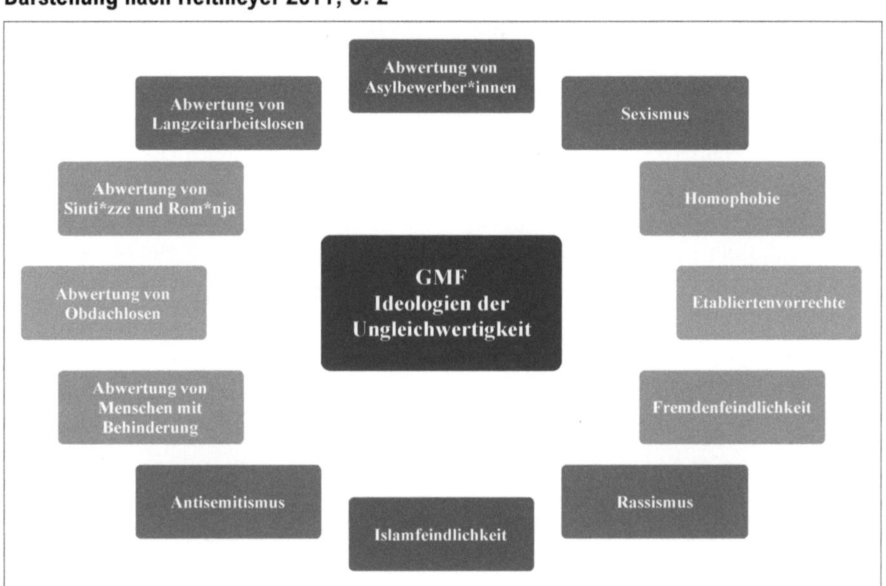

Vor allem im Zuge ökonomischer oder sozialer Krisen zeige sich, dass sogenannte sozial schwache Gruppen degradiert werden. Seit 2009 ist in Deutschland jedoch auch ein deutlicher Zuwachs an GMF in höheren Statusgruppen zu verzeichnen – dies könnte mit der Intention des Statuserhalts der abwertenden Gruppe erklärt werden (ebd.).

Kritik an dem Ansatz der GMF bezieht sich vor allem darauf, dass dieser sich auf die Betrachtung der Einstellungen der abwertenden Gruppe reduziere und den Blick auf Betroffene von Diskriminierung in den Hintergrund treten lasse. Das Erleben der von Diskriminierung Betroffenen könne so nicht aufgegriffen und diskutiert werden und bleibe gänzlich unberücksichtigt (Foitzik 2019). Zudem werde indirekt die Konstruktion einer Gruppe der „Anderen" übernommen, die als Gruppe von Diskriminierung betroffen sind. Zudem gebe es eine Tendenz zu schematischen Erklärungen über das Entstehen menschenfeindlicher Einstellungen. Vor allem in pädagogischen Kontexten, beispielsweise im Rahmen der politischen Bildung, kann dies Praktiken des individuellen biografischen Empowerments sowie die Arbeit mit problematischen Positionen erschweren, da hier neben wissenschaftlichen Erklärungen die individuelle Biografie und die konkrete Handlungs- und Lebenssituation eingebunden werden müssen (ebd.). Die individuellen Kontexte beziehen Möller et al. (2016) in ihrer Studie mit ein, die an Aspekte der GMF anknüpft und den besonderen Zusammenhang bei Jugendlichen untersucht.Die Autoren beobachten bei Jugendlichen eher ‚pauschalisierende[ ]

Ablehnungskonstruktionen' als feste Ideologien der Ungleichwertigkeit, was ein größeres Potenzial für Interventionen eröffnet.

Foitzik/Holland-Cunz/Riecke (2019) erarbeiten in ihrem Praxisbuch Ansprüche an eine diskriminierungskritische Schule. Dabei werden zwar Aspekte des Konzepts GMF mit einbezogen und Teile der bereits aufgeworfenen Kritik an GMF berücksichtigt, aber vor allem pädagogische Perspektiven und die Lebenswirklichkeit der von Diskriminierung betroffenen Personen in den Mittelpunkt gestellt. Das Konzept der Autor*innen betont insbesondere die Wichtigkeit des Rechts auf Nichtdiskriminierung sowie die Auseinandersetzung mit menschenfeindlichen Einstellungen an der Schule. Ebenfalls berücksichtigt werden dabei Aspekte wie strukturelle Diskriminierung, die im Schulkontext stattfindet.

Weiterführendes

Friedrich-Ebert-Stiftung – Mittestudie: https://www.fes.de/forum-berlin/gegen-rechtsextremismus/mitte-studie

Dietz und Das – „Die geforderte Mitte – Andreas Zick und Beate Küpper zu rechtsextremen und rechtspopulistischen Tendenzen in Deutschland" mit Ergebnissen zur Mitte-Studie der FES: https://dietz-verlag.de/podcast-dietzund-das.htm

Ausgabe der APUZ (Aus Politik und Zeitgeschichte) – Ungleichheit, Ungleichwertigkeit: https://www.bpb.de/apuz/126588/ungleichheit-ungleichwertigkeit

3.4 Politische Bildung und Flucht

Übungsfragen

- Welche Argumente prägen Debatten um die Begrifflichkeiten zu Flucht und Migration?
- Inwiefern wird das Thema Flucht in der politischen Bildung in Deutschland berücksichtigt?
- Welche Kritikpunkte an der Umsetzung von politischer Bildung im Kontext von Flucht werden in Deutschland diskutiert?
- Welche Unterschiede zeigen sich international bezüglich der strukturellen Integration von Geflüchteten in nationale Bildungssysteme?
- In welcher Form können die Inhalte politischer Bildung die Integration und den Lernerfolg Geflüchteter beinträchtigen?

Vor dem Hintergrund verstärkter Fluchtbewegungen nehmen Kommunen, Gemeinden und Städte auf der ganzen Welt seit einigen Jahren eine wachsende Anzahl an Geflüchteten auf. Da eine beachtliche Anzahl dieser Menschen minderjährig und damit schulpflichtig ist, sind Schulen zu Orten geworden, in denen gelernt werden kann, sich mit den vielfältigen ethnischen und kulturellen Hintergründen der Menschen auseinanderzusetzen. Schüler*innen, die einer ethnisch-kulturellen Minderheit angehören, bringen vielfältige Perspektiven mit, die Ausgangspunkt für kritische Reflexionen sein können. Auf diese Weise erreichen die Themen Flucht und Migration ganz unmittelbar die politische Bildung – im schulischen, aber auch im außerschulischen Bereich. Schulkinder verkörpern viele der Herausforderungen, mit denen die heutige Jugend in einer globalen, transnationalen und vernetzten Welt konfrontiert wird. Mögliche Beispiele sind die Themen Flucht und Migration, internationale Konflikte, Gruppenbezogene Menschenfeindlichkeit, supranationale Identitäten, Religion, Multikulturalität, sozialer Zusammenhalt oder Krieg und Frieden.

Die unterschiedlichen Perspektiven von Schüler*innen mit und ohne Fluchterfahrung können eine Bereicherung für den konkreten Unterricht darstellen – und zwar explizit jenseits der Thematisierung von Flucht und Vertreibung. Sie können als Möglichkeit genutzt werden, um beispielsweise alle Schüler*innen für globale Themen zu sensibilisieren und diese erfahrbar zu machen. Allerdings besteht im Unterricht mit geflüchteten Schüler*innen, auch im Kontext politischer Bildung, die Gefahr, die Bedürfnisse und Voraussetzungen Geflüchteter zu verallgemeinern und/oder nicht angemessen zu berücksichtigen. Geflüchtete Kinder haben selbst sehr unterschiedliche Bildungs- und Fluchterfahrungen gesammelt. Während einige beispielsweise einen sehr hohen Bildungsstand aufweisen, haben andere bisher keine Schule besucht. Einige Geflüchtete haben traumatische Erfahrungen gesammelt, die professionell behandelt werden müssten. Vor diesem Hintergrund kann es keinen pauschalen Ansatz für die politische Bildung Geflüchteter geben. Vielmehr muss immer individuell und spezifisch vom Einzelfall ausgehend entschieden werden, welche Konzepte, Ansätze und Maßnahmen hilfreich sein können.

In der Praxis und Forschung zur Bildungsarbeit mit Geflüchteten zeigt sich zudem, dass Länder weltweit sehr unterschiedlich mit dem Thema Flucht in der politischen Bildung umgehen. In diesem Kapitel werfen wir einen kurzen Blick auf das Thema. Nach dem Aufgreifen der Auseinandersetzung um korrekte Begrifflichkeiten wird der Umgang mit Flucht in der politischen Bildung in Deutschland knapp skizziert, um anschließend den internationalen Kontext anhand illustrativer Befunde aus anderen Ländern zu diskutieren.

3.4.1 Debatten um Begriffe zu Flucht und Migration

In Debatten zu Teilhabe- und Bildungschancen wird nicht selten um die (politisch) korrekten Begrifflichkeiten gerungen. Die Frage, welche Begriffe verwendet werden können, ohne Menschen zu diskriminieren, stellt sich insbesondere in Diskussionen zum Einfluss der sozialen Herkunft von Kindern und Jugendlichen, zu sozialen Risikolagen von Familien und zu Aspekten der Migration. In der Alltagssprache, aber auch im Journalismus, werden Bezeichnungen wie „Flüchtlinge", „Asylsuchende" und „Migrant*innen" häufig synonym verwendet. Besonders die Unterscheidung zwischen migrierten Menschen mit und ohne Fluchterfahrung kann jedoch von Relevanz sein, da unterschiedliche Erfahrungen von Lernenden andere Implikationen für die (politische) Bildung mit sich bringen. So verweisen die Begriffe „Migrant*innen" beziehungsweise „Personen mit Migrationserfahrung" auf alle Personen, „die im Ausland geboren sind und gegenwärtig in Deutschland leben, unabhängig von ihrer Staatsangehörigkeit, den Migrationsgründen und der Dauer des Aufenthalts" (Fachkommission der Bundesregierung zu den Rahmenbedingungen der Integrationsfähigkeit 2020). Im allgemeinen Sprachgebrauch werden unter „Migrationshintergrund" oft auch Menschen subsumiert, die in Deutschland geboren sind, deren Eltern aber in einem anderen Land aufwuchsen. In Abgrenzung dazu beziehen sich die Begriffe „Geflüchtete" und „Flüchtlinge" nur auf Menschen mit eigenen Fluchterfahrungen.

Eine Suche in der Datenbank „Primo" im April 2021 ergab für den Begriff „Flüchtling*" 20.870 Resultate, für „Geflüchtet*" 5.085, für „Fluchthintergrund" 1.395 und für „Fluchtbiografie" und „Neuzugewandert*" Ergebnisse im einstelligen Bereich. Dies deutet bereits darauf hin, dass in der wissenschaftlichen Literatur im deutschsprachigen Raum der Begriff „Flüchtling" am häufigsten verwendet wird, gefolgt von Begriffskombinationen mit „Geflüchtet*". Eine Tendenz, die auch in der praxisorientierten Literatur zu bestehen scheint.

Einige Personen und Institutionen sehen die Verwendung der Bezeichnung „Flüchtling" jedoch kritisch und führen dafür verschiedene Gründe an: Neben dem Vorwurf der „Verniedlichung" durch die Endung „-ling" (Kothen 2016) betont etwa die Gewerkschaft Erziehung und Wissenschaft (2021), dass der Begriff „negativ konnotiert" sei. Laut Kothen (2016) liege dies aber vielmehr in der Verwendung des Begriffs als in seiner Wortbedeutung selbst begründet. Viel relevanter sei, dass der Begriff des „Flüchtlings" einen Moment des ewig Flüchtenden suggeriere. „Geflüchtete" impliziere hingegen, dass die Flucht schon abgeschlossen sein könnte; Geflüchtete also bereits „angekommen" sind, wie dies bei vielen Personen mit Fluchterfahrung in Deutschland der Fall sei (ebd.).

Für eine Verwendung des Begriffs „Flüchtling" spricht jedoch, dass dieser im allgemeinen Sprachgebrauch dominiert, wie die Gewerkschaft Erziehung und Wissenschaft (2021) anmerkt. Relevant ist zudem die historische und rechtliche Einbettung des Begriffs „Flüchtling", der nicht nur in Deutschland auf verschiedene historische Migrationsbewegungen bezogen werden kann, sondern zugleich auf den rechtlichen „Flüchtlingsstatus" der Personen verweist (Kothen 2016). In diesem Zusammenhang kritisiert die Fachkommission der Bundesregierung zu den Rahmenbedingungen der Integrationsfähigkeit (2020) jedoch die gegenwärtige Verwendung der Begriffe „Flüchtlinge“ (und teilweise auch „Geflüchtete“), da diese den deutschen Rechtsstatus als „anerkannter Flüchtling“ bereits vorwegnähmen, bevor dieser im Asylverfahren offiziell festgestellt werde. Aber auch die von der Fachkommission vorgeschlagene Alternative „Schutzsuchende“ kann aufgrund ihrer einseitigen Perspektive auf den kurzfristigen Schutz kritisiert werden und findet in der Praxis nur selten Verwendung.

Am wenigsten strittig im Zusammenhang mit der politischen Bildung erscheint derzeit die Verwendung des Begriffs „Geflüchtete“. Von daher wird im Folgenden auf dieses Konzept zurückgegriffen, da aus diesem bereits hervorgeht, dass eine Person zur Flucht gezwungen wurde und dass dieser Fluchtprozess potenziell abgeschlossen sein kann.

3.4.2 Umsetzung von politischer Bildung im Kontext von Flucht in Deutschland

Das vorliegende Unterkapitel wendet sich Aspekten von Flucht und Migration als Thema der politischen Bildung zu. Außerdem wird ein Blick auf die politische Bildung von oder mit Geflüchteten geworfen und die Situation und Benachteiligung Geflüchteter im deutschen Bildungssystem reflektiert.

Im Zuge der Umsetzung von politischer Bildung im Kontext von Flucht und Migration wird häufig an das Konzept des „globalen Lernens“ angeschlossen. Auf diese Weise soll eine mit „Institutionenlehre“ verbundene Vorstellung politischer Bildung zugunsten eines Verständnisses abgelöst werden, das auf die Selbstreflexion in einer komplexen, von Migration und sozialen Ungleichheiten geprägten globalisierten Welt setzt (Gardi/Lingen-Ali/Mecheril 2019). Daran knüpft die Forderung nach einer Integration der Themen Flucht und Migration in formalen und non-formalen Formaten, insbesondere aber in allen Studiengängen sowie Fortbildungsangeboten mit Bezug zur politischen Bildung, an (ebd.). Die Selbstbestimmung und Selbstwirksamkeit von Geflüchteten ist essenziell, um der Gefahr der Objektivierung als hilflose, auf Schutz angewiesene „Andere“ (Stichwort: *White Saviourism*) entgegenzuarbeiten. Daher zielt politische Bildung , anders als „Integration“ oder „Willkommenskultur“, auf die Stärkung „politischer Subjektivität“ ab – ein politischer und pädagogischer Ansatz, der eine gerechtigkeitsorientierte politische Bildung *mit* und nicht *für* Migrant*innen und Geflüchtete fordert (ebd.). In diesem Kontext plädiert auch Böhmer (2020) für einen partizipativen und subjektorientierten Ansatz, bei dem Bildungsangebote und -innovationen gemeinsam mit Geflüchteten entwickelt werden. Ein Beispiel für die praktische Umsetzung dieses Konzepts sind Migrantinnenselbstorganisationen wie *women in exile* (ebd.).

Parallel zu Ansätzen der Bildung *mit* Geflüchteten finden sich Formate der Bildung *für* Geflüchtete in Deutschland. In der politischen Bildungsarbeit für Geflüchtete in Deutschland stehen vor allem Aspekte der Geschichte, Institutionenlehre,

Menschen- und Bürgerrechte sowie die Rolle der Zivilgesellschaft im Mittelpunkt. Ziele sind unter anderem, Geflüchtete zur Teilhabe und Partizipation zu befähigen, potenzielle Konflikte zwischen „eigenen“ Werten und den im Ankunftsland vorherrschenden zu reflektieren, mögliche Diskrepanzen gegebenenfalls auszuhalten sowie generell die Toleranz gegenüber unterschiedlichen Kulturen, Werten und Normen zu stärken (Fischer 2017). In den schulischen Bildungsformaten nimmt das Thema Nationalsozialismus einen wichtigen Platz ein. Die Art und Weise der Vermittlung hat sich in den letzten Jahren jedoch wesentlich geändert. So wird politische Bildung seit einiger Zeit direkt nach der Ankunft der geflüchteten Kinder und teils auch in der Herkunftssprache (bspw. Persisch oder Arabisch) angeboten (Fischer 2017). In der außerschulischen Bildung nehmen Formate zu Nationalsozialismus und Shoah ebenfalls einen bedeutenden Raum ein (Ehrenhauser 2016).

Auffällig ist, dass trotz der (wachsenden) Relevanz des Themas zur Umsetzung politischer Bildung Geflüchteter zwar viele Positionspapiere zu finden sind, aber kaum wissenschaftliche Literatur existiert (vgl. Dryden-Peterson 2020; Panagiotopoulou/ Rosen 2017). Insbesondere wissen wir noch wenig dazu, welche Verständnisse geflüchtete Kinder und Jugendliche von politischer Bildung und staatsbürgerlichem Handeln mitbringen, wie politische Bildung sowohl innerhalb als auch außerhalb der Schule umgesetzt wird und wie Länder mit ihren unterschiedlichen nationalstaatlichen und soziopolitischen Restriktionen mit der Beteiligung von Geflüchteten umgehen. Alternative Formen der politischen Bildung, wie sie in gemeindebasierten Schulen und bei außerschulischen Aktivitäten praktiziert werden, könnten Mechanismen aufzeigen, die es geflüchteten Kindern und Jugendlichen ermöglichen, sich selbst als politische Akteure zu verstehen (Dryden-Peterson 2020).

Einige Aspekte politischer Bildung sind zugleich mit großen Herausforderungen verbunden, da bestimmte Bildungsangebote oder Ausflüge, beispielsweise in Museen oder Gedenkstätten, eine Retraumatisierung von Geflüchteten bewirken können. Pädagog*innen und Multiplikator*innen müssen daher systematisch auf diese Herausforderungen vorbereitet und bei Führungen durch Dolmetscher*innen unterstützt werden. Zudem wird darauf hingewiesen, dass es insbesondere wichtig sei, Gemeinsamkeiten der Weltreligionen zu betonen und auch auf mögliche Konflikte vorbereitet zu werden (bspw. mögliche israelfeindliche und/oder antisemitische Einstellungen im Kontext des Nahostkonflikts) (Ehrenhauser 2016).

Beispiele der Angebote politischer Bildung für Geflüchtete

Das jüdisch-islamische Forum des Jüdischen Museums Berlin will anhand eines spielerischen Zugangs für geflüchtete Kinder den kulturellen Austausch fördern. Zudem werden Workshops zum Thema Immigration für Geflüchtetenklassen angeboten (ebd.). Darüber hinaus finden sich Angebote von Jugendbildungsstätten (u. a. der

Jugendbildungsstätte Kaubstraße) sowie der Bundeszentrale für politische Bildung, die beispielsweise digitale Lernangebote oder Apps beinhalten. Das soziale StartUp „Kiron“ hat sich auf ein Online-Angebot spezialisiert, das es Geflüchteten erlaubt, weltweit auf Bildungsangebote zuzugreifen. Absolvierte Kurse können beim Wechsel in ein reguläres Studium angerechnet werden. Ein weiteres Beispiel dafür ist die antirassistische, historisch-politische Bildung der Kreuzberger Initiative gegen Antirassismus, KigA (Ehrenhauser 2016).

Böhmer (2020) kritisiert am deutschen Bildungssystem die Unterschiede bei der Einschulung von geflüchteten Kindern und Jugendlichen zwischen den Bundesländern. Zudem weist er auf den ausgrenzenden Charakter der angewendeten Potenzialanalysen in den Hauptfächern hin, die unter anderem im Hinblick auf den Arbeitsmarkt zukunftsweisend für die Kinder und Jugendlichen sind. Der Föderalismus im deutschen Bildungssystem gehe demnach mit Problemen für die Chancengleichheit und die Durchlässigkeit des Schulsystems für geflüchtete Schüler*innen einher. So gelten im Saarland oder in Hamburg beispielsweise eine Schulpflicht und das Recht auf Beschulung gleichermaßen für alle Kinder, während in Bayern für geflüchtete Kinder ein exklusiver Unterricht angeboten werde (ebd.). Besonders problematisch sei die Sonderbeschulung von geflüchteten Kindern und Jugendlichen, die mit einer Reproduktion sozialer Ungleichheiten einhergehe und folglich eine Prekarisierung in der Arbeitswelt bewirke (ebd.). Allerdings muss dabei berücksichtigt werden, dass Sonderbeschulung auch unabhängig von den Themen Flucht und Migration als symptomatisch für soziale Ungleichheiten und Schließungsmechanismen diskutiert werden. Weiterhin fielen sozialräumliche Benachteiligungen auf, die Böhmer (ebd.) unter anderem in den Wohnverhältnissen (z. B. in Sammelunterkünften), fehlenden Lernräumen und der mangelhaften Ressourcenausstattung der Bildungseinrichtungen in solchen Formen der Sonderbeschulung von Geflüchteten erkennt (ebd.). Vor allem komme es darauf an, die Zusammenhänge zwischen Migration, sozialer Herkunft und Bildungserfolg systematisch in der Bildungs- und Sozialplanung zu berücksichtigen beziehungsweise „ins Bewusstsein der politisch und planerisch Verantwortlichen zu rücken“ (ebd.: 264). So könne bereits in der frühkindlichen Bildung angesetzt werden und beispielsweise Mehrsprachigkeit in Kitas integriert werden.

Ein großes Desiderat in Bezug auf die Bildung *mit* und *für* Geflüchtete bezieht sich auf sprachliche Aspekte. In vielen Ländern, wie auch in Deutschland, wurde der Schwerpunkt von Bildungsprogrammen auf das Erlernen der deutschen Sprache gelegt – zulasten der Erstsprache. Dies hatte und hat häufig zur Folge, dass geflüchtete Kinder beziehungsweise die Kinder von Geflüchteten zwar die deutsche Sprache erlernen, sich ihre Erstsprache aber nur sehr rudimentär oder umgangssprachlich aneignen. Eine Ursache für dieses Phänomen kann in der Defizitorientierung des Unterrichts für Geflüchtete gesehen werden. So argumentieren Panagiotopoulou/Rosen (2017), dass der Flucht- und Migrationshintergrund in deutschen Schulen häufig als Defizit betrachtet werde. Auf diese Weise werde jungen Geflüchteten der Zugang zu einem erfolgreichen Bildungsweg erschwert. In die Schulpflicht eingeschlossen seien per se nur die als asylsuchend registrierten Personen. Haben Geflüchtete einen unsicheren Aufenthaltsstatus, würden sie in vielen Bundesländern gesondert unterrichtet (Panagiotopoulou/Rosen 2017). Der Unterricht für Geflüchtete zeichne sich nicht nur durch seinen defizitorientierten Ansatz aus, sondern beziehe sich zudem fast ausschließlich auf das Fach Deutsch. Dies stehe im Kontrast zum Unterricht für Schüler*innen ohne Fluchterfahrung, für die ein bilingualer Unterricht stark gefördert werde. Als Lösungsansatz schlagen die Autor*innen den „Translanguaging-Ansatz“ vor, der als inklusiv und ressourcenorientiert beschrieben wird und darauf abhebt, dass Schüler*innen mit Fluchterfahrung nicht einfach nur additiv eine neue Sprache dazulernen, sondern im Sinne einer „Sprachmischung“ neue Sprachpraktiken in „ihr bereits bestehendes, mehrsprachiges Repertoire“ integrieren (ebd.). Zudem sei es wichtig, die Erfahrungen und Interessen der Geflüchteten zu berücksichtigen und dabei nicht allein Aspekte von Krieg und Vertreibung aufzugreifen.

Insgesamt zeigt sich allerdings, dass es an Daten und Studien zur Situation geflüchteter Kinder und Jugendlicher in Deutschland mangelt (Dryden-Peterson 2020). Die Schulstatistiken auf der Ebene des Bundes und der Länder liefern noch keine ausreichenden Informationen zu Geflüchteten sowie Asylbewerber*innen und Studien zur Wirksamkeit von Unterrichtsmethoden, Modellen der Schulorganisation für Geflüchtete und dem Bildungserfolg der Kinder und Jugendlichen im Zeitverlauf liegen weiterhin noch nicht vor, um aussagekräftige Rückschlüsse daraus ziehen zu können (Panagiotopoulou/Rosen 2017).

3.4.3 Internationale Debatten und Forschung zu Flucht und politischer Bildung

Während sich das vorherige Kapitel vor allem auf Flucht und politische Bildung in Deutschland bezog, soll im vorliegenden Kapitel ein kurzer Überblick über den internationalen Forschungsstand zum Thema gegeben werden. Dabei bezieht sich das Kapitel insbesondere auf Studien, die in verschiedenen Ländern zu politischer Bildung im Kontext von Flucht und Geflüchteten durchgeführt wurden. Nicht zuletzt leben die meisten Geflüchteten nicht in Deutschland oder anderen europäischen Staaten, sondern zu 86% in Ländern des Globalen Südens, insbesondere in Ländern mit großer geografischer Nähe zum Herkunftsland (Oltmer 2016). Während es für Deutschland bislang noch an Forschungsarbeiten zum Thema Flucht und politische Bildung mangelt, sind im internationalen Bereich deutlich mehr Quellen zu finden. Im Folgenden wird ein knapper Überblick über ausgewählte internationale, englischsprachige Beiträge aus verschiedenen Ländern gegeben, um unterschiedliche Ansätze, Konzepte und Herangehensweisen zu illustrieren.

Einige Studien setzen sich mit der strukturellen Integration von geflüchteten Kindern in die nationalen Bildungssysteme der Aufnahmeländer auseinander. So forschte etwa Dryden-Peterson (2020) zu den Bildungskontexten geflüchteter Kinder in Uganda, Kenia, Ägypten und Libanon. Dabei konnte die Autorin einen radikalen globalen Policy-Wandel beobachten: Während geflüchtete Kinder und Jugendliche bis 2012 in den Aufnahmestaaten separat von den anderen Schüler*innen in ihren Unterkünften unterrichtet wurden (Dryden-Peterson 2016), zeichnete sich danach ein stärkerer Fokus auf eine inklusive Bildung ab (Dryden-Peterson 2020). Eine Entwicklung, die insbesondere durch die Politik internationaler Organisationen wie dem United Nations High Commissioner for Refugees (UNHCR, Hochkommissar der Vereinten Nationen für Flüchtlinge) angetrieben wurde, welcher eine Integration von Geflüchteten in die nationalen Bildungssysteme unterstützte (ebd.). In der Folge übernahmen immer mehr Länder die Bildung von Geflüchteten, die zuvor den Geflüchteten selbst oder dem UNHCR zugeordnet waren (Dryden-Peterson 2016). Die Verantwortung der Bildung von Geflüchteten wurde zunehmend von Aufnahmeländern selbst übernommen, was sich beispielsweise in der *Djibouti Declaration on Refugee Education 2017* manifestierte (IGAD Member States 2017), die von zahlreichen ostafrikanischen Staaten unterzeichnet wurde. Es zeigt sich allerdings, dass die Umsetzung der strukturellen Integration von Land zu Land, von Region zu Region stark variiert. Dryden-Peterson (2020) unterscheidet drei Modelle, die von keinem Zugang zu staatlichen Schulen bis hin zum gemeinsamen Unterricht mit nicht-geflüchteten Schüler*innen reichen:

> „These models fall generally into four categories, ranging from no access to government schools, such as in the case of Malaysia; access to national schools but separation from nationals geographically, such as in the case of refugee camps in Kenya; access to national schools but separation from nationals temporally, such as in the case of second shift schools in Lebanon; to full access to government schools with refugees and nationals together in the same classrooms at the same time, such as in some urban schools in Nairobi and Cairo" (Dryden-Peterson 2020: 594).

Dagegen ist die Situation in den EU-Staaten übersichtlicher: Nach EU-Regelungen sind asylsuchende Kinder unter den gleichen Bedingungen wie Staatsangehörige zu formaler Bildung berechtigt (Europäisches Parlament/Rat der Europäischen Union 2013). Diese kann jedoch auch innerhalb der Unterbringungszentren erfolgen. Der Beginn des Unterrichts soll dabei den Zeitraum von drei Monaten seit der Ankunft nicht überschreiten (ebd.). Auch Länder wie die Türkei und der Libanon garantieren geflüchteten Kindern und Jugendlichen den gleichen Zugang zu Bildung. Allerdings zeigt die Praxis, dass die Zeit bis zum tatsächlichen Beginn des Unterrichts hier häufig sehr viel länger ist (Crul et al. 2019). Im Jahr 2019 hatten beispielsweise noch immer 50% der aus Syrien geflüchteten Kinder im Libanon keinen Zugang zu formaler Bildung (ebd.).

Viele Länder unterrichten geflüchtete Kinder, unter anderem aufgrund von Sprachproblemen, zuerst in gesonderten Klassen und integrieren sie erst später in den klassischen Unterricht. Cruel et al. (2019) bezeichnen Segregation als Hauptproblem dieser Praxis. Daher wird in Ländern wie Schweden versucht, den Zeitraum des separierten Unterrichts möglichst kurz zu halten. In anderen Staaten ist die Segregation sehr stark und ein Transfer zu den regulären Klassen fast unmöglich. So zum Beispiel in der Türkei, wo syrische Geflüchtete in separierten Zentren auf Arabisch unterrichtet werden und dadurch kaum die Bedingungen für andere Schulen erfüllen können (Crul et al. 2019).

Beim gemeinsamen Unterricht von geflüchteten und nichtgeflüchteten Kindern und Jugendlichen offenbaren sich insbesondere in Bezug auf die politische Bildung mögliche Spannungsfelder. Die Integration und der Lernfortschritt geflüchteter Schüler*innen, die in das nationale Schulsystem integriert werden, ist dabei stark von den jeweiligen nationalen Curricula abhängig. Wie Dryden-Peterson (2020) herausarbeitet, erschweren nationalstaatlich orientierte Lehrpläne diese Ziele, wenn zum Beispiel nationale Narrative Geflüchtete nicht inkludieren. So werden kaum Möglichkeiten für Geflüchtete geschaffen, bürgerliche Verhaltensweisen zu erarbeiten oder zu verwirklichen (ebd.). Insbesondere in Ländern, die geprägt sind von ehemaligen ethnischen Konflikten (wie der Sudan oder Ruanda) zeige sich, wie nationale politische Bildung eine kritische Auseinandersetzung mit der Geschichte und Gegenwart zugunsten nationalistischer Narrative ausspare (ebd.). Fühlen Kinder und Jugendliche sich und ihre Erfahrungen nicht im nationalen Curriculum und in den staatsbürgerlichen Narrativen berücksichtigt, könne dies dazu führen, dass es Geflüchteten schwerfalle, sich selbst als Staatsbürger*innen zu verstehen. Vor diesem Hintergrund tendierten Eltern dazu, alternative Lernorte zu schaffen, in denen die Erfahrungen und Perspektiven der Geflüchteten reflektiert werden (ebd.). Diese Entwicklung zeigte sich beispielsweise in Ägypten, wo syrische Geflüchtete teilweise in eigenen Gemeinschaftszentren unterrichtet wurden, anstatt sie in ägyptische Schulen zu senden (ebd.). Wie Dryden-Peterson (2020) anmerkt, existiert bisher kaum Forschung zu den Lerninhalten und -erfolgen dieser alternativen Lernorte.

Aber auch über die vermittelten Inhalte hinaus kann der gemeinsame Schulbesuch mit nichtgeflüchteten Kindern und Jugendlichen zu einer (weiteren) Marginalisierung geflüchteter Schüler*innen führen. Dryden-Peterson (2020) macht dies anhand der Situationen im Libanon und in Kenia deutlich. Im Libanon wurde geflüchteten Schüler*innen der Zugang zu öffentlichen Schulen ermöglicht, welche jedoch aufgrund ihres schlechten Rufs nur vom ärmsten Drittel der libanesischen Kinder besucht werden (ebd.). Auch in Kenia sind die öffentlichen Schulen, an denen Geflüchtete unterrichtet werden, die am meisten marginalisierten. Absolvent*innen haben nur geringe Chancen auf wirtschaftlichen Aufstieg (ebd.). Für Geflüchtete entstehen Mehrfachdiskriminierungen. Schulen und Lehrpläne der politischen Bildung vermittelten zwar, dass Bildung sowohl für den Einzelnen als auch für den Nationalstaat zu einer wirtschaftlich und sozial produktiven Zukunft führe. Dies bestätige sich allerdings nicht in den Lebensrealitäten der Geflüchteten (ebd.). Zudem zeigen sich in vielen Regionen Desiderate in Bezug auf die tatsächliche wirtschaftliche, aber auch gesellschaftliche und politische Partizipation, die den Menschen ermöglicht wird (z. B. fehlende Arbeitserlaubnis, keine Wahlberechtigung usw.).

Das Verständnis von Staatsbürgerschaft ist nicht nur im Schulkontext von Interesse, auch erwachsene Lernende mit Fluchterfahrung setzen sich im Rahmen der politischen Bildung mit ihrer Identität als Staatsbürger*innen auseinander. Darauf macht auch Barbour (2016) aufmerksam, die untersuchte, welches Verständnis von „guter Staatsbürgerschaft“ vermittelt wird. Dafür erhebt und analysiert die Autorin qualitative Daten zum Unterricht in einer ‚Englisch-als-Zweitsprache‘-Klasse mit dem Schwerpunkt ‚Staatsbürgerkunde‘ beziehungsweise politische Bildung an einer US-amerikanischen Schule. Barbours Ergebnisse weisen darauf hin, dass die Unterrichtsmaterialien und Diskurse im Klassenzimmer ein monolithisches, das heißt geschlossenes und eingeschränktes, Verständnis von ‚guter‘ Staatsbürgerschaft widerspiegeln (ebd.). Trotz des vielfältigen Hintergrunds der Vereinigten Staaten als ein Land, das sich sowohl historisch als auch aktuell zu einem beträchtlichen Teil aus Einwanderern zusammensetzt, gebe es nur wenige Hinweise auf die kulturelle oder sprachliche Vielfalt der Bürger*innen und quasi keine Diskussion über den Einfluss, den Einwanderergruppen auf die Vereinigten Staaten ausübten (ebd.). Stattdessen orientierten sich die Vorbilder einer ‚guten‘ Staatsbürgerschaft überwiegend an kaukasischen, männlichen, gebürtigen Staatsbürger*innen. Dies könnte es den Lernenden mit Fluchtbiografie und insbesondere weiblichen Geflüchteten schwer machen, selbst eine Identifikation als ‚gute‘ amerikanische Bürger*innen herauszubilden (ebd.).

Wie Dryden-Peterson (2020) macht Barbour darauf aufmerksam, dass die Etablierung von emotionalen Beziehungen zu einem Land beziehungsweise einer Gesellschaft – neben der sozialen, ökonomischen, politischen Partizipation – eine wichtige Voraussetzung für die Inklusion geflüchteter Menschen ist (ebd.). Barbour zeigt auf, wie ‚Englisch-als-Zweitsprache‘-Klassen mit Inhalten politischer Bildung dazu dienen können, asymmetrische Machtverteilungen zu zementieren. Dem entgegen verfolge der Unterricht mit Geflüchteten nicht allein das Ziel des Spracherwerbs (*Language Acquisition*), sondern insbesondere auch der Sprachsozialisation (*Language Socialisation*) und eröffne Menschen über rein linguistische Kompetenzen hinaus einen soziokulturellen und kommunikativen Zugang zu Fähigkeiten und Praktiken, die sie bei der Partizipation in einer neuen Gesellschaft unterstützen können:

> „one can be socialized and apprenticed through the use of language or one can be socialized to use language“ (Barbour 2016: 50).

Zusätzlich zu dem Erlernen der in einem Staat oder in einer Region dominierenden Sprache würden Geflüchtete die sozial determinierten Bedeutungen sowie kulturellen und epistemologischen Annahmen hinter Äußerungen in bestimmten sozialen Kontexten erfahren. Nicht zuletzt unterscheiden sich diese von Land zu Land beziehungsweise Region zu Region. Geflüchtete könnten auf diese Weise dabei unterstützt werden, sich als Mitglied einer Gesellschaft zu begreifen.

Al-Salem (2020) nimmt in ihrer Studie die Neuansiedlung syrischer Geflüchteter in Kanada in den Blick. Sie argumentiert, dass Kanadas Bemühungen auf Bundes- und Provinzebene in Bezug auf die Integration der Geflüchteten aus Syrien nur begrenzt erfolgreich waren. Insbesondere mangele es an Inhalten und Aktivitäten politischer und staatsbürgerlicher Erziehung in der Muttersprache der Geflüchteten, die dazu dienten, sie zu aktiven Bürger*innen im politischen und gesellschaftlichen Leben Kanadas zu befähigen (ebd.). Politische Bildung beziehungsweise *Citizenship Education* bestimme maßgeblich die Inklusion und Teilhabe der Geflüchteten, doch Kurse würden in Kanada nur in englischer und französischer Sprache angeboten. Zwar garantierten das kanadische Gesetz und internationale Konventionen den Geflüchteten entsprechende Rechte. Allerdings zeige die Praxis, dass der Bürgerschaftsbegriff vom neoliberalen oder konservativen Diskurs eingenommen werde und Kurse zu politischer Bildung die bestehenden Ungleichheiten und Machthierarchien reproduzierten (ebd.).

Die Argumentation ähnelt der von Barbour (2016): Obwohl die Beherrschung der englischen Sprache als Voraussetzung für eine ‚gute‘ Staatsbürgerschaft und als Bestandteil des Unterrichts formuliert wurde, widmeten Lehrkräfte den sprachlichen und staatsbürgerlichen Inhalten im Unterricht nicht die gleiche Zeit und Menge an Ressourcen. Die Privilegierung der staatsbürgerlichen Inhalte wird von Barbour als problematisch betrachtet, da Englischkenntnisse als Teil des Einbürgerungsgesprächs bewertet würden (Barbour 2016).

Darüber hinaus kritisiert Al-Salem die Bemühungen der kanadischen Regierung, sich auf Sprachkurse als Medium für die Vermittlung kanadischer Konzepte politischer Bildung zu verlassen (Al-Salem 2020). Diese garantierten keineswegs, dass Geflüchtete aus Syrien mit den Fähigkeiten und dem Wissen ausgestattet würden, um ihre Rechte und Pflichten als zukünftige kanadische Staatsbürger*innen wahrzunehmen und effektiv zum politischen und gesellschaftlichen Leben ihrer Gemeinden beizutragen (ebd.).

Vor diesem Hintergrund schlägt die Autorin vor, dass die Bereitstellung eines Kurses zur politischen Bildung in arabischer Sprache das fehlende Glied in einer Kette von regierungsgeführten Bemühungen darstellen könnte. So könne die Diskrepanz zwischen dem erklärten Engagement der Regierung für Multikulturalismus,

Inklusivität sowie die Aufnahme von Geflüchteten vereinbart und der Realität der sozialen Ausgrenzung entgegnet werden. Auf diese Weise könnten dem deklarierten politischen Ziel Kanadas in Bezug auf Multikulturalismus entsprochen und zusätzlich diverse Sichtweisen in die politische Bildung inkludiert werden (ebd.).

Insgesamt zeigt sich, dass es in Deutschland und weltweit nur wenige wissenschaftliche Studien zum Thema Flucht und politische Bildung gibt. Erkenntnisse aus anderen Ländern können zwar nur begrenzt auf Deutschland übertragen werden, sie können jedoch Anregungen und Anknüpfungspunkte für Studien in Deutschland liefern.

Weiterführendes

taz – Lockdown in der Flüchtlingsunterkunft: Schulkinder ohne Anschluss: https://taz.de/Lockdown-in-der-Fluechtlingsunterkunft/!5748266/

KIRON – Lernplattform für Geflüchtete: https://kiron.ngo/en/

Aufgezeichneter Workshop für syrische Geflüchtete der bpb – „Demokratie in Deutschland“: https://m.bpb.de/lernen/digitale-bildung/Werkstatt/228295/Demokratie-in-deutschland-livestream-fuer-syrische-geflüchtete

Podcast FreshEd#94 – Portraying refugee education (Sarah Dryden-Peterson): https://open.spotify.com/episode/6J7nLGmXoZhl3Q7Ziou6lp

→ unter anderem über die strukturelle Integration von Geflüchteten, selbstverwaltete Bildung durch Geflüchtete

Podcast FreshEd#248 – Refugee Education and Language Instruction (Cecilia Reddick & Sarah Dryden Peterson): https://open.spotify.com/episode/4JWzjulnsXQcgYvYV3mixM

4 Politische Bildung in der Europäischen Union

Übungsfragen

- Welches Selbstverständnis von politischer Bildung zeigt die EU?
- Welches Bildungsverständnis liegt der europäischen Bildungspolitik zugrunde?
- Welche Ziele verfolgt die EU mit dem Konzept *Education for Democratic Citizenship*?
- Was kann unter *Active Citizenship* verstanden werden?

Die Stärkung bürgerlicher Tugenden zur Förderung von Nationalstaatlichkeit anhand (formaler) Bildung wurde bereits vor dem 18. Jahrhundert angestrebt (Osterwalder 2011). Im 18. und 19. Jahrhundert bekamen diese Entwicklungen vor allem in europäischen oder westlichen Ländern eine neue Dynamik: Politische und gesellschaftliche Entwicklungen bewirkten eine Verknüpfung der Legitimität von Nationalstaaten mit der Bildung der Bürger*innen (Dewey 1916). In dem Bestreben, Disziplin, Fleiß und Loyalität zugunsten eines verketteten, regierbaren Gemeinwesens zu formen, erkannten unterschiedliche Nationalstaaten in Schulsystemen und Lehrplänen eine zentrale Rolle bei der Erreichung dieser Ziele (Green 1997). In der Folge tendierten die Lehrpläne dazu, sich auf nationale Institutionen, Geschichte und Kultur (real oder imaginär) zu konzentrieren, um ein Gefühl von ‚Nation' und ‚Loyalität' zu schaffen. Kulturen und Gemeinschaften außerhalb der eigenen wurden als die ‚Anderen' konstruiert (Soysal 1994) und entweder ignoriert oder verunglimpft. Auf diese Weise entwickelte sich die formale Bildung (v.a. in Schulen) zum Zentrum für die Erziehung zukünftiger Generationen zu Bürger*innen ihrer Nationalstaaten (Keating/Ortloff/Philippou 2009). Selbst in Ländern, in denen die Kontrolle über die Lehrpläne noch in substaatlicher Hand lag, gewannen nationalstaatliche Verständnisse von Bürger*innen und politischer Bildung (teils parallel zu substaatlichen Konzeptionen) die Oberhand (Engel/Ortloff 2009).

Heute jedoch wird diese teils ‚symbiotische' Beziehung zwischen Nationalstaaten und der Bildung der Bürger*innen (Osterwalder 2011) durch Prozesse der Europäisierung und Globalisierung in ihren verschiedenen Erscheinungsformen zunehmend infrage gestellt. Dies führt unter anderem dazu, dass sich Bürger*innen nicht mehr notwendigerweise mit einem Nationalstaat identifizieren oder sich für einen Nationalstaat einsetzen. Angetrieben durch den rasanten Fortschritt der Informationstechnologien verwischt die Globalisierung die Grenzen wirtschaftlicher, medialer, sozialer und politischer Interaktionen und schafft neue Orte der Partizipation und

Identitätsbildung für die Bürger*innen in Europa beziehungsweise weltweit. Zu diesen neuen Orten zählen beispielsweise transnationale Räume, E-Partizipation und Online Communities.

Aus einer anderen Perspektive können Globalisierungstendenzen Partizipation und Identitätsbildung entgegenwirken, wie Negt (2016) argumentiert. Nicht zuletzt sei das für Partizipation und Identitätsbildung notwendige lokale Erleben europäischen (bzw. weltweiten) Gemeinwesens aufgrund des Wegfalls der Ebenen zwischen privatem Raum und politischen Institutionen kaum mehr möglich. Zudem verfügen Nationalstaaten nicht mehr über dasselbe Ausmaß an Kontrolle über Politik und Bildungssysteme. Bildung wird immer weniger nationalstaatlich beeinflusst, sondern durch globale Entscheidungen, Konflikte und Aushandlungsprozesse geprägt. Internationale Organisationen (wie die EU oder die OECD), NGOs oder multinationale Unternehmen übernehmen zunehmend dort Aufgaben, wo früher ausschließlich der Staat tätig war (siehe auch Kapitel 5 zu NGOs und Stiftungen und Kapitel 6.1 zu Soft Power und Policy Borrowing). In der Folge zählen auch für die politische Bildung Prozesse der Europäisierung und Internationalisierung zu großen aktuellen Herausforderungen. Der Einfluss internationaler Organisationen im Kontext einer wachsenden Globalisierung hat unter anderem bildungspolitische Angleichungen zwischen Nationalstaaten, Anpassungen nationaler Bildungssysteme sowie die Entwicklung gemeinsamer Standards bewirkt. Beispiele dafür sind institutionelle Angleichungen von Bildungsabschlüssen sowie das Streben nach *Employability* – der Beschäftigungsfähigkeit im europäischen Raum (Widmaier 2008).

In bildungspolitischen Strategien, Initiativen und Aktivitäten der EU stellen Themen der politischen Bildung ein zentrales Moment dar. Auf der europäischen Ebene spiegeln sich diese insbesondere in den Referenzrahmen und Programmen der EU wider. Als Ausgangspunkt wird häufig die für die Jahre 1995-2004 ausgerufene Dekade der Vereinten Nationen (UN) für *Human Rights Education* betrachtet, die unter anderem die Verbreitung *der Citizenship Education* postuliert (UN General Assembly 1994). Der Europarat griff das Konzept der *Citizenship Education* ebenfalls auf und begann Ende der 1990er Jahre, ein Programm zur Förderung von *Citizenship Education* in den EU-Mitgliedsstaaten zu entwickeln. Das Jahr 2005 wurde schließlich zum *‚European Year of Citizenship through Education‘* (Zeuner 2006) ausgerufen und unter das Motto *‚Learning and Living Democracy‘* gestellt (Eis 2015; Lösch 2009; Zeuner 2006). Ziel dieser Initiativen ist die Entwicklung eines EU- und europaweiten wettbewerbsfähigen Wirtschaftsraums und einer leistungsfähigen Wissensgesellschaft. Ein Mittel zum Erreichen dieses Ziels ist die politische Bildung.

4.1 Das Selbstverständnis der EU von (politischer) Bildung

Das Selbstverständnis der EU von politischer Bildung zeigt sich in diversen Dokumenten und Referenzrahmen der verschiedenen Institutionen. Als Meilenstein für die Etablierung des Leitbilds politischer Bildung in der EU gilt die für den Zeitraum 2000–2010 verabschiedete Lissabon-Strategie des Europäischen Rats (Europäischer Rat 2000). Daraus geht bereits hervor, dass Bildung in erster Linie als Mittel verstanden wird, um die Wirtschaftsleistung und Beschäftigungsquote zu steigern beziehungsweise eine Verringerung der Arbeitslosenquote in den Mitgliedsländern zu bewirken. Ziel der Lissabon-Strategie ist es insbesondere

> „die Union zum wettbewerbsfähigsten und dynamischsten wissensbasierten Wirtschaftsraum in der Welt zu machen – einem Wirtschaftsraum, der fähig ist, ein dauerhaftes Wirtschaftswachstum mit mehr und besseren Arbeitsplätzen und einem größeren sozialen Zusammenhalt zu erzielen" (ebd.: Abs. 5).

Mit dem Ausdruck „wissensbasierte[r] Wirtschaftsraum" bezieht sich der Europäische Rat auf seine eigene Konzeption einer „Wissensgesellschaft", welche primär auf die Anpassungsfähigkeit der (Arbeits-)Märkte an Prozesse wirtschaftlichen Wandels ausgerichtet ist. Dazu zählt die zunehmende Bedeutung von Produktivität und Informationstechnologien innerhalb der EU. Diese wirtschaftsbezogene Fokussierung lässt sich beispielsweise bei der Einführung des Konzepts ‚Lebenslanges Lernen' nachvollziehen: Zum Zeitpunkt der Verabschiedung der Lissabon-Strategie wurde die Zahl der Arbeitslosen in Europa mit 15 Millionen als besonders hoch erachtet. Ursachen für die niedrige Beschäftigungsquote wurden vom Europäischen Rat speziell in der unzureichenden Beteiligung von Frauen und älteren Arbeitskräften am Arbeitsmarkt gesehen (ebd.). In der Folge wurde ‚Lebenslanges Lernen' als neuer Hoffnungsträger postuliert. In der Tat verspricht ein Verständnis von Bildung, das sich nicht allein auf die Schul- und Ausbildungsphase reduziert, Potenziale für individuelle und gesellschaftliche Entwicklungen im gesamten Lebensverlauf. Auffällig ist allerdings, dass die EU mit ‚Lebenslangem Lernen' die gesellschaftliche und ökonomische Dimension fokussiert, Bildung im utilitaristischen Sinne an „erfolgreiche Bildung" knüpft und als eine Passung gezielt qualifizierter Menschen an eine globalisierte Welt begründet.

Diese Tendenzen gehen bereits aus den im Jahr 2006 veröffentlichten Empfehlungen des Europäischen Parlaments und des Rats „zu Schlüsselkompetenzen für lebensbegleitendes Lernen" (Europäische Union 2006) hervor. Auch in dem Konzept der „Europäischen strategischen Zusammenarbeit auf dem Gebiet der allgemeinen und beruflichen Bildung (ET)" wird in dem Arbeitsprogramm „Allgemeine und Berufliche Bildung 2010" (Europäische Union 2010) lebenslanges Lernen als Methode zur Förderung von Wissen, Kreativität und Innovation hervorgehoben, wobei insbesondere auf die Eingliederung und Unterstützung sozial Benachteiligter und Frauen eingegangen wird. Im Konzept zur „Europäischen strategischen Zusammenarbeit auf dem Gebiet der allgemeinen und beruflichen Bildung" wurden fünf Vergleichsmaßstäbe festgehalten, die sich jeweils auf Aspekte lebenslangen Lernens beziehen (Rat der Europäischen Union 2009):

1. Beteiligung Erwachsener am lebenslangen Lernen (mindestens 15% in der Altersgruppe der 25- bis 64-Jährigen),
2. Reduktion der Anzahl an Schüler*innen mit schlechten Leistungen in den Grundkompetenzen,
3. Steigerung des Erwerbs von Hochschulabschlüssen unter den 30- bis 34-Jährigen,
4. Reduzierung der Anzahl frühzeitiger Schul- und Ausbildungsabgänger*innen,
5. Förderung der Vorschulbildung (ebd.).

Bildung wird in den europäischen Dokumenten explizit mit einer doppelseitigen Funktion präsentiert: einer sozialen und einer wirtschaftlichen (Kommission der Europäische Gemeinschaften 2007). Weitere Funktionen und Verständnisse von Bildung, beispielsweise Aspekte individueller Selbstentfaltung, werden jedoch ausgeblendet.

Um ihr spezifisches Verständnis von Bildung und lebenslangem Lernen zu konkretisieren, greifen Europarat und EU auf die Konzepte *Active Citizenship* (Aktive Bürgerschaft) und *Employability* (Beschäftigungsfähigkeit) zurück. Das EU-Dokument zu „Schlüsselkompetenzen für lebensbegleitendes Lernen" (Europäische Union 2006), das als Anhang zur Empfehlung des Europäischen Parlaments und des Rats vom 18. Dezember 2006 veröffentlicht wurde, verknüpft die beiden Konzepte *Active Citizenship* und *Employability* und kann als zentrale Referenz für die Entwicklung des Europäischen Qualifikationsrahmens verstanden werden (Widmaier 2008). Es umfasst insgesamt acht Schlüsselkompetenzen, die auf der europäischen Ebene gestärkt werden sollen. Für die politische Bildung und Demokratiebildung sind dabei vor allem die soziale und die Bürgerkompetenz zentral:

1. Soziale Kompetenz: Diese Kompetenz wird unter anderem auf folgende Fähigkeiten bezogen: konstruktive Kommunikation, Toleranz, Berücksichtigung unterschiedlicher Standpunkte, Ausdruck des eigenen Standpunkts, Vertrauen und Empathie. Zudem werden Momente der europäischen Identität und Kenntnisse der multikulturellen und sozioökonomischen Dimensionen europäischer Gesellschaften vorausgesetzt. „Diese Kompetenz beruht auf der Bereitschaft zur Zusammenarbeit, auf Selbstsicherheit und auf Integrität. Der Einzelne sollte ein Interesse an sozioökonomischen Entwicklungen und interkultureller Kommunikation haben, die Wertevielfalt und den Respekt für andere schätzen und bereit sein, Vorurteile zu überwinden und Kompromisse einzugehen" (Europäische Union 2006).

2. Bürgerkompetenz (demokratiepädagogisches Verständnis): Mit der Bürgerkompetenz bezieht sich die EU vor allem auf Kenntnisse und Fähigkeiten, die auch in Kompetenzmodellen der politischen Bildung zu finden sind: soziale Teilhabe und die aktive Mitwirkung am gesellschaftlichen Leben, Kenntnis und Anwendung von Konzepten wie Demokratie, Staatsbürgerschaft, europäische Vielfalt (ebd.). „Herzstück dieser Kompetenz ist die Fähigkeit, konstruktiv in unterschiedlichen Umgebungen zu kommunizieren, Toleranz aufzubringen, unterschiedliche Standpunkte auszudrücken und zu verstehen, zu verhandeln und dabei Vertrauen aufzubauen sowie Empathie zu empfinden. Der Einzelne sollte die Fähigkeit haben, mit Stress und Frustration umzugehen, diese auf konstruktive Weise zu äußern und zwischen Privat- und Berufsleben zu unterscheiden“ (ebd.: 8).

Weitere Kompetenzen, unter anderem „Eigeninitiative und unternehmerische Kompetenz“ sowie „Kulturbewusstsein und kulturelle Ausdrucksfähigkeit“, sind ebenfalls von unmittelbarer Relevanz für die politische Bildung. Auch in schulischen und universitären Lehrplänen und Curricula weltweit nimmt die „unternehmerische Kompetenz“ insbesondere im Rahmen der *Entrepreneurship Education (EE)* seit einigen Jahren einen immer höheren Stellenwert ein (Amiel/Yemini/Kolleck 2021)(siehe auch Kapitel 6.5 zu Entrepreneurship Education). Dieser höhere Stellenwert wird in der wissenschaftlichen Literatur vor allem auf das Drängen internationaler Organisationen zurückgeführt. Mit der Förderung unternehmerischer Kompetenz soll das Ziel verfolgt werden, Schüler*innen und Studierende besser auf die heutige globalisierte und wettbewerbsintensive Arbeitswelt vorzubereiten. Zwei der einflussreichsten internationalen Organisationen zeigen sich als besonders aktiv im Feld der ‚unternehmerischen Kompetenz‘: die EU und die OECD (ebd.).

Die Dokumente der EU verweisen zum Teil auf gemeinsame Aktivitäten zwischen zwei oder mehreren EU-Akteuren. Auf dem Gebiet der allgemeinen und beruflichen Bildung empfehlen der Rat und die Kommission den EU-Mitgliedsstaaten beispielsweise, folgende Strategien für die europäische Zusammenarbeit zu implementieren:

1. Lebenslanges Lernen und Mobilität,
2. Verbesserung der Qualität und der Effizienz der allgemeinen und beruflichen Bildung,
3. Förderung von Gerechtigkeit, sozialem Zusammenhalt und aktiver Bürgerschaft,
4. Förderung von Kreativität und Innovation – einschließlich unternehmerischen Denkens – auf allen Ebenen der allgemeinen und beruflichen Bildung (Europäische Union 2012).

In der wissenschaftlichen Literatur zur Bedeutung politischer Bildung in der EU wird häufig die Wirtschaftsorientierung des Bildungsverständnisses der EU kritisiert, das sich unter anderem in den EU-Rahmenplänen zeigt (Amiel/Yemini/Kolleck 2021;

Lösch 2009). Wissenschaftler*innen, wie unter anderem Lösch (2009), kritisieren den Ansatz der EU-Politik, eine europäische Identität durch Bildung zu schaffen und damit von der notwendigen Implementierung demokratischer Prozesse und sozialer Reformen abzulenken.

Für die Implementierung der EU-Bildungsprogramme und -initiativen ist in Deutschland die am Bundesinstitut für Berufsbildung (BIBB) angesiedelte „Nationale Agentur Bildung für Europa" zuständig. Im Auftrag des BMBF fokussiert die Agentur dabei vor allem die Initiative „Erasmus+" sowie Projekte in der Berufs- und Erwachsenenbildung der Europäischen Kommission (NABIBB 2021). Zu den Leistungen des Bundesinstituts zählen weiterhin Beratungstätigkeiten, Projektförderung und die Vernetzung von Projekten, aber auch Akteuren aus Wirtschaft, Politik, Wissenschaft, Bildung und Praxis (ebd.). Für Bezeichnungen von Aspekten der politischen Bildung in Europa werden unterschiedliche Begriffe genutzt. Dazu gehören unter anderem *Education for Democratic Citizenship* und *European Citizenship Education.* Diesen wendet sich das Kapitel im Folgenden zu.

Weiterführendes

Aus Politik und Zeitgeschichte (APUZ) – Politische Bildung in Europa: https://www.bpb.de/apuz/148214/politische-bildung-in-europa?p=0

4.2 Education for Democratic Citizenship

Auf europäischer und internationaler Ebene werden häufig die Konzepte *Education for Democratic Citizenship* oder *European (Union) Citizenship Education* verwendet. Eingeführt von der Europäischen Union und dem Europarat sollten mit dem Konzept der *Education for Democratic Citizenship* besonders die Zivilgesellschaft und eine europäische Öffentlichkeit gestärkt und damit die Erfahrungs- und Handlungsorientierung (u. a. im Rahmen zivilgesellschaftlichen Engagements) in den Fokus gerückt werden. In diesem Kontext ist das Konzept gleichfalls als Antwort auf das Demokratiedefizit innerhalb der EU und die wahrgenommene Bürgerdistanz zu der Institution zu verstehen (Eis 2015). Die Entwicklungen hin zu einer internationalen Ausrichtung und Förderung einer Unions-Bürgerschaft wurden durch Prozesse der Europäisierung (Lösch 2009) ausgelöst und insbesondere vom Europarat vorangetrieben (Eis 2015). Zugleich konnte durch eine *Education for Democratic Citizenship* der Wandel ehemals sozialistischer Staaten hin zu Demokratie und Marktwirtschaft unterstützt werden (ebd.).

In Dokumenten der EU und des Europarats wird *Education for Democratic Citizenship* teils mit ‚politischer Bildung' übersetzt. So zum Beispiel in der im Jahr 2010 verabschiedeten "Charta zur Politischen Bildung und Menschenrechtsbildung" (Europarat 2010):

> „Politische Bildung' (Education for Democratic Citizenship), Bildung, Ausbildung, Bewusstseinsbildung, Information, Praktiken und Aktivitäten, deren Ziel es ist, Lernende durch die Vermittlung von Wissen, Kompetenzen und Verständnis sowie der Entwicklung ihrer Einstellungen und ihres Verhaltens zu befähigen, ihre demokratischen Rechte und Pflichten in der Gesellschaft wahrzunehmen und zu verteidigen, den Wert von Vielfalt zu schätzen und im demokratischen Leben eine aktive Rolle zu übernehmen, in der Absicht, Demokratie und Rechtsstaatlichkeit zu fördern und zu bewahren" (ebd.: 7).

Der Europarat versteht das Konzept *Education for Democratic Citizenship* vornehmlich im Hinblick auf das Schaffen eines Bewusstseins über eigene Rechte, Pflichten und Verantwortung sowie die aktive Teilhabe an einer Gemeinschaft (Europarat 2021). Auf der eigenen Webseite verbindet der Europarat *Education for Democratic Citizenship* vor allem mit *Human Rights Education* und führt diese als notwendige Mittel an, um auf das Demokratiedefizit sowie die mangelnden Partizipations- und Entscheidungsmöglichkeiten innerhalb der EU zu reagieren (ebd.). Darüber hinaus wird *Democratic Citizenship* vom Europarat mehrfach mit *Active Citizenship* verknüpft und mit Konzepten wie „Demokratielernen" in Verbindung gebracht. *Active Citizenship* bezieht sich entsprechend dieser Darstellung nicht mehr vorrangig auf politische Partizipation, sondern vielmehr auf bürgerschaftliches Engagement und wird von kritischen Stimmen als Entwicklung hin zu einem entpolitisierten Bürgerbegriff interpretiert (Widmaier 2008).

Die EU bezieht *Democratic Citizenship* hingegen meist auf das Konzept des ‚Lebenslangen Lernens' (Kommission der Europäischen Gemeinschaften 2000). Zu den zentralen Zielen lebenslangen Lernens wird im „Memorandum über lebenslanges Lernen" neben einer *Active Citizenship* auch die *Beschäftigungsfähigkeit* genannt. Letztere sei zugleich „eine zentrale Dimension der aktiven Staatsbürgerschaft" (Kommission der Europäischen Gemeinschaften 2000: 6).

Zur Verbreitung des Konzepts *Active Citizenship* trug das von der Europäischen Kommission im Jahr 2005 gegründete Forschungsinstitut „Centre for Research on Lifelong Learning (CRELL)" maßgeblich bei (Becker 2012). CRELL vereint Wissenschaftler*innen und Expert*innen aus unterschiedlichen Ländern, die gemeinsame Studien erstellen und Politikberatung betreiben. Schwerpunkte der Arbeit des Forschungsinstituts liegen in der Entwicklung von Indikatoren und der Messung von Konzepten wie *Active Citizenship* oder *Civic Competences* (ebd.).

Weiterführendes

Education in Europe – What is European Citizenship Education?: https://anchor.fm/education-in-europe/episodes/What-is-European-citizenship-education-eoklj4

4.3 European Citizenship Education

European Citizenship Education wird häufig in Abgrenzung zum Konzept der *Global Citizenship Education* definiert (Lösch 2009) und bezieht sich auf politische Bildung im Kontext der EU. Die EU hat sich auf vier Dimensionen einer *European Citizenship* verständigt: die politisch-rechtliche Dimension, die gesellschaftliche Dimension, die kulturelle Dimension und die ökonomische Dimension. Diese Dimensionen wurden wiederum in einzelne Faktoren unterteilt, die sich unter anderem auf demokratische Werte, Menschenrechte, Antirassismus, interkulturelle Erfahrung, Vorbereitung auf den gemeinsamen Markt und Berufsqualifikation beziehen.

Einige Autor*innen argumentieren, dass eine europapolitische Bildung ein Versuch sei, dem von vielen Bürger*innen wahrgenommenen Demokratiedefizit entgegenzuwirken (u. a. ebd.). Dies soll durch die Schaffung oder Förderung einer europäischen Identität und damit verbundener stärkerer Bürgerbeteiligung auf europäischer Ebene erreicht werden. Den Erfolg dieses Versuchs bewertet die Autorin jedoch kritisch, da das Demokratiedefizit weniger in einem fehlenden demokratischen Bewusstsein der Bürger*innen als vielmehr in den mangelnden demokratischen Beteiligungsstrukturen – das heißt auf der strukturellen Ebene – verortet sei (ebd.).

Das Ziel der Schaffung einer gemeinsamen europäischen Identität wird in der Literatur zwiespältig bewertet: Einerseits ermögliche eine europäische Identität die Loslösung von alten Identitätskonzepten, die vor allem nationalstaatlich gedacht waren. Andererseits bewirke sie einen Schließungsmechanismus (u. a. Lösch 2009). Aus dieser Perspektive wird argumentiert, dass sich die EU zwar für seine Mitgliedsstaaten öffne – zugleich schließe sich die Region jedoch gegenüber anderen Ländern (ebd.). Dies könne wiederum eine Fokussierung auf Europa und die Abschottung Europas gegenüber der Welt bewirken (Zeuner 2006). Der Exklusionsmechanismus beziehe sich allerdings nicht allein auf die regionale Dimension, vielmehr wirkten bei der *European Citizenship Education* die im Bildungsbereich „bekannten" Mechanismen, die die Herausbildung von und die Teilhabe an einer gemeinsamen europäischen Identität erschweren (ebd.). Demzufolge sei die Beantwortung der Frage essenziell, wie „bildungsferne, politisch uninteressierte, sozial benachteiligte und schwache Menschen in den Prozess mit einbezogen werden können" (ebd.: 94). Dass Kinder auf Gymnasien eine qualitativ und quantitativ bessere politische Bildung in Schulen erhalten, scheint diesen Zustand noch zu verstärken (Achour/Wagner 2019). Auch

Chakrabarty (2010) hat auf Ambivalenzen der eurozentrischen Idee hingewiesen und insbesondere die Widersprüche zwischen Inklusion und Exklusion aufgezeigt. Benhabib (2017) beschäftigt sich mit den Ausschlussmechanismen, mit denen sich Personen konfrontiert sehen, die keine Staatsangehörigkeit besitzen und daher gesetzlich von politischer Zugehörigkeit ausgeschlossen sind (z.B. Geflüchtete und/ oder Staatenlose). Daran anknüpfend stellt sie die prinzipielle Frage nach politischer Zugehörigkeit. In diesem Kontext erarbeitet die Autorin in ihrem Buch „Die Rechte der Anderen“ das diskurstheoretische Konzept der „demokratischen Iterationen“, das von stetig neuen Aushandlungsprozessen um die Deutungshoheit des „Volkes“ beziehungsweise den Spannungen zwischen universellen Menschenrechten einerseits, und partikularen, nationalstaatlichen Rechten andererseits ausgeht (ebd.)

Darüber hinaus wird häufig argumentiert, dass es innerhalb Europas keinen Konsens über eine gemeinsame Definition einer europäischen Identität gäbe (Zeuner 2006). Mithilfe einer *European Citizenship Education* könnte diese Identitätsbildung und damit die Europäisierung und Demokratisierung allerdings gefördert werden; zumindest wenn *European Citizenship Education* als Prozess und nicht als Zustand aufgefasst werde (ebd.). Die einer europäischen Identität inhärente Ambivalenz zwischen Inklusion und Exklusion wird aus dieser Perspektive als Chance betrachtet, in einem partizipativen Austausch und unter Einbezug aller in Europa lebenden Menschen ein gemeinsames Verständnis von Europa zu entwickeln. Zudem könnten solche Austauschprozesse den Einsatz der Bürger*innen für den Erhalt demokratischer Institutionen und Rechte anregen sowie die Demokratiefähigkeit der EU stärken (Negt 2012). Die auf der europäischen Ebene geführten Debatten und Forderungen (u.a. im Kontext der Menschenrechtsbildung oder der Charta des Europarats zur Demokratie- und Menschenrechtsbildung), könnten demnach positive Impulse für offenere Debatten auf der nationalstaatlichen Ebene setzen und die Demokratisierung auf internationaler Ebene antreiben (Zeuner 2006). Eis und Moulin-Doos (2017) argumentieren, dass „politisches Handeln“ auf der europäischen Ebene meist in seiner individuellen Dimension der (privaten) gesellschaftlichen Verantwortung (Stichwort: post-politische Dimension) diskutiert wird. Supranationale Programme und Lehrplanempfehlungen machten zudem deutlich, dass Staatsbürgerschaft häufig auf das Innehaben von Rechten reduziert werde. In der Wissenschaft fehle es zugleich an Analysen globaler Machtkonflikte (ebd.). Basierend auf dieser Kritik wurde in den letzten Jahren das Konzept der *Europakompetenz* erarbeitet, das sich unter anderem auf folgende Fähigkeiten bezieht:

> „[...] europäische Entscheidungswege und Politikfelder verstehen und kritisch beurteilen zu lernen (Europa zu erlernen), europäische Bezüge im Alltag zu reflektieren, interkulturelles Lernen und Schüleraustausch zu fördern (Europa zu erfahren), methodische Kompetenzen zu erlernen, sich Informations- und Partizipationsmöglichkeiten zu erschließen, Inter-

> essenvertretungen zu kennen (in und für Europa handeln) und ein vereintes Europa als ‚Lebens- und Zukunftsperspektive' zu verstehen" (Eis 2015).

Die Entwicklung eines solchen europäischen Kompetenzmodells stößt jedoch auf unterschiedliche Herausforderungen. Am schwerwiegendsten dürfte sein, dass die EU-Mitgliedsstaaten nicht nur jeweils ein sehr unterschiedliches Verständnis von Bürgerschaft beziehungsweise politischer Bildung aufweisen, sondern zugleich andere Ziele verfolgen. Dies zeigt sich beispielsweise in Deutschland. Hier wird teils befürchtet, dass das Ziel einer gemeinsamen europäischen Identitätsbildung nicht ohne Vorbehalte mit dem Anspruch des Beutelsbacher Konsens vereinbar sei, eine Instrumentalisierung in Schule und Unterricht zu verhindern (ebd.).

Basierend auf einem unter deutschen Wissenschaftler*innen verbreiteten Verständnis von politischer Bildung – der Bildung und Erziehung von Individuen zu mündigen Bürger*innen, die ihre (politischen) Interessen verstehen und umsetzen können – entwickelt Eis (2010) Ideen für eine Adaption des Konstrukts im europäischen Kontext, das heißt einer europäischen Bürgerschaftsbildung:

> „Europäische Bürgerschaftsbildung – so der weitgehende Konsens der wissenschaftlichen Fachdidaktik – muss bei den politischen Kompetenzen der Lernenden ansetzen und die europäische Dimension in Politik- und Gesellschaftsbereichen mit ihren Konflikten verstehbar machen" (Eis 2015).

Ferner betont Eis (ebd.) die Notwendigkeit, dass Jugendliche und junge Erwachsene europapolitische Themen und Problematiken regional verorten, um bürgerschaftliche Urteils- und Handlungskompetenzen ausbilden zu können. Bürgerleitbilder und die Reflexion über politisch-demokratische Zugehörigkeit, Repräsentation und Partizipation sollten selbst einen Unterrichtsgegenstand bilden (Eis 2015). Auf der Grundlage dieser Überlegungen entwickelt Eis einen subjekt- und konfliktorientierten Ansatz, der eine kritische Analyse von Mechanismen der In- und Exklusion innerhalb der Prozesse der Europäisierung und Globalisierung miteinschließt. Auf diese Weise könne es gelingen, Erfolge sowie Misserfolge von Partizipation und sozialer Teilhabe im Kontext der europäischen Integration und Europäisierung kritisch in den Blickpunkt zu nehmen:

> „In der europapolitischen Bildung werden die eigenen Entgrenzungs- und Ausgrenzungserfahrungen reflektiert, z. B. europaweite Arbeitssuche, Benachteiligung von Minderheiten und soziale Interessenkonflikte in transnationalen (überstaatlichen) Demokratien analysiert (z. B. Einführung einer Steuer auf Finanztransaktionen)" (ebd.: 1).

Politische Bildung, die auf die Herausbildung einer europäischen Identität abzielt, weist nicht nur in Bezug auf die nationale, sondern ebenso in Bezug auf die kosmopolitische Identitätsbildung ein Spannungsverhältnis auf. Während Lösch (2009) davon ausgeht, dass europäische Identität und eine „postnationale" oder „kosmopolitische" Identität gegensätzlicher Natur sind, betrachtet Lichtenstein (2012) die beiden Identitätsperspektiven als durchaus miteinander vereinbar. Aus diesem Grund geht der Autor auch nicht von den häufig proklamierten Gefahren eines gemeinsamen Europaleitbildes aus, wie etwa Lösch (2009) sie anführt (z. B. Diskriminierungstendenzen durch Abgrenzung des europäischen „Wir" gegenüber den „Anderen"). Außerdem argumentiert Lichtenstein (2012), dass nicht *eine*, sondern *viele* europäische Identitätskonstruktionen innerhalb der Mitgliedsländer vorzufinden seien, welche jedoch weitestgehend harmonisch koexistierten. Als Hindernis für die Herausbildung einer gemeinsamen europäischen Identität charakterisiert der Autor die Abwesenheit europäischer Medien und die Dominanz der nationalen Berichterstattung in Bezug auf europapolitische Themen. Diesen Umstand führt Lichtenstein darauf zurück, dass ein national geprägtes Verständnis von europäischer Identität (als wirtschaftliche, politische oder kulturelle Union) fortwährend reproduziert werde. Zudem würden die Identitätskonstruktionen anderer Mitgliedsstaaten von Journalist*innen einseitig selektiert sowie interpretiert werden und fänden dadurch nur in reduzierter Weise Eingang in nationale Medien- und Diskurslandschaften (ebd.). Dies verhindere wiederum eine Konfrontation unterschiedlicher Deutungen europäischer Identität, aber auch eine gemeinsame Konstruktion derselben (ebd.). Der daraus resultierende „Scheinkonsens" erlaube es den Mitgliedsstaaten jedoch, europäische und nationale Identität in Einklang zu bringen, was letztendlich dem Zusammenhalt innerhalb der EU zuträglich sei (ebd.).

Globale Krisen bewirkten wiederum einen verstärkten Austausch der einzelnen nationalen Medien und beflügelten den öffentlichen Diskurs (ebd.). Allerdings führten Krisen selten zur offensiven Beschäftigung mit der europäischen Identitätsfrage. Insgesamt sei es wichtig, die Entwicklung einer europäischen Integration in partizipative Diskurse einzubetten:

> „Das integrative Pozential [sic] europäischer Identität liegt nicht in der Fixierung konkreter Bedeutungen, sondern im Prozess der gemeinsamen Suche nach Identität. Es entfaltet sich, wenn die Identitätskonstruktionen nicht in einer Vielzahl separater nationaler Debatten, sondern in miteinander verknüpften europäisierten Diskursen stattfinden, die auch die breite Bevölkerung einbinden" (ebd.).

Diskutiert wird die Relevanz der Herausbildung einer solchen Identität ebenfalls durch Verschiebungen in den Feldern Migration und Flucht (Osler 2020). Migrationsmuster in Europa haben sich im 21. Jahrhundert verändert. Dazu zählen beispielsweise die Migration aus den östlichen und mitteleuropäischen EU-Mitgliedsstaaten nach Westeuropa, verstärkte Bewegungen zwischen den Mitgliedsstaaten zum Studium oder zur Arbeit oder die wachsende Zahl von Geflüchteten, die aufgrund regionaler Konflikte und globaler Ungleichheiten in Europa Asyl suchen (ebd.). Vor diesem Hintergrund sind eindeutige Antworten auf Fragen der kulturellen oder nationalen Identität schwierig.

In der Forschung zur Umsetzung europäischer Standards und politischer Rahmenwerke zu Bildung und Migration offenbaren sich zudem Differenzen zwischen dem europäischen und dem nationalen Fokus politischer Bildung (ebd.). Diese manifestieren sich insbesondere in Bezug auf die europäische Standardsetzung im Bereich Menschenrechte und Demokratie sowie die Verantwortlichkeiten nationaler Regierungen in den Feldern Migration und Bildung, die sich in der Erziehung zur Staatsbürgerschaft zeigen. Die Umsetzung politischer Bildung innerhalb der EU wird vor diesem Hintergrund teils kritisch gesehen. Osler (2020) wendet beispielsweise ein, dass die europäische Geschichte der Rassifizierung und des Rassismus, in deren Kontext die (politische) Bildung steht, zu wenig einbezogen würden. Dies zeige sich auch in der einseitigen Perspektive der aktuellen Bildungspolitik auf Migration. So konzentrierten sich die europäischen Schulsysteme in erster Linie auf die Integration der neuen Schüler*innen (ebd.). Der primäre Schwerpunkt liege dabei auf dem Spracherwerb und der Übernahme nationaler Werte durch die Schüler*innen. Kaum berücksichtigt werde dagegen eine andere Perspektive: die Erziehung der Mehrheitsgesellschaft zu einer integrativen Staatsbürgerschaft und eine Sensibilisierung für den Rassismus und die alltäglichen Mikroaggressionen, denen neu zugewanderte Schüler*innen ausgesetzt sind (ebd.). Damit untergrabe die Erziehung zu Staatsbürgerschaft und Menschenrechten ihr eigenes erklärtes Ziel, Demokratie und soziale Gerechtigkeit zu ermöglichen (ebd.).

Allerdings berücksichtigt Osler nicht die verschiedenen Deutungen der Konzeptionen von *European Citizenship Education*, politischer Bildung oder *Citizenship Education* in den EU-Mitgliedsstaaten und den Lehrplänen – obwohl politische Bildung in den einzelnen Staaten sehr unterschiedlich verstanden und umgesetzt wird. Während die politische Bildung beziehungsweise *Citizenship Education* in den letzten Jahren verstärkt an Aufmerksamkeit gewann (Keating/Ortloff/Philippou 2009; Benhabib 2017), scheinen die unterschiedlichen Lehrpläne in Bezug auf politische Bildung hauptsächlich nationale Institutionen und Themen zu fokussieren. Politische Bildung wird hier eng mit der Legitimität einzelner Nationalstaaten innerhalb der EU verbunden. Alternative Institutionen und Konzeptionen wie *European Citizenship Education* oder *Global Citizenship Education* stellen die Inhalte der nationalen Lehrpläne vor neue Herausforderungen und hinterfragen zugleich die traditionellen Zielsetzungen, Zwecke und Annahmen der nationalstaatlichen Formen politischer Bildung in den EU-Mitgliedsländern (Keating/Ortloff/Philippou 2009). *European Citizenship Education* wird sowohl supranational als auch regional definiert und muss mit den daraus entstehenden Ambivalenzen umgehen. Zugleich zeigt sich, dass Nationalstaaten auf die mit *European Citizenship Education* verbundenen Erwartungen sehr unterschiedlich reagieren. *European Citizenship Education* wird in den Lehrplänen der EU-Mitgliedsländer verschieden definiert, was unter anderem auf die diversen regionalen und historischen Kontexte sowie auf supranationale politische Entwicklungen zurückgeführt werden kann (ebd.).

Vor diesem Hintergrund haben unter anderem Philippou et al. (2009) anhand unterschiedlicher qualitativer Fallstudien in Europa und darüber hinaus Veränderungen und Herausforderungen untersucht, mit denen sich die Politik und die Lehrpläne zur politischen Bildung und *European Citizenship Education* konfrontiert sehen. Die Autor*innen stellen unter anderem fest, dass in den untersuchten Ländern die supranationale Staatsbürgerschaft und die Beziehung zur nationalen Staatsbürgerschaft auf unterschiedliche Weise konzeptualisiert werden. Lehrpläne konzentrierten sich zu oft auf den Nationalstaat und nutzten die europäische Staatsbürgerschaft als Mittel zum Ausschluss von Nichteuropäer*innen (ebd.; Keating/Ortloff/Philippou 2009). Dies stützt Argumente von Studien, die die Schwierigkeiten einer gemeinsamen europäischen Identität betonen, da Europa gekennzeichnet sei durch „erhebliche politische, ökonomische, soziale, regionale, sprachliche und kulturelle Unterschiede“ (Zeuner 2006). *European Citizenship Education* werde in der Praxis auf die Grundannahmen einer *Citizenship* reduziert, das heißt auf Überlegungen einer gemeinsamen nationalstaatlich geprägten Identität (ebd.: 85).

Weiterführendes

European Institute – Is there a European Identity?: https://www.youtube.com/watch?v=Qc-MRfNgjDc

European Commission – European Identity from a non-EU Perspective: https://www.youtube.com/watch?v=UTfwO_9rNQg

5 Nichtregierungsorganisationen (NGOs) und Stiftungen

Übungsfragen

- Wie hat sich die Rolle von NGOs und Stiftungen in den letzten Jahren verändert?
- Inwiefern nehmen Stiftungen und NGOs Einfluss auf Bildungssysteme weltweit?
- Welche positiven Aspekte bringen NGOs und Stiftungen für die politische Bildung an der Schule?
- Welche potenziellen Probleme birgt nichtstaatliches Handeln in der politischen Bildung im Spannungsverhältnis zu staatlicher Bildung?
- Welche Kritik wird an dem Handeln von „westlichen" NGOs und Stiftungen in Ländern des Globalen Südens geäußert?

Im letzten Jahrzehnt wurde in verschiedenen Ländern eine zunehmende Beteiligung von Organisationen des dritten Sektors (insbesondere NGOs) an öffentlichen Bildungssystemen beobachtet (Kolleck/Yemini 2019). Dieser enorme Zuwachs an externen nichtstaatlichen oder philanthropischen Organisationen in Schulen ist mit einem globalen Trend zur Dezentralisierung und Privatisierung im Bildungssektor verbunden. In dem Maße, in dem diese neuen Akteure in Bildungssystemen weltweit an Bedeutung und Sichtbarkeit gewinnen, stellen sich Fragen nach den damit verbundenen Risiken und/oder Vorteilen für Schulen und Schüler*innen beziehungsweise die im Bildungswesen tätigen Akteure. In den letzten Jahren ist zwar eine zunehmende Forschung zur Einbindung solcher externen Akteure in die Schulbildung in Ländern des Globalen Südens (u.a. Edwards 2015; Kamat 2004) sowie zu gewinnorientierten nichtstaatlichen Akteuren weltweit (Lubienski 2013) zu verzeichnen. Zum Engagement von NGOs oder Organisationen des dritten Sektors in Schulen sowie den Interaktionen zwischen öffentlichen Schulen und nichtstaatlichen Akteuren existieren bisher jedoch wenige systematische Studien (Kappauf/Kolleck 2018b; Eyal/Berkovich 2019; Glazer/Groth/Beuche 2019; Kolleck 2019; Kolleck/Yemini 2019; Peurach/Cohen/Spillane 2019; Verger 2019).

Das vorliegende Kapitel widmet sich der Rolle von NGOs und Stiftungen in Bildungssystemen und in der politischen Bildung. Zu Beginn werden zentrale Begriffe (NGO, Stiftung, Philanthropie) eingeordnet und definiert. Anschließend wendet sich das Kapitel den Intentionen, Zwecken und Funktionen der nichtstaatlichen Akteure in den Feldern Bildung, Erziehung und Politik zu, um daraufhin die Herausforderung des nichtstaatlichen Handelns in der (politischen) Bildung zu diskutieren. Ein vierter Abschnitt gibt einen kurzen Überblick über Forschungen zu deutschen Stiftungen in der politischen und demokratischen Bildung in Deutschland, um dann, im fünften Abschnitt, Initiativen von Stiftungen und NGOs im Feld von Bildung und Demokratie einzuordnen. Das sechste Unterkapitel wendet sich der speziellen Rolle politischer Stiftungen zu. Abschließend werden kurz unterschiedliche Perspektiven auf NGOs in Schulen und Bildungssystemen im internationalen Kontext vorgestellt.

5.1 Stiftungen, NGOs, dritter Sektor und Philanthropie – eine Begriffsbestimmung

NGOs sind in verschiedenen Politik- und Themenfeldern wie unter anderem Entwicklung, Menschenrechte, Umwelt, Konfliktlösung, Kulturerhalt, Politikanalyse, Forschung oder Technologie aktiv (Lewis 2010). Je nach Land, kulturellem Kontext und Autor*in werden NGOs teils auch als Nonprofit Organizations (v.a. USA), Voluntary Organizations oder Civil Society Organizations (beide vor allem UK) bezeichnet (ebd.). Bisher hat sich keine allgemein akzeptierte Definition von NGOs durchgesetzt, was auch darauf zurückzuführen ist, dass NGOs je nach Gesellschaft und Funktion unterschiedliche Rollen, Organisationsformen, Erwartungen und Aufgaben erfüllen (ebd.) beziehungsweise je nach nationalem und historischem Kontext unterschiedlich wahrgenommen werden.

Die Definitionen, welche Art von Organisationen als „NGOs" bezeichnet werden können, variieren auch in der wissenschaftlichen Literatur. Parsons und Hailes (2004) verstehen NGOs als selbstverwaltete Organisationen, die nicht von der Regierung abhängig sind, ohne Gewinnstreben arbeiten und zumindest einen Teil ihrer Einnahmen aus Spenden generieren. Ichilov (2012) verwendet den Begriff NGOs für ein Netzwerk von Interessengruppen ohne formale Vertretung, die oft philanthropische und karitative Ziele verfolgen. Andere Wissenschaftler*innen weisen darauf hin, dass viele NGOs Akteure des privaten Sektors sind, die auch im Bildungsbereich tätig sind. Ihre Motive für ein Engagement im Schulbereich sind nicht immer ausschließlich philanthropischer Natur, sondern können auch finanzieller Natur sein (Rose 2009). Darüber hinaus nehmen NGOs verschiedene Rollen ein, um die Bereitstellung von Bildungsdienstleistungen zu unterstützen. Einige üben Druck auf die Regierungen aus, damit diese ihrer Verpflichtung zur Bereitstellung von Bildung für alle nachkommen. Andere führen verschiedene Programme durch, um die Qualität der öffentlichen Bildung zu verbessern. Dementsprechend sind NGOs nicht nur selbst eng in das Bildungssystem eingebunden, sondern werden durch die Bereitstellung grundlegender Funktionen, wie etwa Bildungsmöglichkeiten für Schüler*innen, die aus dem öffentlichen Schulsystem herausgefallen sind, zu notwendigen Akteure (ebd.).

Eine überzeugende Definition erarbeitete dennoch Martens (2012). Auf der Grundlage einer differenzierten Auseinandersetzung mit den unterschiedlichen Verständnissen von NGOs gelingt es ihr, sowohl die juristische als auch die soziologische Perspektive präzise zusammenzufassen:

> „NGOs are formal (professionalized) independent societal organizations whose primary aim is to promote common goals at the national or the international level" (ebd.: 282).

Die Einbindung von NGOs in Schulsysteme wird mit verschiedenen Vorteilen verbunden. So verfügen die Mitarbeiter*innen von NGOs in der Regel über Erfahrungen mit wettbewerbsorientierten Strukturen und modernen Organisationen, was sie in die Lage versetzt, die heutigen Erwartungen an Organisationsstrukturen und Arbeitspraktiken besser zu verstehen und ihre eigene Position im neuen Wettbewerb auf dem Bildungsmarkt besser zu vertreten. Darüber hinaus sind NGOs häufig weniger hierarchisch und flexibler organisiert, sodass ihr Handeln im Vergleich zu staatlichen Dienstleistern effizienter erscheint. Schließlich ist es nicht ungewöhnlich, dass NGOs auf gesellschaftliche Bedürfnisse und Anforderungen schneller reagieren als staatliche Schulen (Callet 2010; DeStefano/Schuh Moore 2010; Patrinos/Barrera-Osorio/Guáqueta 2009). Aus diesen Gründen werden in der verstärkten Beteiligung von Organisationen des privaten Sektors und von NGOs am öffentlichen Schulsystem auch in der wissenschaftlichen Literatur Chancen gesehen; insbesondere bei der Modernisierung des Schulmanagements, die die Übernahme von Prinzipien aus dem privaten und gemeinnützigen Sektor in die Schulen mit sich bringe (Kowalski 2010).

Zugleich werden gerade in der wissenschaftlichen Literatur jedoch nicht nur Vorteile, sondern auch Nachteile mit der Einbindung von NGOs in Schulsysteme in Verbindung gebracht. So wird zum Beispiel argumentiert, dass die zunehmende Macht von NGOs in Schulen und Schulsystemen eine unkontrollierte Privatisierung von Bildung mit sich bringt, den Staat aus seiner Verantwortung für die öffentliche Bildung entlässt und damit die sozialen Ungleichheiten zwischen den Schüler*innen verstärkt (z.B. Patrinos/Barrera-Osorio/Guáqueta 2009). Haugh und Kitson (2007) sehen in der Bereitstellung wichtiger sozialer Dienstleistungen durch Akteure des dritten Sektors eine Bedrohung für Bildungsgerechtigkeit und Chancengleichheit. Berkovich und Foldes (2012) weisen darauf hin, dass Organisationen, die von öffentlichen Mitteln profitieren, leichter Zugang zur Mittelschicht haben als zu armen Bevölkerungsschichten. Infolgedessen neigen sie dazu, ihre Basis in wohlhabenderen Vierteln zu errichten, wodurch sie die soziale Ungleichheit verschärfen und letztlich sogar gegen ihre eigene Vision und Mission handeln (ebd.). Auch Feuerstein (2001) argumentiert, dass das Engagement von Wirtschaftsorganisationen vor allem wohlhabenderen Schulen zugutekomme, während benachteiligte Schulen oft leer ausgehen. Dies vergrößere die soziale Ungleichheit eher, als dass es zu ihrer Beseitigung beiträgt. Rose (2010) weist auf Widersprüche in den sozialen Zielen von NGOs hin, die sich aus der Ausnutzung von Freiwilligen mit unterschiedlichem Engagement und Fähigkeiten ergeben.

Der Begriff „Stiftung" wird in der Literatur nicht einheitlich definiert. Als Stiftung wird vielmehr eine Reihe unterschiedlicher Organisationen und Organisationsformen bezeichnet, die sich auf verschiedene Rechtsformen und Typen von Stiftungen beziehen (Bundesverband Deutscher Stiftungen 2021b). In Deutschland sind meist rechtsfähige Stiftungen bürgerlichen Rechts oder Treuhandstiftungen gemeint, wenn von Stiftungen die Rede ist (ebd.). Aber auch andere Rechtsformen wie eine Stiftungs-GmbH oder ein Stiftungsverein können unter dem Begriff verstanden werden (ebd.). In der politischen Bildung werden mit Stiftungen oft die sogenannten „politischen Stiftungen" (Lepszy 2000) bezeichnet. Fast alle politischen Stiftungen sind gemäß ihrer Rechtsform allerdings keine rechtsfähigen Stiftungen bürgerlichen Rechts, sondern Vereine. Der Bundesverband Deutscher Stiftungen, das heißt die zentrale Interessenvertretung der deutschen Stiftungen, definiert eine rechtsfähige Stiftung bürgerlichen Rechts wie folgt:

> „Die rechtsfähige Stiftung bürgerlichen Rechts entsteht mit Anerkennung durch die Stiftungsaufsichtsbehörde. Dazu muss der Stifter ein sog. Stiftungsgeschäft und eine Stiftungssatzung aufsetzen. Im Stiftungsgeschäft bekundet er seinen Willen, ein bestimmtes Vermögen in die Stiftung einzubringen, in der Satzung regelt er die nähere Ausgestaltung der Stiftung, wie z. B. den Zweck der Stiftung, die Anzahl der Organe und ihre Aufgaben etc." (Bundesverband Deutscher Stiftungen 2021a).

Insgesamt weisen Stiftungen in Bezug auf Variablen wie Ressourcen, Programmatik, Handlungsfelder und Größe eine große Varianz auf, sodass teils argumentiert wird, dass sie schwer unter einem Akteurstyp subsumiert werden können (Kolleck/ Bormann/Höhne 2015). Aufgrund ihrer Gemeinnützigkeit sind Stiftungen relativ unabhängige Akteure; sie haben einen geringeren ökonomischen Druck als die meisten Unternehmen, sind unabhängig vom Wählerwillen und stoßen meist auf nicht so große Erwartungshaltungen der Öffentlichkeit und der im Bildungswesen Tätigen. Zudem müssen Stiftungen das Neutralitätsgebot und den Gleichbehandlungsgrundsatz nicht zwingend beachten (Striebing 2017a). Während in der Literatur teils argumentiert wird, dass die genannten Punkte die Attraktivität von Stiftungen als Kooperationspartner steigerten (ebd.), wird an anderer Stelle auf eine Skepsis gegenüber dem Engagement von Stiftungen im Bildungsbereich verwiesen (Kolleck/ Yemini 2019). Diese bezieht sich häufig auf den Verlust staatlicher Kontrolle über Bildungsangebote oder auf Bedenken, dass externe Bildungsanbieter nicht im Sinne der staatlichen Bildungsziele agierten (z. B. Gleichheit durch Bildung herzustellen) und sich beispielsweise nicht ausreichend kooperativ gegenüber Lehrkräften zeigten (ebd.). Die geschilderten Merkmale gelten für Stiftungen in Deutschland. Im internationalen Sprachraum werden Stiftungen häufig unter dem Terminus „NGOs“ beziehungsweise Nichtregierungsorganisation subsumiert. Dies liegt unter anderem an der Mehrdeutigkeit des Begriffs *foundation* in der englischen Sprache. NGOs können demnach als Oberbegriff verstanden werden, der ein breites Spektrum an Akteuren umfasst und auch Stiftungen miteinschließt.

Stiftungen und NGOs werden oft mit dem Konzept des „dritten Sektors“ in Verbindung gebracht. In der wissenschaftlichen Literatur wird dieser zur Abgrenzung von den anderen Sektoren Staat und Wirtschaft verwendet (Backhaus-Maul/Mutz 2005). Nach Defourny (2001) kann der dritte Sektor definiert werden als

> „socio-economic initiatives which belong neither to the traditional private for-profit sector nor to the public sector“ (ebd.: 1).

In der Literatur über Stiftungen ist außerdem der Begriff der „Philanthropie“ zu finden, der nicht deckungsgleich ist mit dem des dritten Sektors. Dass die beiden Begriffe dennoch teilweise gleichgesetzt werden, ist darauf zurückzuführen, dass Organisationen des dritten Sektors den Großteil der philanthropischen Zuwendungen erhalten (ebd.). Unter Philanthropie wird nach Barman (2017) jedoch allgemein das „private giving for public purposes“ (ebd.: 272) verstanden. Da philanthropisches Handeln in Stiftungen münden kann, können Stiftungen nach Jung und Harrow (2019) als eine Form der institutionalisierten Philanthropie betrachtet werden. Seit einigen Jahren wird in der Forschung eine Tendenz zur *Venture Philanthropy* beobachtet. Darunter ist eine Adaption wirtschaftlicher Strategien und Mechanismen im philanthropischen Bereich zu verstehen, die teils bis in den Bildungssektor hinein reicht (Saltman 2010; Scott 2009; Zeichner/Pena-Sandoval 2015).

5.2 Intentionen, Zwecke und Funktionen nichtstaatlichen Handelns in den Feldern Bildung, Erziehung und Politik

In den letzten Jahrzehnten haben sich Organisationen des dritten Sektors zu zentralen gesellschaftlichen Kräften in vielen Ländern weltweit entwickelt. Viele von ihnen engagieren sich im Wirkungsfeld „Bildung und Erziehung“ (Ferris 2009; Kolleck/Bormann/Höhne 2015; Berkovich/Foldes 2012) und sind im öffentlichen Bildungswesen tätig (Bulkley/Burch 2011). Der sogenannte „Stiftungsboom“ bewirkte einen rasanten Zuwachs an Bildungsstiftungen in Deutschland (konkret: eine Versechsfachung im Zeitraum 1980 bis 2013) mit erheblichen Implikationen für die Schulsysteme (Striebing 2017a). Mit 34,7% war der Anteil des Stiftungszwecks „Bildung“ im Jahr 2020 der zweitwichtigste für Stiftungen, gefolgt vom Stiftungszweck „Gesellschaft“ (Bundesverband Deutscher Stiftungen 2020). Im Bereich der Demokratieförderung ist der Bildungsanteil noch größer. Einer Umfrage des Bundesverbands Deutscher Stiftungen zufolge verfolgen 68,3% der Stiftungen, die in der Demokratieförderung tätig sind, Stiftungszwecke mit Bezug zu Bildung und Erziehung (Ratajszczak/Sunken 2018). Das wachsende Engagement dieser Organisationen im Bildungsbereich wird in der Literatur nicht selten auf ihre Fähigkeit zurückgeführt, staatliche Mängel bei der effektiven und effizienten Bereitstellung von Dienstleistungen zu beheben (DeStefano/Schuh Moore 2010). Anhand diverser Beispiele lässt sich illustrieren, dass Stiftungen sichtbar in Schulen, aber auch auf Bildungs- und Schulsysteme wirken und eigene Ziele durchsetzen. Diese verstärkte Anteilnahme von Stiftungen im Feld von Bildung und Erziehung ist nicht zuletzt auch auf den Rückzug des Staates zurückzuführen. Dieser bewirkte eine wachsende Bedeutung privater, zivilgesellschaftlicher und insbesondere multinational aktiver Akteure in Politikfeldern, die zuvor allein von staatlichen Institutionen bestimmt wurden (Kolleck 2011) und führte zu neuen Formen der Kooperation, aber auch zu Konflikten zwischen staatlichen und nichtstaatlichen Akteuren im Bildungsbereich.

> „Diese Dialektik von Regulierung und Deregulierung geht einher mit einer De-Institutionalisierung (selektiver Rückzug des Staates) und einer gleichzeitigen Re-Institutionalisierung (neue Akteure kommen ins Spiel). Durch klar artikulierte Reformen ermöglichte Innovationen im Bildungssystem werden in oftmals komplementären, konflikthaften, aber auch konsensualen Prozessen hergestellt, die in folgenreiche Neukonfigurationen von Akteuren, ihren Praktiken und den Deutungen ihrer Funktionen münden" (Kolleck/Bormann/Höhne 2015: 793).

Der zunehmende Einfluss von Stiftungen auf Bildung und Erziehung wird in der Literatur häufig mit der Privatisierung öffentlicher Aufgaben sowie neuen Formen der Steuerung in Verbindung gebracht (Höhne 2016) und als Reaktion auf internationale Leistungsvergleichsstudien interpretiert, die eine Öffnung staatlicher Schulen für private Akteure (Striebing 2017a) und eine Ökonomisierung des Schulsystems erleichterten (Höhne 2020). Diese Beobachtungen konnten nicht allein in Bezug auf Deutschland gemacht werden, sondern ebenso in Ländern wie den USA (Reckhow 2015) oder Israel (Berkovich/Foldes 2012).

Das Handeln und die Ziele nichtstaatlicher Akteure im Bildungssektor sind sehr divers und lassen sich – ebenso wie die Motive und Intentionen von NGOs – kaum verallgemeinern. Hinter dem Handeln der NGOs steht neben Altruismus, öffentlicher Anerkennung, Umsatz- und Gewinnsteigerung, steuerlichen Vorteilen (Seitanidi/Ryan 2007) auch eine Erhöhung der eigenen gesellschaftlichen Legitimität oder die Intention, den eigenen Einfluss zu maximieren (Ball 2008; Brinkerhoff 2002). Es deutet sich bereits an, dass Organisationen des dritten Sektors – und speziell Stiftungen – eine Vielzahl von unterschiedlichen Rollen einnehmen (Kolleck/Brix 2016). Einige sind in erster Linie in der Lobbyarbeit tätig und üben Druck auf Regierungen aus – häufig verfolgen diese Ziele, die auf eine Verbesserung der Chancengleichheit ausgerichtet sind. Viele möchten zudem die Qualität der öffentlichen Bildung verbessern oder wirken direkt innerhalb von Bildungseinrichtungen; oft mit der Intention, für diejenigen Schüler*innen Bildungschancen zu verbessern, die in der formalen staatlichen Schulbildung bisher benachteiligt wurden. Insgesamt kann festgestellt werden, dass sich die Rollen der im Bildungsbereich tätigen Organisationen seit einigen Jahren weltweit verschieben und Schulen zunehmend mit non-formale Bildungsakteuren kooperieren (DiMartino 2014).

Darüber hinaus werden vermeintlich identische Ziele häufig mit unterschiedlichen Methoden verfolgt. Dies zeigt sich beispielsweise in der Demokratieförderung oder der Unterstützung der Zivilgesellschaft in Ostmitteleuropa, die von den verschiedenen NGOs sehr unterschiedlich vertreten werden (Berkovich/Foldes 2012). Freise (2005) führt diese unterschiedlichen Herangehensweisen auf kulturelle und demokratietheoretische Aspekte zurück, die aus seiner Perspektive für Stiftungen prägend sind. So kooperierten beispielsweise deutsche und kontinentaleuropäische Stiftungen, die sich für die Demokratieförderung in Ostmitteleuropa einsetzten, in der politischen Bildung eher mit Partnerorganisationen vor Ort und forcierten zudem eine enge Zusammenarbeit zwischen Staat und Gesellschaft (ebd.). Viele der finanzstarken angloamerikanischen Stiftungen versuchten hingegen unabhängig vom Staat Einfluss auszuüben. Hier würde eher die Perspektive eingenommen, dass Stiftungen als Teil einer unabhängigen Zivilgesellschaft staatliches Wirken kontrollierten (ebd.).

5.3 Herausforderungen nichtstaatlichen Handelns in der (politischen) Bildung

In der wissenschaftlichen Literatur werden in der Wirkung von Stiftungen im Feld von Bildung und Erziehung viele Vorteile und Chancen erkannt. Dazu zählt nicht allein der Abbau von Bildungsungleichheiten, sondern ebenfalls die Förderung von Innovationen, die Öffnung von Schulen und die stärkere Orientierung am „Gemeinwohl“ (Kolleck 2017; Kolleck/Brix 2017; Kolleck 2019; Kolleck/Bormann/Höhne 2015). Allerdings geht die wachsende Beteiligung nichtstaatlicher Akteure an der Erbringung öffentlicher Dienstleistungen auch mit Nachteilen einher. Viele erkennen in der nichtstaatlichen Beteiligung an der Bereitstellung öffentlicher Bildung die Gefahr einer verminderten staatlichen Kontrolle (Tamir/Yemini/Tucker 2019). In Ländern mit einem stark ausgebauten privaten Schulwesen könnten ärmere Schüler*innen zudem in den sich verschlechternden öffentlichen Schulen zurückbleiben, da viele von ihnen nicht von der (finanziellen) Unterstützung besser gebildeter Eltern profitierten (Yemini/Cegla/Sagie 2017). Da Bildung eine wichtige Rolle für staatliche Steuerung im Bereich sozialer Mobilität und für eine größere Chancengerechtigkeit spiele, würde die Beteiligung des dritten Sektors an der Erbringung von Bildungsdienstleistungen die Umsetzung dieser Steuerung in Bezug auf Zugangs- und Teilhabechancen im Bildungsbereich gefährden (Lubienski/Perry 2019).

Darüber hinaus zeigt sich, dass die Beteiligung nichtstaatlicher Akteure teils auf den Widerstand bestimmter Interessengruppen stößt (Kolleck 2020b). Insbesondere wurde beobachtet, dass Lehrkräfte beziehungsweise pädagogische Mitarbeiter*innen die „externen" Akteure in Schulen als nicht konform mit den gemeinsamen Zielen in ihren Teams oder Schulen betrachten (ebd.). Mit großer Skepsis werden vor allem direkte Einwirkungen von Stiftungen und NGOs in Schulen betrachtet. Nicht zuletzt sind die Erarbeitung und Umsetzung der Programme und Ziele von NGOs und Stiftungen abhängig von finanziellen Ressourcen – die häufig auf Spenden basieren. Somit bestehe die Gefahr eines „donor interest bias" (AbouAssi 2013: 598), der bewirke, dass sich das Handeln von Stiftungen und NGOs an den Interessen der Spender*innen orientiere. Ferner wird argumentiert, dass Stiftungen nicht an Inhalte und Maßstäbe der politischen Bildung wie das Neutralitäts- oder Kontroversitätsgebot gebunden seien. Die durch Stiftungen oder NGOs in Schulen gebrachte Bildung sei demnach nicht neutral genug, da sie meist explizit die Werte und Normen der jeweiligen Stiftung vertrete und sich gezielt die passenden Partner suche, um den eigenen Einfluss zu maximieren (Adick/Giesemann 2014). Dies trifft vor allem auf politische sowie gewerkschafts- und unternehmensnahe Stiftungen zu.

Exkurs: Interaktion zwischen Schulen und NGOs

Ein Sonderheft des *Journals of Educational Administration* (Kolleck/Yemini 2019) vereint Beiträge von Wissenschaftler*innen weltweit, die sich mit den Interaktionen zwischen Schulen und freiwilligen und philanthropischen Organisationen (bzw. dem dritten Sektor) im Bildungswesen auseinandersetzen. Konkret untersuchen die Beiträge in dem Sonderheft empirisch und theoretisch die Interaktionen und sozialen Beziehungen zwischen öffentlichen Schulen und Organisationen des dritten Sektors in verschiedenen Ländern und Bildungskontexten und skizzieren darüber hinaus Wege für zukünftige Forschung (Sleegers 2019). Es finden sich Beiträge mit innovativen theoretischen Konzeptualisierungen, methodischen sowie theoretischen Ansätzen und aktuellen empirischen Befunden zur Wirkung von Stiftungen in unterschiedlichen Ländern. Diskutiert werden die empirischen und theoretischen Konsequenzen für die zunehmende Einbindung von Organisationen des dritten Sektors in öffentliche Bildungssysteme.

Die in unterschiedlichen Ländern durchgeführten Fallstudien zeigen, dass die Modalitäten der Beteiligung von NGOs und Stiftungen in Bildungssystemen (Tamir/Yemini/Tucker 2019), aber auch ihre Einflussnahmen (Kolleck 2019), vielschichtig sind. Sie reichen von Initiativen, mit denen die Politikgestaltung beeinflusst werden soll, bis hin zu spezifischen Dienstleistungen (z. B. die Verwaltung öffentlicher Schulen oder die Unterstützung von Schulen mit neuen Unterrichtsmaterialien). Zudem tragen sie zur Weiterentwicklung theoretischer Ansätze bei (Glazer/Groth/Beuche 2019; Peurach/Cohen/Spillane 2019), wobei insbesondere der Beitrag von Peurach et al. (2019) zeigt, dass künftige Studien, die sich mit der Beteiligung von Organisationen des dritten Sektors in der Bildung befassen, historische Aspekte sorgfältig mit einbeziehen sollten. Zusammenfassend zeigen die Beiträge, wie Partnerschaften zwischen Schulen und NGOs die Bildungssysteme in vielen Ländern verändern. Die Studien machen darauf aufmerksam, wie diese Kooperationen nach ihrer Einführung zu unethischem oder eigennützigem Verhalten neigen (Eyal/Berkovich 2019), Ressourcenabhängigkeit erzeugen und dazu tendieren, zuvor gesetzte Ziele (bspw. Bildungsgerechtigkeit) zu verfehlen (Lubienski/Perry 2019). Vor allem in Fällen geringer staatlicher Aufmerksamkeit oder Aufsicht laufen sie damit Gefahr, eine Fragmentierung von Bildungssystemen zu bewirken und Bildungsungleichheit zu stärken (Verger 2019).

5.4 Forschung zu Stiftungen und politischer sowie demokratischer Bildung in Deutschland

In der politischen Bildung Deutschlands spielen Stiftungen eine (zunehmend) bedeutendere Rolle. Dies trifft insbesondere für den außerschulischen Bereich zu, aber auch in Schulen zeigen sich Stiftungen als einflussreiche Akteure in der politischen Bildung und Demokratiebildung. Zugleich sind die Themen politische Bildung und Demokratieförderung relevant für die Arbeit der Stiftungen. Eine Studie des Bundesverbands deutscher Stiftungen zu Stiftungen im Bereich Bildung und Demokratie weist darauf hin, dass die deutliche Mehrzahl der Stiftungen in Deutschland, das heißt 90%, die Förderung der Demokratie beziehungsweise der demokratischen Kultur und eines toleranten Miteinanders als ihre dezidierte Aufgabe wahrnehmen (Ratajszczak/Sunken 2018). 42,3% aller befragten Stiftungen geben an, selbst operativ Projekte zur Förderung der Demokratie durchzuführen oder Projekte zu diesem Themenfeld zu fördern und 46% teilen die Wahrnehmung, dass die Relevanz des Themas in den letzten Jahren zugenommen hat (ebd.). Auch die Hauptzielgruppe der im Feld der Demokratieförderung tätigen Stiftungen weist auf die Relevanz von Bildung und Erziehung (sowie Sozialisation) hin: Schüler*innen und die allgemeine Öffentlichkeit zählen zu den wichtigsten Adressaten der Stiftungen (ebd.).

Die Relevanz von Stiftungen in der Praxis der politischen Bildung sowie die Bedeutung des Gegenstands politischer und demokratischer Bildung für das Stiftungshandeln spiegeln sich allerdings bisher selten in der Forschung wider. Bisher gibt es nur wenige Forschungsarbeiten, die sich explizit mit Stiftungen in der politischen Bildung auseinandersetzen. Diese unzureichende Datenlage wird durch die Tatsache verstärkt, dass es dem Stiftungswesen in Deutschland an Transparenz mangelt und nur wenige Informationen für Wissenschaft sowie Öffentlichkeit nutzbar sind (Striebing/Kolleck 2014). Öffentlich zugängliche Daten zu Themenfeldern wie der politischen Bildung und Demokratiebildung scheinen gänzlich zu fehlen (Bischoff/Hagedorn 2014). Die mangelnde Transparenz des Stiftungshandelns ist allerdings nicht universell, sondern in dieser Gestalt nur in Deutschland zu beobachten – dem Land mit der zweitgrößten Stiftungsdichte weltweit (Kolleck 2017). Andere, teils viel liberalere Länder mit einem starken Stiftungswesen – beispielsweise die USA oder Großbritannien – weisen ein viel größeres Ausmaß an Transparenz, Rechenschaftspflicht und Haftbarkeit von Stiftungen auf (Striebing/Kolleck 2014). Trotz langhaltender Kritik unterliegen Stiftungen in Deutschland weiterhin einer vergleichsweise geringen Rechenschaftspflicht (ebd.). Dies führt einerseits zu Zweifeln an der (demokratischen) Legitimation des Handelns von Stiftungen beziehungsweise NGOs in der (politischen) Bildung (Striebing 2017b; Klein 2002) und wirkt sich andererseits auf die Forschung zum deutschen Stiftungswesen aus. So sind die Institutionen, die zum deutschen Stiftungswesen forschen, unmittelbar mit mangelnder Transparenz und fehlenden Datenzugängen konfrontiert.

Die meisten der zum Stiftungswesen erhobenen Daten gehen auf den Bundesverband Deutscher Stiftungen zurück – die zentrale Interessenvertretung der Stiftungen in Deutschland. Auf der Webseite des Bundesverbands, in Broschüren und über diverse weitere öffentlichkeitswirksame Kanäle informiert der Verband allgemeinverständlich und übersichtlich über die Ergebnisse der eigenen Erhebungen (Bundesverband Deutscher Stiftungen 2021c). Hier sind mitunter spannende Einblicke in die deutsche Stiftungswelt zu finden, die einen guten Überblick über aktuelle Entwicklungen und Desiderate geben – auch wenn die Ergebnisse unter Vorbehalten zu interpretieren sind. Wissenschaftler*innen und der allgemeinen Öffentlichkeit wird weder ein Einblick in die Daten ermöglicht, noch werden alle Informationen über zentrale wissenschaftliche Kriterien der Studien des Verbands publiziert. Zudem kann eine Unabhängigkeit der Forschung des Bundesverbands nicht angenommen werden – nicht zuletzt zählt es zu seiner primären Aufgabe, die Interessen des deutschen Stiftungswesens zu vertreten.

Neben dem Bundesverband wird auch von dessen Tochtergesellschaft „Zivilgesellschaft in Zahlen“ systematische Forschung zum deutschen Stiftungswesen betrieben. Dieser führt regelmäßig repräsentative Befragungen unter zivilgesellschaftlichen, gemeinnützigen Organisationen in Deutschland durch (ZiviZ 2018). Dafür werden deutsche Vereine, Stiftungen, Genossenschaften, Kapitalgesellschaften und gemeinnützige Gesellschaften mit beschränkter Haftung befragt. Zur Ermittlung der Stichproben wird auf öffentlich zugängliche Verzeichnisse zurückgegriffen, wobei Stiftungen nur eine kleine Gruppe der Befragten ausmachen. Im Juni 2017 wurden beispielsweise von 6334 Organisationen insgesamt 824 Stiftungen befragt (Priemer/Krimmer/Labigne 2017). Die Stichprobe der Stiftungen wurde anhand des Verzeichnisses Deutscher Stiftungen 2014 des Bundesverbands Deutscher Stiftungen generiert, das insgesamt 21.424 Stiftungen umfasst. Bei der Befragung wurde neben anderen Themen auch das Engagement der zivilgesellschaftlichen Organisationen im Bildungsbereich untersucht (Koranyi/Kolleck 2020).

Ein weiterer beachtlicher Anteil der Forschung zum deutschen Stiftungswesen sind Studien, die von Stiftungen in Auftrag gegeben oder von operativ tätigen Stiftungen selbst erarbeitet wurden. Jedoch stehen auch hier Themen der politischen Bildung selten im Mittelpunkt. Prominente Beispiele für Stiftungen, die eigene Studien zum deutschen Stiftungswesen – teils in Kooperation mit namenhaften Wissenschaftler*innen – durchführen, sind die Maecenata Stiftung oder die Bertelsmann Stiftung. Die Maecenata Stiftung versteht sich selbst als unabhängigen *ThinkTank*, der sich vornehmlich mit Themen wie Stiftungen, Zivilgesellschaft, Bürgerengagement und Philanthropie beschäftigt (Maecenata Stiftung 2021b). Relevant für die politische Bildung sind in diesem Kontext beispielsweise die Veröffentlichungen der Maecenata Stiftung zur „Förderung politischer Partizipation durch gemeinnützige Stiftungen" (Maecenata Stiftung 2021a) und die „StifterStudie" (2010) der Bertelsmann Stiftung. Letztere eruierte die Ziele, Motive und Erfahrungen von Stifter*innen (Bertelsmann Stiftung 2020).

Viele der Studien, die zu Fragen des deutschen Stiftungswesens in Auftrag gegeben wurden, sind an der Forschungsstelle „Centrum für Soziale Investitionen und Innovationen" der Ruprecht-Karls-Universität Heidelberg oder der Hertie School of Governance (eigenfinanziert durch die Hertie Stiftung) angesiedelt (Ruprecht-Karls-Universität Heidelberg 2021). Dort arbeiten Teams aus mehreren Wissenschaftler*innen zu Themen der Stiftungsforschung – teils mit Bezug zu Fragen der politischen Bildung sowie Demokratie und Bildung (ebd.).

5.5 Initiativen von Stiftungen und NGOs im Feld von Bildung und Demokratie

Bei der Umsetzung der Projekte von Stiftungen, die sich mit politischer Bildung und Demokratieförderung beschäftigen, lassen sich zwei Ebenen unterscheiden: die operative Ebene (aktives Handeln) und die fördernde oder passive Ebene (indirektes Handeln durch Engagement innerhalb der Organisation) (Hummel 2017). Die erste, operative Ebene umfasst Tätigkeiten wie die Vermittlung von Wissen über Politik, die Ausbildung in politischer Bildung oder die Befähigung zu politischem Handeln. Zu der praktischen Implementierung dieses Bereichs zählen unter anderem die allgemeinverständliche Kommunikation von (wissenschaftlichen) Inhalten oder die Erstellung von Schulmaterialien und Bildungsprogrammen (ebd.). Ebenfalls dieser Ebene zugeordnet wird die Förderung demokratischer Werte und Kompetenzen, die unter anderem durch Seminare, Fortbildungen, Projekte oder Initiativen (bspw. Bürgerhaushalte, Kinderparlamente) erreicht werden soll (ebd.). Die zweite Ebene, die vor allem Formen der Partizipation miteinschließt, ist für Stiftungen weniger relevant. Die meisten Stiftungen sind tendenziell hierarchisch organisiert und bieten sich als Ort für partizipatives Handeln eher weniger an (ebd.). Einige Stiftungen und NGOs ermöglichen es jedoch, durch praxisorientierte Formate Demokratie zu erleben (Ribeiro/Caetano/Menezes 2016; Yuen/Leung 2010). Beispiele für Projekte der Demokratiebildung sind das Projekt „jungbewegt – Für Engagement und Demokratie" der Bertelsmann Stiftung oder die Initiative „DigitalDabei!" der Robert Bosch Stiftung. In Bezug auf das Projekt „jungbewegt – Für Engagement und Demokratie" gibt die Bertelsmann Stiftung an, das Engagement, die Partizipation und die Demokratiebildung in Kitas, Schulen und Jugendeinrichtungen fördern zu wollen und politisches sowie soziales Lernen zu unterstützen (Bertelsmann Stiftung). Die Initiative „DigitalDabei!" soll hingegen nach eigenen Angaben neue digitale Angebote bestehender gemeinnütziger Organisationen in Deutschland fördern (Robert Bosch Stiftung). Ein Modell für die direkte, partizipative und kooperative Mitwirkung innerhalb von Stiftungen bieten Formen des bürgerschaftlichen Stiftens, beispielsweise Bürgerstiftungen (Hummel 2017).

Auf der europäischen Ebene spielte politische Bildung bisher in der Stiftungsarbeit nur eine marginale Rolle. Unter dem Schlagwort „*NGOisation of citizenship education*" (Ribeiro/Caetano/Menezes 2016: 660) wird jedoch die zunehmende Bedeutung von Stiftungen und NGOs in der *Citizenship Education* in Europa diskutiert (Kallioniemi et al. 2010). Diese Entwicklung ist eng mit der Tatsache verbunden, dass in den letzten Jahren zwar das Verständnis für die Wichtigkeit von *Citizenship Education* im akademischen und politischen Bereich stieg, sich diese Überzeugung jedoch nicht in den Curricula der formalen Bildungsorganisationen niederschlug (Ribeiro/Caetano/Menezes 2016). Stattdessen wurde diese Aufgabe verstärkt von NGOs übernommen (ebd.). Vorteilhaft an einer starken Rolle der Stiftungen und NGOs ist, dass diese zur Öffnung von Schulen beitragen und in dieser Hinsicht als Vermittler zwischen schulischen und außerschulischen Organisationen dienen können (Park/Senegačnik/Wango 2007). Auf der anderen Seite verschafft diese Entwicklung NGOs (und demnach auch Stiftungen) eine einflussreiche Rolle in multiprofessionellen Kooperationen im Bildungswesen sowie als Anbieter eigener Bildungsprogramme (Ribeiro/Caetano/Menezes 2016). Daran wird kritisiert, dass die durch politische Stiftungen und NGOs propagierte Bildung von den spezifischen Werten und Normen der Organisationen geprägt sei (Adick/Giesemann 2014).

5.6 Spezielle Rolle: Politische Stiftungen

In Deutschland sind politische Stiftungen in besonderem Maße in der politischen Bildung engagiert (Massing 2015). Politische Stiftungen sind in der Regel parteinah, das heißt ihre Programme in der politischen Bildung orientieren sich an den Normen und Werten der jeweiligen Parteien, sind von diesen aber nicht abhängig (ebd.). Auch personell und organisatorisch sind politische Stiftungen nicht mit Parteien gleichzusetzen, sondern agieren unabhängig. Sie zählen zwar zu den nichtstaatlichen Akteuren, werden aber überwiegend aus öffentlichen Mitteln finanziert (Bartsch 2007).

Nach dem Ende des Zweiten Weltkriegs wurden in Deutschland erste politische Stiftungen gegründet, die vor allem das Ziel verfolgen, stabilisierend auf die junge Demokratie zu wirken und in dieser Form in ihrer Konzeption und Umsetzung einzigartig sind (Massing 2015). Beispiele für politische Stiftungen in Deutschland sind die SPD-nahe Friedrich-Ebert-Stiftung (FES), die CDU-nahe Konrad-Adenauer-Stiftung (KAS), die FDP-nahe Friedrich-Naumann-Stiftung für die Freiheit (FNF), die CSU-nahe Hanns-Seidel-Stiftung (HSS), die den Grünen nahestehende Heinrich-Böll-Stiftung (HBS), die der Linken nahestehende Rosa-Luxemburg-Stiftung (RLS) (Bartsch 2007) und seit 2018 die AfD-nahe Desiderius-Erasmus-Stiftung (DES) (Desiderius-Erasmus-Stiftung e.V. 2021).

Seit Beginn des aktuellen Jahrhunderts werden auf europäischer Ebene ebenfalls politische Stiftungen gegründet (Gagatek/van Hecke 2014). Diese verfolgen vor allem die Ziele, mehr Nähe zwischen Bürger*innen und europäischen Parteien zu entwickeln und die politische Arbeit der Parteien zu unterstützen, denen die Stiftungen jeweils zugeordnet sind (ebd.).

Schwerpunkte, Werte und Normen politischer Stiftungen sind offensichtlich und nicht unter einem Deckmantel der Neutralität kaschiert. Nicht zuletzt agieren politische Stiftungen mit einer explizit formulierten Nähe zu (und zugleich Unabhängigkeit von) ihrer Partei. Deutlich wird dies bereits anhand der Programme, Kooperationspartner und Allianzen der Stiftungen in Deutschland, aber auch in ihrer Arbeit im Ausland. Ein exemplarisches Beispiel dafür ist das differente Wirken der KAS und der FES in Mexiko: Hier kooperiert die KAS eng mit den Unternehmerverbänden und zielt durch ihre Bildungsarbeit auf eine Förderung der Akzeptanz sozialmarktwirtschaftlicher Politik ab (Adick/Giesemann 2014). Die FES arbeitet hingegen vor allem mit Gewerkschaften zusammen, möchte durch ihr Wirken im Bildungsbereich zu einem demokratischen und transparenten Gewerkschaftssystems beitragen und die gesellschaftliche Position von Frauen in Mexiko stärken (ebd.). Insbesondere nutzen parteinahe Stiftungen Mittel, um Ihre Ideen und Vorstellungen durch Forschungsprojekte, Stiftungsprofessuren, Studien, Politikberatung, Veranstaltungen, weltweite Netzwerke oder Publikationen in der Gesellschaft zu verankern und zu verbreiten. Einen zentralen Bestandteil bilden dabei die Förderwerke, die Stipendien für Studien und Promotionen vergeben.

Finanziert werden politische oder parteinahe Stiftungen hauptsächlich durch öffentliche Mitte (Bredl/Lange 2018). Insgesamt teilen sich die Stiftungen jährlich mehrere hundert Millionen Euro (in den letzten Jahren über eine halbe Milliarde Euro) entsprechend der Wahlergebnisse ihrer nahestehenden Parteien (ebd.; Middelhoff 2021). Viele Stiftungen publizieren ihre Ausgaben freiwillig im Rahmen von Jahresabschlüssen im Bundesanzeiger – eine Pflicht zur Offenlegung der Verwendung der öffentlichen Mittel gibt es bisher allerdings nicht (ebd.). Damit eine parteinahe oder politische Stiftung Steuermittel erhält, muss sie zweimal in den Bundestag gewählt worden sein (Bredl/Lange 2018: 1124). Nicht weiter geregelt ist, welche Inhalte die Stiftungen fördern und vertreten dürfen. Selbst verfassungs- und menschenrechtsfeindliche Initiativen könnten somit aus Steuermitteln finanziert werden. Die Problematik dieser (fehlenden) Regelung offenbart sich derzeit: Im Jahr 2021 erfüllt die AfD-nahe DES die Voraussetzungen einer Finanzierung in Millionenhöhe aus dem Bundeshaushalt (Middelhoff 2021). Es zeichnet sich ab, dass die DES vor allem Projekte fördern wird, die eine geschichtsrevisionistische Ideologie vertreten und unter anderem die Relativierung des Holocausts vorantreiben werden (ebd.). Dadurch könnten demokratiefeindliche Meinungen in unserer Gesellschaft noch weiter an Gewicht gewinnen. Somit drohe ein „Abbau demokratischer Strukturen, bezahlt von der Demokratie selbst“ (Mendel 2021). Unter Leitung von Personen wie Volker Beck oder Meron Mendel hat die Bildungsstätte Anne Frank in Frankfurt zwar Initiativen wie unter anderem das „Wehrhafte-Demokratie-Gesetz“ gestartet, mit denen die Finanzierung der DES verhindert werden soll (u. a. Beck 2021). Ob diese Initiativen erfolgreich sein werden, ist zum aktuellen Zeitpunkt jedoch noch ungewiss (Middelhoff 2021).

Von politischen Stiftungen zu unterscheiden sind weiterhin die unternehmensnahen Stiftungen, die erst seit wenigen Jahren in den Feldern Bildung, Erziehung und politische Bildung an Relevanz gewinnen. Häufig wird jedoch an der marktliberal-ideologischen Ausrichtung der Angebote unternehmensnaher Stiftungen im Bereich politischer Bildung Kritik geübt (Hirsch 2019; Hedtke/Möller 2011). So fokussieren die Programme in den Themenfeldern der politischen Bildung und Demokratie vorrangig die Programme ihrer Mutterkonzerne und die Förderung von Kompetenzen anstelle einer kritischen Vertiefung in Bezug auf Fragen der Demokratie oder sozialer Ungleichheiten (Hirsch 2019).

5.7 Unterschiedliche Perspektiven auf NGOs in Schulen und Bildungssystemen im internationalen Kontext

International aktive Stiftungen und NGOs, die sich in den Feldern Bildung, Erziehung und Demokratie engagieren, fokussieren häufig den Globalen Süden, werden aber vorwiegend aus Europa oder den USA finanziert (Geha/Horst 2019). In Ländern, in denen sie aktiv sind, schlägt ihnen teilweise Skepsis entgegen und sie werden mit dem Vorwurf konfrontiert, ihre Arbeitsweise sei „westlich“ geprägt und orientiere sich zu stark an Strategien der Bürokratisierung, Technisierung, Homogenisierung, Professionalisierung und Korporatisierung (Wright 2012). Als eine Ursache dafür werden die Erwartungen der Spender*innen angeführt, die in erster Linie an messbaren Ergebnissen des Handelns der NGOs und Stiftungen interessiert seien (ebd.). Diese Vorwürfe deuten darauf hin, dass die vor Ort umgesetzten Konzepte häufig nicht *Bottom-up* in den Ländern selbst entwickelt und auf die kulturellen Besonderheiten der Länder abgestimmt sind und daher zu einer hegemonialen Homogenisierung und *Westernization* durch die NGO-Arbeit führen (ebd.).

NGOs sind weltweit sehr unterschiedlich in die Bildungssysteme ihrer Staaten eingebunden. Oft werden sie staatlich unterstützt – so zum Beispiel in Israel, wo das Bildungsministerium NGOs zudem aktiv in Schulen involviert und somit einerseits die Arbeit der NGOs beeinflusst, andererseits aber ebenfalls die Einflussmöglichkeiten von NGOs in Schulen fördert (Berkovich/Foldes 2012). Die Abhängigkeit der NGOs von staatlichen Geldern kann jedoch auch nachteilhaft sein: So führt sie in Israel außerdem dazu, dass die NGOs nicht bevorzugt in den Regionen agieren, in denen ihre Arbeit am stärksten benötigt wäre, sondern dort, wo sie kommunale Förderungen erhalten (ebd.). Ein anderes Beispiel ist die Situation von Stiftungen und NGOs in Hongkong – hier werden NGOs als unabhängig von Bildungssystem und Regierung beschrieben (Yuen/Leung 2010).

In Regionen wie Subsahara Afrika oder weiteren Gebieten, die durch postkoloniale Bildungssysteme geprägt sind, wird in NGOs teilweise sogar die Chance erkannt, kolonial geprägte staatliche Bildung infrage zu stellen, „westliches Wissen" und Strukturen zu hinterfragen und den Zugang zu Inhalten politischer Bildung zu fördern (Holma/Kontinen/Blanken-Webb 2018).

Die Darstellung und Bewertung der Rolle von NGOs in Bildungssystemen und in der politischen Bildung hängen vom kulturellen und nationalen Kontext der Autor*innen ab und zeigen sich unter anderem in der wissenschaftlichen Literatur. Teils werden NGOs als eine Bereicherung staatlicher Bildung angesehen, weil sie beispielsweise die politische Bildung im formalen Schulsystem ergänzten und somit kritische Auseinandersetzungen mit Themen und die Herausbildung von *Active Citizens* (Ribeiro/Caetano/Menezes 2016) förderten. So wird argumentiert, dass sich NGOs in Regionen wie Hongkong durch pluralistische Perspektiven auszeichneten, die eine Bereicherung im klassischen Unterricht darstellen könnten (ebd.). Auch auf die Lernatmosphäre könnten sie positiv wirken und zu einer offenen, informellen Gesprächskultur beitragen (Yuen/Leung 2010). Zudem wird betont, dass NGOs Verbindungen zwischen unterschiedlichen Akteuren schaffen und Schulen durch die Vernetzung mit außerschulischen Organisationen stärken (ebd.). Ergebnisse wissenschaftlicher Studien über die Effekte des Engagements von NGOs in Schulen in unterschiedlichen Ländern (u.a. Dominikanische Republik, Polen, Südafrika) weisen darauf hin, dass NGOs die politische Partizipation fördern und die Vermittlung von Wissen über Politik sowie demokratische Werte unterstützen (Finkel 2003).

Andere Wissenschaftler*innen argumentieren, dass das Wirken von NGOs vor allem in Ländern des Globalen Südens kritisch zu betrachten sei (Wright 2012), insbesondere wenn es dazu tendiere, staatliches Handeln zu ersetzen. So könnten NGOs für ihre Aktivitäten nur begrenzt haftbar gemacht werden und seien – im Unterschied zu vielen Regierungen – nicht an soziale Standards oder Vereinbarungen mit den Bürger*innen gebunden (ebd.). Ein exemplarisches Beispiel sind Bildungsprogramme zum Thema *Civic Education* von NGOs in *Emerging Democracies* wie der Dominikanischen Republik. Diese wurden dafür kritisiert, dass sie das Vertrauen in staatliche und juristische Institutionen schwächten und damit der demokratischen Entwicklung der Staaten entgegenwirkten (Finkel/Sabatini/Bevis 2000). Im Nahen Osten und in Nordafrika versuchten NGOs nach dem Arabischen Frühling Bürger*innen im Rahmen von Schulungen zu aktiver Bürger*innnschaft (*Active Citizenship*) in ihrer politischen Partizipation zu stärken (Geha/Horst 2019). Die Programme waren jedoch von Vorbildern aus dem Globalen Norden geprägt und wurden dafür kritisiert, dass die von lokalen Gegebenheiten losgelöste Anwendung von Konzepten wie *Active Citzenship*, in deren Rahmen beispielsweise politische Partizipation durch die Beteiligung an formalen Prozessen gefördert wird, in den Ländern problematisch sei: Da die staatlichen Strukturen teilweise undemokratischen Prinzipien folgten, sei eine Beteiligung an diesen weniger einer demokratischen Entwicklung förderlich, als dass sie vielmehr undemokratische Prozesse legitimiere (ebd.).

Die Vorstellungen von Demokratie, die in den Ländern umgesetzt werden sollen, orientierten sich zugleich zu wenig an lokalen Gegebenheiten, Traditionen und lokalen demokratischen Praktiken. Anstelle „westliche" Demokratiemodelle unhinterfragt auf andere Länder überzustülpen, fordern Expert*innen daher den Ansatz der *Indigenizing Civic Education* (Antal/Easton 2009). Neben der fehlenden Lokalisierung der Inhalte wird zudem kritisiert, dass viele der NGOs für die Arbeit vor Ort selten lokale Expert*innen mit den notwendigen Sprachkenntnissen, sondern Mitarbeiter*innen aus den Donor-Staaten (Stevick 2008) einstellten, die die regionalen Sprachen und Kontexte nicht verstünden. So zum Beispiel im post-sowjetischen Estland: Dort versuchten NGOs aus den USA Konflikte zwischen der russisch-estnischen Minderheit und der aus ethnischen Est*innen bestehenden Mehrheit mithilfe von Anti-Rassismus-Projekten abzubauen (ebd.). Allerdings wurde beobachtet, dass die Projekte die tatsächlichen Probleme vor Ort verfehlten, da sie sich zu stark auf die Diskriminierung der Minderheiten ausrichteten und dominante kulturelle, religiöse und historische Spannungen nicht ausreichend adressierten (ebd.). Ähnliche Erfahrungen wurden mit dem Wirken von NGOs aus dem Globalen Norden in Uganda gesammelt. Hier wurden zu Beginn der 2000er Jahre Stadträt*innen in ländlichen Räumen Ausbildungsangebote zum Themenfeld Demokratie angeboten. Im Ausbildungsprogramm aufgegriffen wurden unter anderem historische Aspekte über den Ursprung der Demokratie, der im antiken Griechenland verortet wurde. Allerdings wurde nicht berücksichtigt, dass viele der Teilnehmer*innen bisher keine formale Bildung erhalten hatten und daher keinen Bezug zu den Inhalten der Ausbildungsformate herstellen konnten (Holma/Kontinen/Blanken-Webb 2018). Deutlich wurde auch, dass sich die Mitarbeiter*innen der NGOs, die aus dem Globalen Norden kommen, häufig schlecht in die Situation der Frauen vor Ort einfühlen konnten und stattdessen eigene Wahrnehmungen und Erfahrungen auf sie projizierten. In Bezug auf ihr Verständnis von politischer Bildung zeige sich dies vor allem in Bezug auf den hohen Individualisierungsgrad und die Erfahrung geringer sozialer Bindungen. Im Unterschied zu den Mitarbeiter*innen betrachteten sich Frauen in ländlichen Regionen Ugandas in erster Linie als Teilelement ihrer Familie, was die Herausbildung individueller Positionen verhinderte (Holma/Kontinen/Blanken-Webb 2018).

Die genannten Beispiele sind nur einige unter sehr vielen, an denen sich zeigt, dass die Inhalte und Programme von NGOs zu Themen der politischen Bildung häufig mit „westlich" geprägten Vorstellungen entwickelt und adaptiert werden und die Erfahrungen und Traditionen der Bevölkerung vor Ort zu wenig einbeziehen. Konzepte aus dem Globalen Norden sind in anderen Ländern häufig nicht erfolgreich – zumindest, wenn sie die Bedürfnisse und Situationen vor Ort (Geha/Horst 2019; Antal/Easton 2009) sowie die historischen, kulturellen, sozialen und politischen Besonderheiten (bspw. postkoloniale, postautoritäre und postsozialistische Erfahrungen) zu wenig miteinbeziehen und anderen Ländern einheitliche Konzepte aufoktoyieren (Kovalchuk/Rapoport 2018).

Weiterführendes

Bildungsstätte Anne Frank – Der Stiftungstrick der AfD: https://www.youtube.com/watch?v=zMSb6cta16s

Deutschlandfunk – Politische Stiftungen im Dilemma: https://www.deutschlandfunk.de/unter-druck-politische-stiftungen-im-dilemma.724.de.html?dram:article_id=488417

ZDF-Magazin Royale – Ist die AfD-nahe Desiderius-Erasmus-Stiftung verfassungsfeindlich?: https://www.youtube.com/watch?v=McScfmH15Oo

Übersicht politischer Bildungsangebote der Friedrich-Ebert-Stiftung: https://www.fes.de/index.php?eID=dumpFile&t=f&f=53298&token=1dcd21d90910fcbacee69e462063346feba83e15

6 Internationale Konzepte in Bildungspolitik und politischer Bildung

In dem vorliegenden Kapitel rücken internationale Konzepte in den Mittelpunkt. Diskutiert wird unter anderem, mit welchen Mitteln internationale Organisationen danach streben, Konzepte und Politiken weltweit zu verbreiten. In diesem Kontext wird die Forschung zu Policy Borrowing und dem Transfer von Bildungspolitiken in den Mittelpunkt gerückt. Anschließend wenden wir uns dem Konzept der *Global Citizenship Education* (GCE) zu. Darauf aufbauend werden wichtige Aspekte einer „Bildung für nachhaltige Entwicklung" (BNE) diskutiert. Da BNE in den letzten Jahren zunehmend an Relevanz gewonnen hat, was sich unter anderem an der Vielzahl aktueller Forschungsergebnisse zeigt, und auch für andere Bereiche der politischen Bildung wie GCE, Klimabildung und *Entrepreneurship Education* (EE) eine wichtige Rolle spielt (vgl. u. a. Kolleck/Yemini 2020; Amiel/Yemini/Kolleck 2021), wird dem Thema in diesem Lehrbuch besondere Aufmerksamkeit beigemessen. Abschließend wird die Forschung zu den Konzepten Klimabildung und EE in einem separaten Kapitel besprochen.

6.1 *Soft Power* und *Policy Borrowing*: Zum bildungspolitischen Einfluss internationaler Organisationen

Übungsfragen

- Welche internationalen Organisationen beeinflussen die Bildungspolitik maßgeblich?
- Was kann unter *Soft Power* verstanden werden?
- Was bedeutet *Policy Borrowing*?
- Welche Motive und Herausforderungen sind mit dem Einsatz von *Policy Borrowing* verbunden?

Bildungspolitik wird seit einigen Jahren immer weniger auf nationalstaatlicher Ebene bestimmt. Vielmehr gewinnen internationale Organisationen zunehmend an Einfluss auf die Gestaltung von bildungsbezogenen Prozessen und Ergebnissen (Dale 2000; Gulson et al. 2017; Kleibrink 2011; Rinne 2008). Diese Tendenz zeigt sich weltweit – beispielsweise in der EU. Obwohl in der EU selbst vereinbart wurde, dass

Bildung unter der unabhängigen Kontrolle der Mitgliedsstaaten bleibt, wird eine große Anzahl von Bildungspolitiken nicht mehr von nationalen Regierungen formuliert (Lawn/Lingard 2002), sondern durch *Soft Power* von der EU vorangetrieben. Mit *Soft Power* sind dabei Formen der Machtausübung gemeint, die ohne wirtschaftliche oder militärische Mittel auskommen. Verwirklicht wird *Soft Power* durch die Attraktivität der eigenen Werte und Normen, die schließlich die (politischen) Präferenzen, Ziele und Handlungen anderer (Staaten) beeinflussen (Nye 2004). Die Ausübung von *Soft Power* durch die EU auf ihre Mitgliedsstaaten wurde beispielsweise in der zunehmenden Implementation des Konzepts „Lebenslanges Lernen" (Kleibrink 2011) sowie im Bologna-Prozess (Brøgger 2016) beobachtet. Diese beiden auf Freiwilligkeit basierenden Reformansätze gehen mit erheblichen bildungspolitischen Veränderungen einher und wirken sowohl auf die Strukturen als auch die Funktionen der nationalen Bildungssysteme der EU-Mitgliedsstaaten ein.

Zweifellos behalten Nationalstaaten in Bezug auf die Bildungspolitik weiterhin ein hohes Maß an Autonomie. Zudem sind die Einflüsse der EU und anderer internationaler Organisationen auf die Nationalstaaten nicht linear, sondern eingebettet in komplexe und mehrdimensionale Prozesse. Weltweit ist zu beobachten, dass Staaten ihre Bildungssysteme reformieren, um sie an universelle, kontextlose Standards anzupassen. Die Forschung zu *Policy Borrowing* beschreibt, wie Staaten unterschiedliche Politiken importieren, die bereits in anderen Staaten implementiert wurden (Portnoi 2016). Diese Übernahme beruht auf der Annahme, dass die in anderen Ländern bereits erprobten und erfolgreichen Politiken im eigenen Land ebenfalls positive Wirkungen entfalten (ebd.). Diese Vermutung basiert jedoch auf der Annahme, dass Politiken in verschiedenen Ländern und Kontexten gleich oder ähnlich bewertet werden. In der Realität sind hier allerdings deutliche Differenzen zu erkennen. Je nach Land und Kontext werden unterschiedliche Aspekte als nationale Erfolge oder Misserfolge bewertet und entsprechend anders adaptiert. Ein Beispiel ist der deklarierte Erfolg Finnlands, in den von Bildungsexpert*innen und Regierungen diverse Erklärungen projiziert wurden:

> „Naturally, any phenomenon that draws the attention of a great number of observers – such as Finnish success – lends itself as a projection screen. Each and every observer explains Finnish success differently, based on their own situated knowledge and, in the case of public policy, ‚makes meaning' based on their own local policy agenda" (Steiner-Khamsi 2016: 385).

Kritiker*innen wenden häufig ein, dass der spezifische Kontext und die einzigartigen Merkmale von Ländern im *Policy Borrowing* zu wenig berücksichtigt würden und die Praktik damit teils sogar den eigenen Interessen von Staaten zuwiderlaufen würde (Rinne 2008; Rizvi/Lingard 2000; Steiner-Khamsi 2004). Um *Policy Borrowing* zu erklären, nutzt Steiner-Khamsi (2016) die Metapher des Oktopus: Lokale Akteure greifen nach dem Arm des Oktopus, der ihrer jeweiligen politischen Agenda am nächsten ist, und verleihen damit einer (globalen) Politik eine (lokale) Bedeutung. Damit berücksichtigt Steiner-Khamsi, dass *Policy Borrowing* nie pauschal, sondern immer selektiv und kontextspezifisch funktioniert. Die Bandbreite der Motivationen von Ländern, die *Policy Borrowing* betreiben, ist breit und kann beispielsweise von Affinitäten oder inhaltlicher Nähe bis zur Konkurrenz reichen (ebd.).

Policy Borrowing kann eine Entlastung für Staaten und Regierungen bedeuten. Insbesondere, wenn Bildungsreformen notwendig sind. Aus der Perspektive von Regierungen kann es sinnvoller sein, ein Reformpaket zu importieren oder auf spezifische Vorstellungen von Lernen, Bildung und Erziehung und damit einhergehende Studien, Materialien und Tests zurückzugreifen, bei denen alle Elemente aufeinander abgestimmt sind, als von Grund auf alle *Policies* neu zu entwickeln. Eine solche Funktion der Entlastung wird häufig bei ärmeren Ländern erkannt (ebd.). Nicht zuletzt stehen gerade Bildungssysteme in ärmeren Ländern häufig unter Veränderungsdruck und zugleich vor großen strukturellen Herausforderungen (ebd.). Für diese Länder kann *Policy Borrowing* die Unterstützung internationaler Geber implizieren, die mit dem Politiktransfer jedoch zugleich eigene Intentionen verfolgen, für Best Practices eintreten und internationale Standards verbreiten wollen.

In der wissenschaftlichen Literatur wird beobachtet, wie internationale Organisationen (u. a. die EU, die OECD, die Weltbank oder die UNESCO) Prozesse des *Policy Borrowing* beschleunigen (Amiel/Yemini/Kolleck 2021). Insbesondere ermöglichen sie es Ländern, Bildungspolitiken voneinander zu „leihen", indem sie Austausch und Treffen zwischen politischen Entscheidungsträger*innen und der Presse organisieren. Dabei ging es den internationalen Organisationen in der Vergangenheit nicht selten um das Ziel, eigene Lösungsvorschläge für bestehende Probleme durchzusetzen (Grey/Morris 2018; Steiner-Khamsi 2004; Williamson 2017). Durch diese Förderung der „Übernahme" (*„Borrowing"*) fremder Politiken unterstützen internationale Organisationen indirekt eine Standardisierung, unter anderem durch die Erstellung von Indizes, Mappings, Ratings und Kriterien. Kritisiert wird unter anderem, dass dabei zum Beispiel die OECD die Erhebung ihrer Daten sowie die veröffentlichten Analysen, Statistiken, Berichte und Vergleiche soweit etabliert habe, dass diese fast kanonischen Status unter den Mitgliedsländern erlangt hätten und die Autorität der internationalen Organisationen selten infrage gestellt werde (Rinne 2008)(vgl. Abbildung 6-1). Dies kann mit einem Machtverlust von Staaten einhergehen (Rizvi/Lingard 2000), der durch die weiter wachsende Rolle nichtstaatlicher Akteure (z. B. Unternehmen, NGO) und großer internationaler Organisationen weiter verstärkt wird (Amiel/Yemini/Kolleck 2021).

Abbildung 6-1: Policy Borrowing durch internationale Organisationen

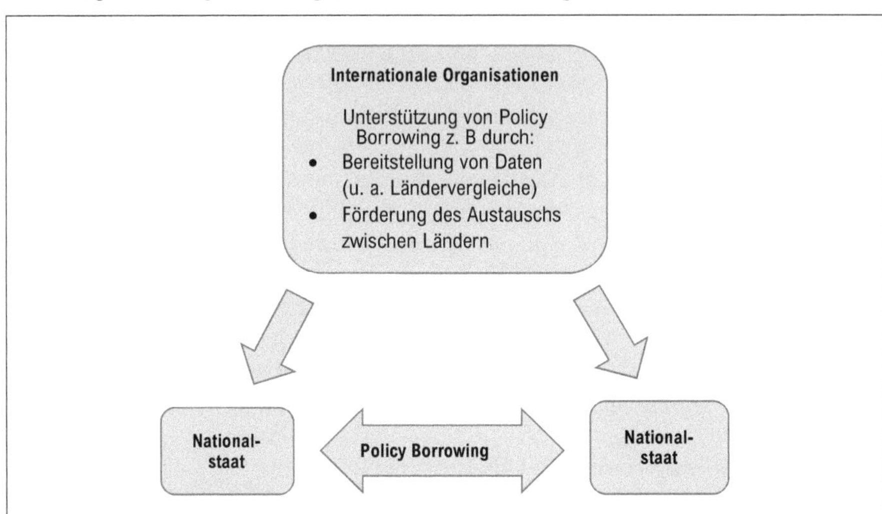

Das Konzept *Policy Borrowing* ist symptomatisch für eine Entwicklung, die das Verständnis von Bildung, aber auch die Praxis von Bildung grundlegend verändert: Nationale Bildung wird zunehmend durch globale Prozesse bestimmt. Dies wird unter anderem durch Bildungskonzepte deutlich, die zwar auf globaler Ebene entwickelt und implementiert wurden, aber Eingang in nationale, regionale und lokale Bildungspolitik gefunden haben und mittlerweile die schulische und außerschulische Praxis der Bildungsarbeit maßgeblich prägen. In diesem Kontext werden häufig die Konzepte *Global Citizenship Education (GCE)*, *Bildung für nachhaltige Entwicklung (BNE)*, *Klimabildung* und *Entrepreneurship Education (EE)* diskutiert, denen sich das Kapitel im Folgenden zuwendet.

Weiterführendes

 European University Association – European Education Policy: an interview with Vanessa Debiais-Sainton, European Commission: https://www.youtube.com/watch?v=XpN-THaVV0w

 Video Applying Social Network Analysis to the Study of Policy Borrowing and Lending: http://reformedproject.eu/applying-social-network-analysis-to-the-study-of-policy-borrowing-and-lending-with-gita-steiner-khamsi/

6.2 Global Citizenship Education (GCE)

Übungsfragen

- Was ist GCE und auf welche politische Ideengeschichte kann das Konzept zurückgeführt werden?
- Welche verschiedenen Ansätze von GCE gibt es?
- In welchen Formen wird GCE an Schulen vermittelt?

Das Konzept *Global Citizenship Education* (GCE) fand in den letzten Jahrzehnten zunehmend Berücksichtigung in Diskursen zu politischer Bildung sowie in öffentlichen Debatten. Dies ist nicht zuletzt auch auf eine intensive Förderung des Konzepts durch nationale und internationale Akteure wie unter anderem die UNESCO zurückzuführen (Davies et al. 2018; Kolleck/Yemini 2020). GCE kann im weitesten Sinne als ein Prozess verstanden werden, der Werte, Empathie und Verständnis für den „Anderen" vermittelt. Zugleich dient GCE als ein Mittel zum Erwerb von Fähigkeiten, um in einem globalen Umfeld erfolgreich sein zu können (Oxley/Morris 2013). Wie bereits im Kapitel zu politischer Bildung und Europa deutlich wurde, können Konzepte wie politische Bildung, *Civic Education* oder *Citizenship Education* nicht mehr ausschließlich nationalstaatlich gedacht werden (siehe auch Kapitel 4.3 zu European Citizenship Education). Vielmehr führen Prozesse der Internationalisierung, Europäisierung und Globalisierung zu starken inhaltlichen und institutionellen Veränderungen in der politischen Bildung (Lösch 2009). Inhaltliche Veränderungen beziehen sich vor allem auf eine verstärkte Berücksichtigung internationaler und globaler Perspektiven, die sich beispielsweise anhand des stärkeren Europafokus in der deutschen politischen Bildung oder der wachsenden Relevanz von Ansätzen wie GCE zeigen (ebd.). Strukturelle Veränderungen sind unter anderem an den Bemühungen um die Angleichung internationaler Standards und Leitlinien der *Citizenship Education* sowie in entsprechenden Förderprogrammen auf der internationalen und der EU-Ebene erkennbar (ebd.).

Tatsächlich ist *Global Citizenship* kein ausschließlich neues Konzept, sondern kann unter anderem auf Kants „Kosmopolitismus" zurückgeführt werden. Mit der Übernahme des Konzepts durch die UNESCO und kürzlich durch die OECD (in Form von „globalen Kompetenzen") konnte jedoch der Status von GCE innerhalb der Bildungsdiskurse gefestigt werden.

Laut UNESCO bezieht sich GCE auf

> „a sense of belonging to a broader community and common humanity. It emphasizes political, economic, social and cultural interdependency and interconnectedness between the local, the national and the global" (UNESCO 2015).

Im Folgenden wendet sich das Kapitel der Herausbildung von GCE im internationalen Diskurs sowie GCE im Kontext von Nachhaltigkeit zu.

Eingebettet in den breiteren Diskurs über die Globalisierung der Bildung (Stromquist/Monkman 2014) ist seit einigen Jahren in vielen Ländern eine Verschiebung der Vorstellungen von Staatsbürgerschaft zu beobachten, die sich auch in der politischen Bildung bemerkbar macht. Dabei fällt insbesondere auf, dass sich der Fokus vom Aufbau einer einheitlichen nationalen Identität hin zur Einführung kosmopolitischer Ideen verlagert hat (Bromley 2009). Vor allem Schulen haben ihre Ausrichtung geändert: Während früher die nationalen Bildungssysteme die Schulen mit der Verantwortung betrauten, nationale Werte unter Schüler*innen zu fördern, tendieren viele heutzutage zu einer global orientierten Perspektive. Dieser Bildungsfokus zielt darauf ab, die Schüler*innen auf den globalen Wettbewerb, die Erarbeitung von Lösungen für globale Probleme und, allgemein, auf die sich verändernde Natur moderner Gesellschaften vorzubereiten (Dill 2013; Myers 2016; Rapoport 2015; Reilly/Niens 2014; Vidovich 2004) – Inhalte, die oft unter dem Titel GCE zusammengefasst werden (Davies 2008b).

Lehrplaninhalte im Themenfeld GCE sollen Schüler*innen darauf vorbereiten, sich in einer globalisierten Welt zurechtzufinden, indem sie ein Verständnis für globale Themen, multikulturelle Wertschätzung und Empathie für Menschen unterschiedlicher Herkunft entwickeln (Dill 2013). Zu den vielfältigen Inhalten einer GCE gehören unter anderem das Wissen über andere Kulturen (Kolleck/Yemini 2020; Veugelers 2011), die Entwicklung von globaler Verantwortung und Empathie (Schattle 2008, 2009) sowie die Erziehung zum (proaktiven) Schutz von Menschenrechten und Umwelt (Davies 2006). Internationale Organisationen, insbesondere die UNESCO, katalysieren, entwickeln und fördern GCE, indem sie versuchen, ein Gefühl der Gemeinschaft über nationale Grenzen hinweg zu vermitteln und universelle Menschenrechte zu unterstützen.

Seit einigen Jahren kann beobachtet werden, dass in Bildungssystemen weltweit GCE-Inhalte in Lehrpläne und Curricula integriert werden (Brown 2003; Myers 2016). Tatsächlich haben viele nationale Bildungssysteme GCE als Ziel der Schulbildung im Allgemeinen und in Schulfächern (u. a. Politische Bildung, Sozialwissenschaften oder Sachunterricht) im Speziellen gefördert. Ein globaler Anstieg der Einbindung von GCE-bezogenen Inhalten in die Bildungssysteme ist dokumentiert (Bamber et al. 2016; Davies et al. 2018; Gaudelli 2016). Darunter fallen beispielsweise Kurse zu „Globalen Dimensionen“ oder „Global Awareness“ (Kolleck/Yemini 2020). Dieser internationale Anstieg der GCE wird als direkte Reaktion auf die moderne, globalisierte Arbeitswelt (Brown 2003; Myers 2016) sowie auf wirtschaftliche, soziale und politische Veränderungen interpretiert. Begünstigt durch erhöhte internationale Mobilität, technologische und soziale Transformationen und weitere globalisierungsbezogene Phänomene wurden Länder weltweit stärker miteinander verbunden (Gaudelli 2016), was den Bedarf an GCE verstärkte.

Seit den Anfängen des modernen Nationalstaats haben Schulen und Nationen die politische oder staatsbürgerliche Bildung genutzt, um ihren angehenden Bürger*innen bestimmte Werte zu vermitteln. In diesem Sinne beinhaltete Politische Bildung und Erziehung zur Staatsbürgerschaft immer auch Vorstellungen von Zugehörigkeit zur Sprache, zum Land, zur Religion und zur Ethnie. Darüber hinaus zielen bestimmte Konzepte von Staatsbürgerschaft auch auf die Befähigung zur Partizipation und politischer Mündigkeit sowie auf die Schaffung eines Verständnisses von Machtverhältnissen und die Entwicklung von Fähigkeiten, um gesellschaftliche Verhältnisse (mit) zu verändern, ab (Kolleck/Yemini 2020). Mit anderen Konzepten politischer Bildung und Staatsbürgerschaft, vor allem in autoritär regierten Ländern, werden undemokratische Absichten mit Tendenzen zur Indoktrination verfolgt (siehe auch Kapitel 3.1.1 zu Politischer Bildung im internationalen Vergleich). Im Zuge der Verschiebungen nationaler Identitäten hin zu globalen oder transnationalen Verständnissen oder Wahrnehmungen von Bürgerschaft argumentiert Nussbaum, dass eine globale Identität das nationale Zugehörigkeitsgefühl nicht ausschließe, sondern vielmehr ergänze (Nussbaum 2002). Eine Gegenüberstellung des nationalstaatlichen Verständnisses von Bürgerschaft und des Begriffs *„Global Citizenship“* hält sie vor diesem Hintergrund für irreführend und plädiert für die Verwendung des Konzepts *„Citizens of the world“*, das nationalstaatliche Verständnisse in eine globale Konzeption von Bürgerschaft mit einschließe (Nussbaum 2002). Prozesse der Globalisierung – die einerseits die internationale Vernetzung fördern, andererseits aber auch zu einer neuen Art von nationalem und internationalem Wettbewerb motivieren – dienten als Vorläufer für Konzepte zur „Erziehung zur Weltbürgerschaft“ beziehungsweise GCE. Banks (2009) und Davies et al. (2018) heben hervor, dass Prozesse der Globalisierung zu diverseren Gesellschaften führen, die eine Auseinandersetzung mit breiteren, inklusiveren Konzepten von Staatsbürgerschaft erfordern. Staatsbürgerschaft ist dabei eng verknüpft mit komplexen Identitätsfragen. Dies impliziert, dass Aspekte nationaler oder internationaler Identität im Kontext politischer Bildung in ihrem Bezug zu individuellen Identitäts- und Zugehörigkeitsverständnissen zu fassen sind, die nicht selten in vielschichtigen Ambivalenzen zwischen Zuschreibung und Selbstbestimmung münden.

Exkurs Identität

In ihrem Roman „Identitti" sucht die Kulturwissenschaftlerin Mithu Sanyal nach Antworten auf Fragen kultureller und sexueller Identität. Anhand der Darstellung eines Skandals um die Professorin Saraswati, die nach der indischen Göttin Saraswati benannt ist und an der Universität Düsseldorf Intercultural und Postcolonial Studies lehrt, setzt sich Sanyal in einer lebhaften Art und Weise mit den Themen Rassismus, Identitätspolitik und Postkolonialismus auseinander. Der Skandal: Die narzisstische Saraswati gibt sich als Person of Colour aus, ließ sich ihr Aussehen chirurgisch verändern und ist in Wirklichkeit eine deutsche, weiße Zahnarzttochter.

Insbesondere verdeutlicht Mithu Sanyal in dem Roman, dass es auf Fragen der Identität keine einfachen Antworten gibt:

„Das war das Problem: Sobald man anfing, über Identität nachzudenken, fächerte sich die Wirklichkeit in so viele Dimensionen auf, dass es keine richtigen Worte mehr für sie gab. Und dann kam Saraswati und erklärte, dass es egal war und dass es kein präkoloniales Leben im Postkolonialismus gab und es stattdessen darauf ankam, Spaß an der Konstruiertheit von Echt und Jenseits-von-Echt zu haben und sich keinen starren Platz in den Ruinen der verschiedenen Empires zuweisen zu lassen" (Sanyal 2021: 46f.).

Die vielfältigen Definitionen und Operationalisierungen von GCE zwingen sowohl Wissenschaftler*innen als auch Schulen dazu, sich mit der Unschärfe zwischen diesem Begriff und anderen verwandten Konzepten wie *Intercultural Understanding, International Mindedness, Intercultural Competence* oder *Cosmopolitanism* auseinanderzusetzen. Es überrascht nicht, dass verschiedene politische Akteure GCE aus unterschiedlichen Perspektiven heraus definieren – von einem utilitaristischen Fokus, der darauf abzielt, Schüler*innen die relevanten Fähigkeiten zu vermitteln, um in einer globalen Gesellschaft zu funktionieren, bis hin zu einem eher wertebasierten Ansatz, der Inklusion und Empathie gegenüber anderen fördert (Oxley/Morris 2013). Andreotti (2014) unterscheidet zwischen „weicher" und „kritischer" GCE: Weiche GCE beinhalte passives Lernen über die Welt und globale Prozesse, während kritische GCE die Lernenden dazu ermutige, Machtstrukturen infrage zu stellen und kritisch über die Rolle der westlichen Gesellschaften bei der Aufrechterhaltung vieler Probleme in sogenannten Entwicklungsländern zu reflektieren.

Neben den bereits thematisierten Punkten zählen Aspekte von Umwelt und Nachhaltigkeit zu wichtigen Inhalten der GCE. Umweltbezogene Bildungsthemen werden innerhalb des GCE-Diskurses von internationalen Organisationen wie der UNESCO gefördert und in diesem Rahmen meist mit dem Konzept einer Bildung für nachhaltige Entwicklung (BNE) verknüpft (Kolleck/Yemini 2020). Aufgrund der wachsenden Relevanz der mit dem Konzept der BNE verbundenen Themen – nicht nur im Kontext der Debatten um GCE – wendet sich das folgende Kapitel diesen Aspekten gesondert zu.

Weiterführendes

Global Citizenship Education (Podcast): https://open.spotify.com/episode/1vcEsA2LRFgWR036rkHZhD

Engagement Global – Jugendliche werden Weltbürger – ein Pilotprojekt in Stuttgart (Video): https://www.youtube.com/watch?v=D6aUlvfNPP8

6.3 Bildung für nachhaltige Entwicklung

Übungsfragen

- Aus welchen Themenfeldern setzt sich BNE zusammen und welche Ziele verfolgt sie?
- Wie hängen BNE und GCE miteinander zusammen?
- Wie werden die beiden Konzepte kritisiert?
- Welche Themen in Bezug auf BNE bedürfen noch weiterer Forschung?

Auf globaler Ebene ist seit einigen Jahren eine konzeptionelle Verschiebung von umweltbezogener Bildung hin zu nachhaltigkeitsorientierter Bildung oder BNE zu beobachten (Kolleck/Yemini 2020). Während die umweltbezogene Bildung ökologische Aspekte fokussiert, strebt die nachhaltigkeitsbezogene Bildung eine Balance zwischen ökologischen, ökonomischen und sozialen Elementen an.

Die Integration des Prinzips der nachhaltigen Entwicklung oder Nachhaltigkeit erfolgte in den Bildungs- und Erziehungswissenschaften beziehungsweise in den Fachdidaktiken seit den 1990er Jahren und wird unter dem Konzept einer „Bildung für nachhaltige Entwicklung" (BNE) zusammengefasst (Barth/Rieckmann 2016b). In wissenschaftlichen sowie in nationalen politischen Diskursen wird die systematische Berücksichtigung nachhaltigkeitsbezogener Themen in Bildungssystemen, Schulpolitiken und Curricula seit vielen Jahrzehnten intensiv diskutiert (González-Gaudiano 2005). Insbesondere in den letzten zwanzig Jahren hat BNE einen umfangreichen Prozess der Institutionalisierung durchlaufen. Nachdem die Vereinten Nationen im Jahr 2002 die „world decade of education for sustainable development"

2005-2014 ausriefen, wurde BNE systematisch als ein umfassendes, ganzheitliches Ideal in die globale Bildungsarena eingeführt. Im Jahr 2015 verkündete die UNESCO ihre „2030 Sustainable Development Goals", in der die Allgemeine Hochschulbildung als eine der Hauptprioritäten der Organisation für die kommenden Jahre identifiziert wird (SDG-Ziel 4.7).

Trotz der Traditionslinien in Bereichen wie Umweltbildung und -erziehung oder politischer Bildung kann BNE als junges Forschungsfeld charakterisiert werden, das seit Anfang der 1990er Jahre eine deutliche Ausdehnung und Erweiterung um zusätzliche Themen (u.a. Klimabildung) erfährt. In der wissenschaftlichen Literatur wird betont, dass es gelungen sei, BNE zu professionalisieren und als eigenen Forschungsbereich zu etablieren (Barth/Rieckmann 2016a). Für diese Argumentation spricht, dass mittlerweile eigene Zeitschriften mit dem Namen „Education for Sustainable Development" (bspw. im Sage Verlag) entstanden sind, Professuren mit dem Titel „Bildung für nachhaltige Entwicklung" geschaffen wurden (bspw. an der Leuphana Universität Lüneburg oder an der Katholischen Universität Eichstätt-Ingolstadt) und die zentralen internationalen Konferenzen bedeutender Fachgesellschaften zu dem Thema ausgerichtet werden (bspw. die Comparative & International Education Society (CIES) im Jahr 2020 in San Francisco).

6.3.1 Herausbildung und Entwicklung einer Bildung für nachhaltige Entwicklung

Die Ursprünge des Konzepts BNE werden in der Literatur unterschiedlich dargestellt beziehungsweise interpretiert. In der deutschsprachigen Literatur wird BNE häufig als Folgekonzept einer Umweltbildung oder Umwelterziehung konstruiert (Rost 2002). Während die Umweltbildung noch ausschließlich die ökologische Ebene fokussierte, werde mit BNE eine Balance zwischen ökologischen, ökonomischen und sozialen Faktoren angestrebt (Rieß 2010). Über die Berücksichtigung der ökologischen Faktoren in der Schulbildung wurde in Deutschland bereits 1953 auf der Kultusministerkonferenz (KMK) entschieden. Dort wurde festgelegt, dass den Fragen des Naturschutzes und der Landschaftspflege besondere Aufmerksamkeit gewidmet werden soll (ebd.). International hat Umweltbildung unter der Bezeichnung Environmental Education eine lange Geschichte, die insbesondere durch die UNESCO geprägt wurde (Kolleck/Yemini 2020; Thiele 2007).

Im Gegensatz zur Umweltbildung werden die Ursprünge des Konzepts der nachhaltigen Entwicklung dagegen nicht in den Erziehungs- und Bildungswissenschaften oder der Pädagogik verortet. Vielmehr wird auf Debatten und Foren internationaler Organisationen verwiesen, beispielsweise auf die Vereinten Nationen oder die *World Commission on Environment and Development* 1987 (Qablān 2009). Die Entwicklung des Konzepts der nachhaltigen Entwicklung wurde bereits Ende der 1980er Jahre von der Sonderkommission der Vereinten Nationen für Umwelt und Entwicklung entwickelt und ging demnach der Bildungsdimension von BNE voraus (Thiele 2007). Nachhaltige Entwicklung bezeichnet einen

> „process of change in which the exploitation of resources, the direction of investments, the orientation of technological development, and institutional change are made consistent with future as well as present needs" (World Commission on Environment and Development 1987).

In verschiedenen Ländern entwickelten sich parallel Vorstellungen von nachhaltiger Entwicklung, welche von der UN seit 1987 zusammen mit ersten Ansätzen der BNE aufgegriffen wurden (Qablān 2009). Als besonders maßgeblich (auch als Geburtsstunde einer BNE bezeichnet) erwies sich die Agenda 21, die aus der im Juni 1992 veranstalteten Konferenz der Vereinten Nationen für Umwelt und Entwicklung in Rio de Janeiro resultierte (Rieß 2010). Im Rahmen der Agenda 21 wurde erstmals im länderübergreifenden Kontext das Konzept der nachhaltigen Entwicklung als übergreifendes Ziel der Politik definiert. Nachhaltigkeit umfasst hier bereits die drei Dimensionen Ökologie, Ökonomie und Soziales (ebd.). Außerdem ist erstmals die „Förderung der Bildung, der Bewusstseinsbildung und der Aus- und Fortbildung" (United Nations 1992: 329) als Mittel der Umsetzung des Ziels der nachhaltigen Entwicklung festgelegt:

> „Sowohl die formale als auch die nichtformale Bildung sind unabdingbar für die Herbeiführung eines Einstellungswandels bei den Menschen, damit sie über die Voraussetzungen verfügen, die Dinge, um die es ihnen im Zusammenhang mit der nachhaltigen Entwicklung geht, zu bewerten und anzugehen. Sie sind auch von entscheidender Bedeutung für die Schaffung eines ökologischen und eines ethischen Bewusstseins, von Werten und Einstellungen, Fähigkeiten und Verhaltensweisen, die mit einer nachhaltigen Entwicklung vereinbar sind, sowie für eine wirksame Beteiligung der Öffentlichkeit an der Entscheidungsfindung" (ebd.).

BNE soll sich nach dem Verständnis der Vereinten Nationen mit der biologischen Umwelt, der sozioökonomischen Umwelt sowie der menschlichen Entwicklung befassen und in alle Fachdisziplinen eingebunden werden. Dabei berücksichtigt wird die Verwendung wirksamer Kommunikationsmittel und das Zurückgreifen auf sowohl formale als auch nichtformale (d.h. außerhalb von üblichen Lerninstitutionen wie Schulen oder Universitäten umgesetzte) Methoden (ebd.).

Im Anschluss an die Agenda 21 bildeten sich in vielen Ländern und Regionen lokale Agenda-Initiativen, die Szenarien für eine nachhaltige Entwicklung erarbeiteten (Thiele 2007). Dazu zählt beispielsweise der Beschluss der deutschen Bund-Länder-Kommission (BLK) für Bildungsplanung und Forschungsförderung von 1998. Darin wurde unter Berücksichtigung aktueller pädagogischer Entwicklungen ein konkretes Konzept zur Einbindung von BNE an Schulen vorgelegt (ebd.).

Auf der World Conference on Education for Sustainable Development, die 2009 stattfand, wurde BNE (*Education for Sustainable Development*, ESD) als *Education For the Future* positioniert und als Ansatz des Lehrens und Lernens basierend auf nachhaltigkeitsbezogenen Idealen und Prinzipien definiert (UNESCO World Conference on Education for Sustainable Development 2009). Weiterhin wurde BNE als ganzheitlicher Ansatz für hochwertige Bildung beziehungsweise hochwertiges Lernen beschrieben, da sie Schlüsselthemen wie Menschenrechte, Armutsbekämpfung, nachhaltige Existenzsicherung, Klimawandel, Gleichstellung der Geschlechter, soziale Verantwortung von Unternehmen oder den Schutz indigener Kulturen integriere und aufgreife (Thiele 2007).

Einen weiteren entscheidenden Impuls zur Weiterentwicklung und globalen Implementierung von BNE setzte die Weltdekade der Vereinten Nationen „Bildung für nachhaltige Entwicklung“ (UN Dekade BNE), die für die Jahre 2005–2014 von der UNESCO ausgerufen wurde (Kolleck 2014, 2015a). Zu den Zielen der Weltdekade zählte unter anderem die Vernetzung der weltweiten Akteure in der formalen, non-formalen und informellen BNE (siehe Kapitel 1 zur Unterscheidung von formaler, non-formaler und informeller Bildung) unter Berücksichtigung unterschiedlicher kultureller Voraussetzungen (Kolleck 2015b; Rieß 2010). In Deutschland wurde die Implementierung der UN-Dekade vor allem von der Deutschen UNESCO-Kommission sowie dem Bundesministerium für Bildung und Forschung vorangetrieben. Zudem wurde im Jahr 2004 im Deutsche Bundestag ein nationaler Beschluss zur Weltdekade der Vereinten Nationen auf den Weg gebracht (Deutscher Bundestag 2004). Mithilfe eines nationalen Aktionsplans wurde darin die Umsetzung nachhaltiger Entwicklung in allen Bereichen in Deutschlands gefördert (Deutsche UNESCO-Kommission 2005). Im Anschluss an die Weltdekade der Vereinten Nationen wurde ein weltweites „*Global Action Programme on Education for Sustainable Development*“ (2015–2019) beschlossen. Das Programm sollte die in der UN-Dekade erreichten Ergebnisse stärken, festigen und erweitern sowie den Fortschritt in Richtung nachhaltige Entwicklung beschleunigen (UNESCO 2019), unter anderem durch die intensivierte Einbindung der BNE in nationale und internationale Bildungspolitik (Kehren 2016).

In der Forschung zu Themenfeldern der BNE kann zwischen anwendungsorientierten Ansätzen und Grundlagenforschung mit theoretischem Anspruch unterschieden werden, wobei der größte Anteil der derzeitigen Forschung im Feld als anwendungsorientiert beschrieben wird (Gräsel et al. 2013). Die anwendungsorientierte Forschung ist meist evidenzbasiert und umfasst eine empirische Überprüfung von pädagogischen Maßnahmen. Im Feld der Grundlagenforschung sind meist theoretische und metatheoretische Arbeiten zu finden, die sich mit konzeptionellen Aspekten auseinandersetzen (ebd.).

6.3.2 Zum Begriff der Bildung für nachhaltige Entwicklung

Die Debatte über die Ziele von BNE ist vielfältig und keinesfalls abgeschlossen. Als übergeordnetes Ziel einer BNE wird meist auf die Förderung einer nachhaltigen Entwicklung der Gesellschaft (Rieckmann 2016) oder die Vermittlung von Schlüsselkompetenzen verwiesen, die Individuen eine Beteiligung an den „[...] gesellschaftlichen Lern- und Verständigungsprozessen für eine nachhaltige Entwicklung unter immer komplexer werdenden Rahmenbedingungen" (ebd.: 89) ermöglichen solle. Nach Hopkins und McKeown (2002) können folgende Aspekte als Unterziele benannt werden:

1. Verbesserung der Grundausbildung (*Basic Education*)
2. Neuausrichtung bestehender Bildungsangebote
3. Verständnis, Sensibilisierung und Fortbildung der Öffentlichkeit

In Bezug auf die Implementierung dieser Ziele existieren jedoch verschiedene Auffassungen. Wals (2011) bezeichnet die zwei vorherrschenden gegensätzlichen Ansätze als *Instrumental Approach* (ESD 1) und *Emancipatory Approach* (ESD 2). Dabei bezieht sich ESD 1 auf die Förderung von informierten und qualifizierten Verhaltensweisen und Denkweisen. Diese seien insbesondere kurzfristig sinnvoll, wenn Einigkeit über einen klar feststellbaren Handlungsbedarf bestehe (Vare/Scott 2007). ESD 2 adressiere hingegen die Entwicklung von Fähigkeiten zur kritischen Reflexion und Infragestellung von Aussagen. Dazu zähle auch, die aus dem Konzept einer nachhaltigen Entwicklung resultierenden Widersprüche, Ambivalenzen und Dilemmata aufzuspüren (ebd.). Diese Ansätze sind jedoch nicht als Gegensätze, sondern als sich ergänzende Perspektiven auf denselben Sachverhalt zu verstehen (Michelsen/Overwien 2020). Bei der Umsetzung von BNE komme es daher darauf an, beide Perspektiven angemessen zu berücksichtigen (Vare/Scott 2007).

Die mit der UN-Dekade für BNE verbundenen Ziele korrespondieren mit dem Konzept der nachhaltigen Entwicklung, das meist mit drei sich gegenseitig durchdringenden Dimensionen dargestellt wird: der ökonomischen, der sozialen und der ökologischen Dimension (siehe Abbildung 6-2) (z. B. Thiele 2007).

Abbildung 6-2: Dimensionen der Nachhaltigkeit

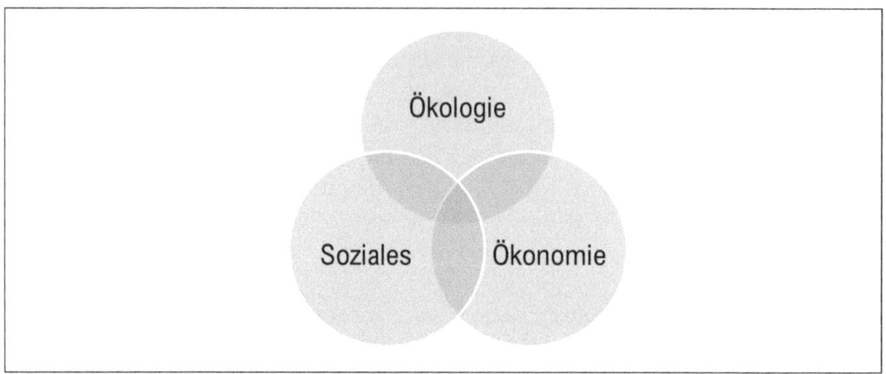

In der Literatur werden die drei Säulen der BNE oft auch als Dreieck oder als Säulenmodell abgebildet.

Ökonomie: Die Dimension der Ökonomie im Konzept der Nachhaltigkeit adressiert unter anderem das Ziel, durch die Entwicklung oder den Einsatz entsprechender Verfahren, Technologien oder Produktionen gleichermaßen sowohl ökonomisch pragmatisch als auch sozial und ökologisch verträglich zu handeln (Thiele 2007).

Ökologie: Die Dimension der Ökologie im Konzept der Nachhaltigkeit adressiert unter anderem das Ziel, Schadstoffe und Ressourcenverbrauch so weit zu reduzieren, dass unter Beibehaltung der ökonomischen Handlungsfähigkeit keine sozialen Nachteile (bspw. Arbeitslosigkeit) entstehen.

Soziales: Die Dimension Soziales im Konzept der Nachhaltigkeit adressiert vor allem das Ziel der sozialen Gerechtigkeit. Insbesondere sollen aktuelle gesellschaftliche Herausforderungen bewältigt und zugleich ökologische und wirtschaftliche Belastungen verringert werden (ebd.).

Ergänzend zum Konzept der Nachhaltigkeit fokussiert BNE immer auch eine Bildungsperspektive, die das individuelle Bewusstsein und Kompetenzen, Verhaltensweisen, Lernprozesse und konkrete Handlungen berücksichtigt. So führen beispielsweise Vare und Scott (2007) aus, dass BNE ein Bewusstsein für die Relevanz nachhaltiger Entwicklung schaffe sowie das hierfür notwendige Wissen über die Umsetzung nachhaltigen Verhaltens vermittle. Eine erfolgreiche nachhaltige Entwicklung, so schlussfolgern die Autor*innen, sei aus dieser Perspektive ein Lernprozess, der als BNE bezeichnet werden könne (ebd.).

Die weltweiten Bedingungen für nachhaltige Entwicklung und BNE sind sehr unterschiedlich. Aus den jeweiligen nationalen und regionalen Voraussetzungen und Herausforderungen ergeben sich verschiedene Interpretationen und Priorisierungen bzgl. der Umsetzung von BNE (Brunold 2015). Oft wird in diesem Kontext zwischen sogenannten „Industrie- und Entwicklungsländern" unterschieden. Wissenschaftler*innen, die aus dieser Perspektive argumentieren, heben meist hervor, dass sich diese Ländergruppen durch einen unterschiedlichen Fokus und verschiedene Prioritäten unterscheiden. So sei es in „Entwicklungsländern“ wichtig, die einfachsten Lebensgrundlagen der Menschen zu sichern, während in Ländern des Globalen Nordens Fragen des nachhaltigen Konsums und Energieeffizienz von Luxusgütern als Priorität von BNE betrachtet würden (ebd.; Kolleck 2015a). So bezieht sich BNE in diesen Ländern häufig auf Themen wie nachhaltiger Energieverbrauch oder erneuerbare Energien, während in sogenannten Entwicklungsländern beispielsweise die Sicherung einer Grundbildung und der Lebensgrundlagen für alle relevant ist (Rieß 2010).

Diese unterschiedlichen Bedingungen werden auch in der großen Spannweite der unterschiedlichen Verständnisse von BNE reflektiert (Wals 2009). Über die beschriebenen Unterschiede hinaus lassen sich regionale, nationale und lokale Verschiedenheiten im Verständnis von BNE feststellen. Wals (2009) betont die Wichtigkeit dieser nationalen und lokalen Debatten für das Erreichen eines Konsens über die Bedeutung von BNE.

6.3.3 Kompetenzen und Vermittlung

In der Wissenschaft hat die Forschung zu BNE-Kompetenzen und zur Vermittlung von BNE in den letzten Jahren an Bedeutung gewonnen. Die Untersuchung und Charakterisierung der Schlüsselkompetenzen, über die Menschen verfügen sollten, um im Sinne der nachhaltigen Entwicklung handeln zu können, wurde vor allem in den Bildungs- und Erziehungswissenschaften sowie den Fachdidaktiken aufgegriffen (Rieckmann 2016). Ein wichtiger Bezugspunkt in Deutschland ist dabei die von de Haan und Harenberg (1999) entwickelte *Gestaltungskompetenz*. Dabei handelt es sich vor allem in den Politik- und Bildungswissenschaften um das in Bezug auf BNE am meisten genutzte Konzept.

Gestaltungskompetenz

Die Auslegung, Operationalisierung und Messung von ‚Gestaltungskompetenz‘ wurden in den letzten Jahren stark ausdifferenziert. Zusammenfassend soll Gestaltungskompetenz Individuen bestimmte Fähigkeiten vermitteln (bspw. vorausschauendes Planen, eigenständige Informationsaneignung und -bewertung), die für die Beteiligung an Verständigungs- und Entscheidungsprozessen im Feld nachhaltiger Entwicklung nötig sind (ebd.). Der Begriff der Gestaltungskompetenz und die ihm zugeschriebenen Teilkompetenzen haben in den vergangenen Jahren verschiedene Anpassungen und Veränderungen erfahren (Rieß 2010). Im Jahr 2008 veröffentlichte de Haan eine umfangreiche Definition von Gestaltungskompetenz, die bestehende Ansätze aufgreift und erweitert:

„Mit Gestaltungskompetenz wird die Fähigkeit bezeichnet, Wissen über nachhaltige Entwicklung anwenden und Probleme nicht nachhaltiger Entwicklung erkennen zu können. Das heißt, aus Gegenwartsanalysen und Zukunftsstudien Schlussfolgerungen über ökologische, ökonomische und soziale Entwicklungen in ihrer wechselseitigen Abhängigkeit ziehen und darauf basierende Entscheidungen treffen, verstehen und individuell, gemeinschaftlich und politisch umsetzen zu können, mit denen sich nachhaltige Entwicklungsprozesse verwirklichen lassen“ (de Haan 2008: 31).

Zur Konkretisierung der Gestaltungskompetenz nennt de Haan (2008) in Anlehnung an die Kompetenzkategorien der OECD zehn Teilkompetenzen, die mit der Gestaltungskompetenz einhergehen (vgl. Tabelle 6.1):

Tabelle 6-1: Zuordnung der Teilkompetenzen zu den Kompetenzkategorien der OECD (2005)

Kompetenzkategorien der OECD	Teilkompetenzen der Gestaltungskompetenz
Interaktive Verwendung von Medien und Tools	T.1 Weltoffen und neue Perspektiven integrierend Wissen aufbauen
	T.2 Vorausschauend denken und handeln
	T.3 Interdisziplinär Erkenntnisse gewinnen und handeln
Interagieren in heterogenen Gruppen	G.1 Gemeinsam mit anderen planen und handeln können
	G.2 An Entscheidungsprozessen partizipieren können
	G.3 Andere motivieren können, aktiv zu werden
Eigenständiges Handeln	E.1 Die eigenen Leitbilder und die anderer reflektieren können
	E.2 Selbstständig planen und handeln können
	E.3 Empathie und Solidarität für Benachteiligte zeigen können
	E.4 Sich motivieren können, aktiv zu werden

Quelle: In Anlehnung an de Hahn 2008: 32

In der internationalen Literatur werden neben der bereits diskutierten Gestaltungskompetenz noch weitere relevante Kompetenzen angeführt, dazu zählen unter anderem: *Sustainability Literacy* (Stibbe 2009), *Sustainability Skills* (McKeown et al. 2002), *Gestaltswitching* (abgeleitet vom deutschen Begriff der ‚Gestaltungskompetenz‘) (Wals 2011) oder *Action Competence* (Mogensen/Schnack 2010). Mit dem Konzept der *Key Competencies in Sustainability* werden einige der bereits genannten Kompetenzen aufgegriffen und zusammengefügt. Dabei werden fünf Schlüsselkompetenzen erarbeitet: *Systems Thinking Competence, Anticipatory Competence, Normative Competence, Strategic Competence, Interpersonal Competence* (Wiek/Withycombe/Redman 2011).

Vermittlung und Implementation von BNE

In Bezug auf die Vermittlung von BNE werden in der Literatur teils non-formale, formale und informelle BNE unterschieden (siehe auch Kapitel 2.2 zur Unterscheidung zwischen formaler, non-formaler und informeller Bildung). Non-formale BNE findet oft in Form von Projekten statt. Ein Beispiel dafür sind digitale Simulationsspiele, bei denen Landwirt*innen und Bürger*innen in betroffenen Gebieten über die hohe Nitratbelastung im Grundwasser und die neue Düngemittelverordnung informiert und für das Thema sensibilisiert werden (Ivens et al. 2020).

Im Bereich der formalen Bildung werden die Institutionen unterschieden, in denen BNE vermittelt wird. Dazu zählen unter anderem der frühkindliche, schulische, hochschulische und außerschulische beziehungsweise berufliche Bereich. In der frühkindlichen Bildung ist die Rolle der Kindertagesstätten zentral, weil diese vor allem seit der UN-Dekade BNE zunehmend in ihre Konzepte integrierten. Auch an allgemeinbildenden Schulen hat sich in den letzten Jahren einiges getan. So wurde BNE in die Lehrpläne vieler Bundesländer integriert. Im Bundesland Sachsen wurde beispielsweise die „Sächsische Landesstrategie Bildung für nachhaltige Entwicklung" beschlossen (Sächsisches Staatsministerium für Kultus 2018). Diese richtet sich sowohl an den schulischen als auch an den außerschulischen Bereich und orientiert sich an folgenden drei Leitbildern:

> „1. Alle Menschen in Sachsen sind gestaltende Mitglieder der Gesellschaft und verstehen sich als lebenslang Lernende und Lehrende, die ein lebenswertes Jetzt und Morgen in der Welt zum Ziel haben.
>
> 2. In vielfältigen Angeboten, Bildungsstätten und Erfahrungsräumen können sie lebenslang das nötige Wissen, die entsprechenden Wertvorstellungen und die erforderlichen Kompetenzen erwerben, um ihr Handeln an nachhaltiger Entwicklung auszurichten und sich in gesellschaftliche Prozesse einzubringen.
>
> 3. Entscheidungsträger und Personen in verantwortungsvollen Positionen setzen sich für Ressourcen, Strukturen und Rahmenbedingungen ein, die BNE ermöglichen und unterstützen" (ebd.: 4).

Meist wird BNE als fächerübergreifende Querschnittsaufgabe oder als übergeordnetes Thema der Schulentwicklung konzipiert. Teils wird sie auch als Gegenstand der bestehenden Schulfächer wie Politischer Bildung, Geografie, ökonomische Bildung oder Biologie betrachtet oder als inhaltlicher Schwerpunkt neben anderen verortet. Innerhalb von Schulen können drei Handlungsfelder unterschieden werden, in denen BNE realisiert wird: Lehren und Lernen, Schulbau und -gelände sowie Schulalltag (Grundmann 2017).

Im Feld Lehren und Lernen wird BNE meist entweder durch (teils einmalige) Projekte, die außerhalb des Unterrichts stattfinden, durch Wahlpflichtfächer oder durch

Arbeitsgemeinschaften realisiert oder regulär in den Unterricht eingebunden (ebd.). Bundesländer wie Sachsen, die BNE als elementaren Bestandteil in die Lehrpläne aller Schularten integrierten, greifen das Thema sowohl im Fachunterricht als auch durch fächerübergreifendes Projektlernen auf. In Sachsen befassen sich beispielsweise die sogenannten ‚Förderschüler*innen' im Fach „Arbeitslehre" in der siebten Klasse mit dem ökologischen Fußabdruck und dem fairen Handel von Gütern.

Auch Universitäten spielen eine wichtige Rolle für die Förderung von BNE (Qablān 2009; Mehling/Kolleck 2019), vor allem in den Bereichen Lehre, Forschung und Öffentlichkeitsarbeit (Fadeeva/Mochizuki 2010). In Deutschland haben sich viele Hochschulen das Thema Nachhaltigkeit als Titel oder Motto gegeben (Holzbaur 2020). Sie wählen BNE für ihr universitäres Leitbild, als zentrales Element ihrer Strategiepapiere in der Exzellenzinitiative oder entwickeln nachhaltigkeitsbezogene Studiengänge (Mehling/Kolleck 2019).

International werden die Ziele der UN-Dekade nicht nur auf der bildungspolitischen Ebene, sondern ebenfalls in den Bildungsfeldern und Institutionen umgesetzt. Länder, die an der Dekade partizipierten, berichten von einer bemerkenswerten Präsenz von BNE in nationalen Strategiepapieren (Wals 2009). Der Großteil dieser Dokumente befasst sich mit der Ausweitung der Beschäftigung mit BNE und ihrer Integration in die schulischen Lehrpläne. In einigen Ländern ist BNE in nationale Bildungspolitiken und Lehrpläne integriert, insbesondere in der Grund- und Sekundarschulbildung (ebd.). Allerdings weisen die meisten UN-Mitgliedsstaaten bisher keine eigene nationale BNE-Politik oder -Strategie vor. Eine Tendenz, die sich auch in der schulischen Bildung abzeichnet (ebd.). Zudem werden die nationalen Umsetzungspläne für das „International Implementation Scheme" der UNESCO unterschiedlich schnell realisiert. Während es asiatischen Ländern gelungen ist, sehr rasch voranzuschreiten, hinken die meisten Regionen in Europa sowie Lateinamerika und der Karibik noch hinterher (Ohlmeier/Brunold 2015b). Eine besonders langsame Umsetzung wurde in arabischen und afrikanischen Ländern beobachtet (ebd.). Eine nichtrepräsentative Befragung von insgesamt 476 internationalen Expert*innen aus Forschung und Lehre im Bereich BNE im Jahr 2009 weist zudem auf eine schwache Vermittlungsleistung hin: Bis auf Expert*innen aus asiatischen Ländern konnte mehr als die Hälfte der Befragten keine Auskunft über das Vorhandensein eines nationalen Umsetzungsplanes für das „International Implementation Scheme" geben (Ohlmeier/Brunold 2015a). Auf dieser Grundlage wird geschlussfolgert, dass es der UNESCO teilweise nicht gelungen sei, das Strategiepapier rechtzeitig unter der Mehrheit der Multiplikator*innen zu verbreiten (ebd.). Abbildung 6-3 zeigt, dass die praktische Umsetzung der Ideen der UN-Dekade BNE regional sehr unterschiedlich ausfällt. So zeigt die Einschätzung der befragten Expert*innen bezüglich der Umsetzung von BNE, dass die Bereiche Umweltschutz, Entwicklungspolitik, Schulische Bildung und Hochschulförderung jeweils nach Region anders priorisiert werden (ebd.; Ohlmeier/Brunold 2015b). Asiatische Länder konzentrieren sich beispielsweise fast ausschließlich auf Umweltschutz und Entwicklungspolitik, während Lateinamerika und die Karibik alle vier Bereiche etwa gleichermaßen berücksichtigen. Insgesamt liegen die Schwerpunkte vor allem auf den Feldern der Entwicklungspolitik sowie der schulischen Bildung. Die Hochschulförderung wird von den meisten Expert*innen als weniger relevant bewertet, mit Ausnahme der Befragten aus lateinamerikanischen und karibischen Staaten (Ohlmeier/Brunold 2015a).

Abbildung 6-3: Schwerpunkte der Bildungsdekade im regionalen Vergleich, Quelle: eigene Darstellung nach Ohlmeier und Brunold 2015a, S. 197

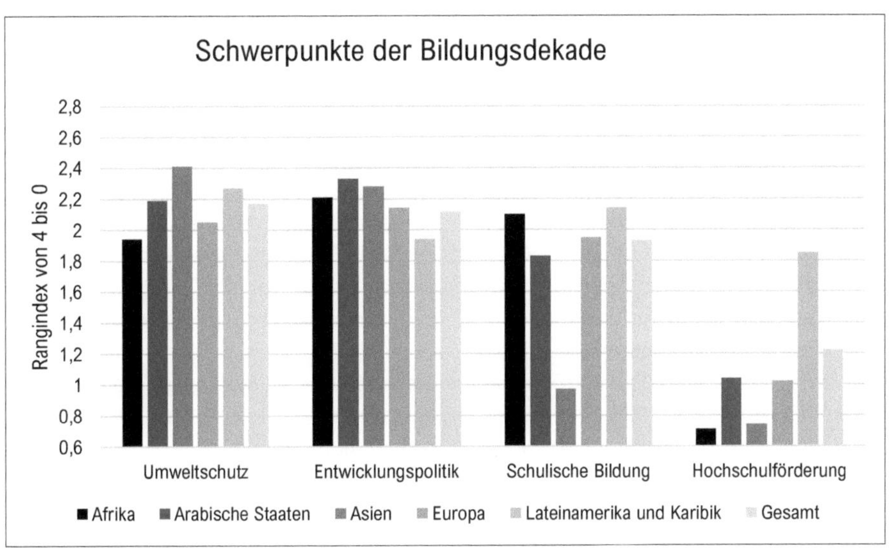

Aber auch innerhalb Europas erfolgt die Umsetzung von BNE in unterschiedlichem Maße und unterschiedlicher Geschwindigkeit. In diesem Zusammenhang wird Südost- und Osteuropa von Adomßent et al. (2014) als neue *Emerging Area* für die Implementierung von BNE beschrieben. Zugleich ist die Vermittlung von BNE in dieser Region mit besonderen Herausforderungen verbunden: So könne Bildung – insbesondere politische Bildung – im Kontext politischer Umstürze schnell in den Verdacht der Kollaboration mit den gestürzten Regimen geraten und dadurch an Legitimität einbüßen (ebd.).

Herausforderungen bei der Umsetzung von BNE

Eine Herausforderung bei der Umsetzung von BNE ist die Differenz zwischen internationalen Problemlagen und der lokalen Lebenswirklichkeit der Menschen, die sich unmittelbar auf die spezifischen Anforderungen der praktischen Ausgestaltung der

BNE auswirkt (Overwien 2020). Beispielhaft hierfür ist das Spannungsverhältnis zwischen Erderwärmung beziehungsweise Umweltverschmutzung durch Kohleenergie und der Rolle der Braunkohleindustrie als oft einziger Arbeitgeber in strukturschwachen Gegenden Deutschlands. Kommunale Strukturen (z. B. Gewerkschaften, Vereine, Kirchen) bieten Möglichkeiten, die lokalen Lebenswirklichkeiten der Menschen bei der Implementierung von BNE zu berücksichtigen (ebd.). Dies verlangt wiederum ein umfangreiches Wissen über die Lebenswirklichkeiten der Menschen vor Ort (ebd.). Dass diese lokale Adaption und Implementierung des Konzepts mit Herausforderungen verbunden ist, zeigt sich an verschiedenen Kritikpunkten.

So wird von Akteuren aus der Praxis nicht selten geäußert, dass BNE als Konzept selbst zu abstrakt sei und die Umsetzung an einer mangelnden Konkretisierung scheitere. Einige Autor*innen, die dieser Argumentation folgen, sehen die Ursache für die Kluft zwischen Theorie und Praxis darin begründet, dass BNE nicht in Bildungs- oder Erziehungswissenschaften, sondern im politischen und ökonomischen Kontext entstanden ist (Qablān 2009). Dies habe dazu geführt, dass BNE ein abstraktes Konzept sei, das erziehungswissenschaftliche Perspektiven nicht angemessen berücksichtige (ebd.). Gegen dieses Argument spricht jedoch die umfangreiche erziehungswissenschaftliche Literatur und Forschung zu konzeptionellen Grundlagen einer BNE.

Ein häufig geäußerter Kritikpunkt an der Umsetzung von BNE ist zudem die unzureichende Vermittlung des Konzepts durch die Lehrtätigen. Studien zeigen, dass es diesen an Kenntnissen zum Thema BNE und nachhaltiger Entwicklung im Allgemeinen sowie deren Umsetzung in die pädagogische Praxis im Speziellen mangele, um BNE umfassend zu vermitteln und anhand konkreter Beispiele zu veranschaulichen (Grundmann 2017; Sinakou/Boeve-de Pauw/van Petegem 2019).

Nicht zuletzt weisen viele Studien darauf hin, dass Lehrkräfte aufgrund ihrer mangelhaften Ausbildung in Bezug auf nachhaltige Entwicklung häufig über kein ganzheitliches Verständnis des Konzepts verfügen (Grundmann 2017). Daher tendierten Lehrkräfte dazu, Nachhaltigkeit aus dem (bekannten) Framework der Umwelterziehung zu vermitteln und BNE eher als eine Spielart der Umweltbildung anstatt als eigenständiges Konzept zu betrachten (Stables/Scott 2002). Im Unterschied zur Umweltbildung strebt die BNE jedoch eine Balance zwischen ökologischen, sozialen und ökonomischen Aspekten an.

Auch in Bezug auf die wahrgenommenen Herausforderungen bei der Implementierung der UN-Dekade BNE deuten sich starke regionale Unterschiede an. In afrikanischen (und in einem weniger starken Ausmaß auch in europäischen Ländern) wurden im Rahmen einer nichtrepräsentativen Befragung von Expert*innen vor allem finanzielle Hürden und Personalmangel als Herausforderung bei der Umsetzung von BNE genannt (Ohlmeier/Brunold 2015b). In afrikanischen Ländern wurde zudem auf die unzureichende politische Stabilität und Defekte in Demokratien als Hindernis bei der Implementierung der UN-Dekade BNE hingewiesen (ebd.). In Lateinamerika, der Karibik und in asiatischen Ländern werden vor allem Zielkonflikte in wirtschaftlichen und sozialen Bereichen als Herausforderung gesehen, in arabischen und asiatischen Staaten eine unzureichende gesellschaftliche Partizipation (ebd.). Um die Chancen, Potenziale und Hindernisse einer BNE in Regionen weltweit besser zu verstehen, sind weitere Studien insbesondere in bisher wenig erforschten Ländern unabdingbar.

6.3.4 Kritik und alternative Konzepte

Das Konzept BNE selbst ist nicht unumstritten und wurde von unterschiedlichen Seiten infrage gestellt. Einer der häufigsten Vorwürfe bezieht sich auf die Integration der ökonomischen Dimension in die BNE. Diese, so die These vieler Wissenschaftler*innen und Praktiker*innen, könne zu *Greenwashing* und einer Vereinnahmung der ökologischen Dimension durch wirtschaftliche Interessen führen.

> „These trends correspond to the conceptual scheme of sustainable development which is most often illustrated with three interpenetrating circles representing the economy, the environment and society. The economy is thus shown as if it existed outside society; it imposes its rules on the various environmental relationships at both social and personal levels. The environment is reduced to a pool of resources for economic development. Society is defined by its activities related to resources (the environment, as ‚natural capital') and their extraction, transformation and consumption for the ‚welfare' of human populations" (Sauvé/Brunelle/Berryman 2005: 273).

Jickling und Sterling (2017) ergänzen diese Kritikpunkte, indem sie argumentieren, das Konzept fokussiere zu sehr auf das Verhalten von Menschen und sei damit aus wissenschaftlich-analytischer Perspektive zu problemlösungsorientiert und instrumentalistisch.

Die insbesondere in den letzten Jahren erfolgte konzeptionelle Verschiebung von der Umweltbildung hin zur Nachhaltigkeit wird in der Literatur häufig als neoliberal und wirtschaftsnah kritisiert (z. B. Kopnina 2012; Ferreira 2009). Als Grund wird angeführt, dass die vermeintliche Balance der verschiedenen Aspekte inhärente Konflikte zwischen ökonomischen und ökologischen Elementen verschleiere und diese oft einseitig auflöse, insbesondere zugunsten ökonomischer Aspekte (Kopnina 2012, 2015).

Als Alternativen zum Konzept der BNE greifen einige Wissenschaftler*innen auf Formulierungen wie *Environmental and Sustainability Education* (van Poeck/König/Wals 2018) oder *Environment-Related Education* (Ferreira 2009) zurück, die den Aspekt der Umwelt wieder stärker ins Zentrum setzen. Die Verwendung von *Environment-Related Education* hat sich in der wissenschaftlichen Community als Begriff durchgesetzt, um alle anderen umweltbezogenen Bildungsbegriffe zusammenzufassen (Kolleck/Yemini 2020).

Eine weitere häufig genannte Kritik bezieht sich auf den Begriff ‚Entwicklung' im BNE-Konzept. Anknüpfend an die Argumentation der Post-Development-Bewegung wird Entwicklung teils ein hegemonialer, autoritärer und eurozentrischer Anspruch zugeschrieben, der nicht nur entpolitisiere, sondern zudem suggeriere, dass es entwickelte und nicht beziehungsweise weniger entwickelte Länder gebe. Vor dem Hintergrund der Kritik am Begriff der Entwicklung im Konzept der *Education for Sustainable Development* (ESD/BNE) bevorzugen im internationalen Raum einige Wissenschaftler*innen die Verwendung des Begriffs *Education for Sustainability*. Dieser wird wiederum unterschieden vom Konzept *Education* ***about*** *Sustainability* (Hopkins/McKeown 2002). Während *Education* ***for*** *Sustainability* Bildung als Mittel zur Förderung von Nachhaltigkeit begreife, fokussiere *Education* ***about*** *Sustainability* die Sensibilisierung von Menschen für nachhaltige Entwicklung und involviert die verschiedenen Interpretationen von nachhaltiger Entwicklung (ebd.). In der Wissenschaft und im internationalen Kontext wird die Terminologie *Education* ***for*** *Sustainable Development* (ESD 7 BNE) am häufigsten genutzt. Dies zeigt sich beispielsweise auch in den UN-Dokumenten (ebd.).

Im deutschsprachigen Raum ist die konzeptionelle Debatte um den ‚richtigen' oder ‚korrekten' Begriff nicht so ausgeprägt. Hier hat sich – abgesehen von Verfechter*innen der Umweltbildung oder -erziehung – die Bezeichnung BNE weitgehend durchgesetzt (z. B. Bundesministerium für Bildung und Forschung 2021; Deutsche UNESCO-Kommission o. D.). Neben den Debatten um die Bezeichnung und die Ausrichtung einer BNE steht auch die praktische Implementierung des Konzepts häufig in der Kritik.

So stellen einige Wissenschaftler*innen die ‚Orthodoxien', die die Diskurse über „Environment-Related Education" (Ferreira 2009) oder „Environmental and Sustainability Education" (van Poeck/König/Wals 2018) umgeben, infrage. Orthodoxien oder dominante Meinungen sollten aus dieser Perspektive öfter hinterfragt und angezweifelt werden. Wichtig sei es dabei allerdings, pragmatische pädagogische Ansätze zu entwickeln, mit denen Lösungen für tatsächliche Probleme angeboten werden können (z. B. McKenzie/Bieler/McNeil 2015). Somit könne verhindert werden, immer wieder neue Orthodoxien zu schaffen, mit denen es nicht möglich sei, zum kritischen Denken anzuregen (Ferreira 2009).

Pashby und Sund (2020) sehen in der Reproduktion kolonialer Machtsysteme, in denen der Globale Norden die Probleme des Globalen Südens untersuche und Lösungen unterbreite, einen wesentlichen Kritikpunkt existierender Forschung zu BNE. Auch Ohlmeier und Brunold (2015a) verweisen in ihrer Studie auf das Nord-Süd-Gefälle in der BNE, bei dem die Länder des Globalen Südens aufgefordert seien, von denen des Globalen Nordens zu lernen. Im Gegenzug arbeiten die Autor*innen Argumente aus, wie indigene Bevölkerungsgruppen den Diskurs ergänzen und bereichern könnten, indem sie beispielsweise intergenerationale Verantwortung und einen verantwortlichen Umgang mit der Natur vorlebten (ebd.). Als problematisch dargestellt wird insbesondere, dass die Praxis von BNE das Ziel verfehle, hegemoniale Diskurse kritisch zu hinterfragen, neue Ideen zu entwickeln, sich innerhalb der aktuellen Debatten zu positionieren und Nonkonformismus zu unterstützen (van Poeck/Vandenabeele 2012). An diese Argumentation anknüpfend kritisiert Tikly (2019) die regionale Umsetzung von BNE in afrikanischen Staaten und identifiziert Ursprünge nichtnachhaltiger Entwicklung in (post-)kolonialen Dynamiken. Da Bildung zur Aufrechterhaltung von Gewalt und undemokratischen Regierungsprozessen im Kontext des postkolonialen Politsystems beigetragen habe und weiterhin beitrage, müsse BNE stärker auf diese Aspekte eingehen, ein kritisches Verständnis der kolonialen Machtverhältnisse schaffen, einen transformativen Wandel initiieren und sich letztlich von den kolonialen Einflussfaktoren lösen (ebd.).

6.3.5 Bezüge zwischen Bildung für nachhaltige Entwicklung, politischer Bildung und (Global) Citizenship Education

In der deutschsprachigen Literatur wird BNE häufig als elementarer Bestandteil der politischen Bildung betrachtet. Autor*innen, die dieser Einschätzung folgen, argumentieren, dass BNE explizit der politischen Bildung zugeordnet werden könne, da das Konzept auf einem vom Nachhaltigkeitsprinzip geprägten Demokratieverständnis basiere (Ohlmeier/Brunold 2015b).

In der internationalen Literatur zu Themenfeldern der politischen Bildung wird BNE dagegen meist direkt mit dem Konzept GCE verknüpft. In Bezug auf die Frage, inwiefern BNE und GCE miteinander verbunden sind, existieren verschiedene Auffassungen. Chung und Par (2016) zufolge werde oft fälschlicherweise von einer Zweiteilung ausgegangen, nach der sich BNE auf Umweltaspekte beziehe, während GCE staatsbürgerliche Aspekte in den Mittelpunkt stelle. Die Autor*innen arbeiten jedoch die Überschneidungen von BNE und GCE im Kontext der *Sustainable Development Goals* heraus und argumentieren, dass die mit diesen Ansätzen verbundenen Konzepte und Praktiken nicht klar trennbar sind. Stattdessen sei BNE als Oberbegriff zu verstehen, der GCE mit einschließe (ebd.). Dieses Verständnis spiegelt sich auch darin, dass GCE als integraler Bestandteil der *Sustainable Development Goals* definiert ist. Daran anknüpfend wird häufig formuliert, dass die Schaffung informierter und mündiger Weltbürger*innen ein explizites Ziel der BNE sei. Weltbürger*innen sollen entsprechend dazu befähigt werden, ihr Wissen und ihre Fähigkeiten durch lokales und globales bürgerschaftliches Engagement verantwortungsbewusst einzusetzen und dabei auch ihre eigenen Interessen im Auge zu behalten (Ohlmeier 2015).

Nach einem Jahrzehnt, in dem die UNESCO enorme Ressourcen in die Förderung von BNE durch verschiedene Richtlinien und Plattformen investiert hat, bleiben BNE und umweltbezogene Bildung immer noch ein aufstrebendes Feld, das darum kämpft, seinen Platz in den obligatorischen Lehrplänen zu finden (González-Gaudiano 2005). Obwohl viele verschiedene Unterrichtseinheiten und didaktische Werkzeuge entwickelt wurden, um BNE und GCE in Schulen zu thematisieren, fühlen sich viele Lehrkräfte nicht ausreichend vorbereitet (Hiller/Reichhart 2017). Insbesondere mangelt es den mit GCE und BNE verbundenen Themen in der Lehrkräftebildung an Klarheit in Bezug auf die konkrete Umsetzung der Konzepte (Kolleck/Yemini 2020).

Die UNESCO unterstützt die Mitgliedsstaaten der Vereinten Nationen dabei, ihren eigenen Weg zur Umsetzung von BNE zu finden, was zu einer Reihe unterschiedlicher Implementierungen von BNE und GCE führte. Dieser ergebnisoffene Ansatz begünstigte zugleich aber auch die Herausbildung unterschiedlicher Auffassungen der Konzepte weltweit. Insbesondere werden unterschiedliche Priorisierungen vorgenommen und diverse pädagogische Prinzipien und Evaluationsverfahren entwickelt. Obwohl das Konzept beziehungsweise seine Umsetzung von der UNESCO und anderen Organisationen stark propagiert wird, brauchen die meisten Länder einige Jahre, um ihr eigenes Verständnis von umweltbezogener Bildung zu entwickeln und zu adaptieren (Michelsen/Grunenberg/Rode 2012). Diese Schwierigkeiten in der Implementierung werden durch die Vielfalt und Vagheit des Konzepts verstärkt, die es den UN-Mitgliedsstaaten jedoch zugleich ermöglicht, bei der Umsetzung individuelle Richtlinien aufzustellen und eigene, lokale Interpretationen des Konzepts zu forcieren.

Besonders in den letzten Jahren hat die UNESCO auch praktische Anstrengungen unternommen, um die Umsetzung von BNE und GCE zu unterstützen; zum Beispiel hat sie unter der Schirmherrschaft ihres globalen Aktionsprogramms Veranstaltungen organisiert, die die Konzepte von BNE und GCE miteinander verbinden (z. B. das *Review Forum for the Global Action Program on ESD: Implementation and Innovation* und das *Third Forum on Global Citizenship Education in Ottawa*, Kanada, 2017).

Ein weiterer Forschungsstrang setzt sich mit der Frage auseinander, inwiefern Konzepte zu *Citizenship* als Werkzeug zur Vermittlung von BNE fungieren könnten. Aus dieser Perspektive wird hervorgehoben, dass *Education for Democratic Citizenship* notwendig sei, um nachhaltige Entwicklung zu fördern.

> „It is clear that towards participating for more sustainable societies an active citizenry also needs knowledge and skills regarding democratic citizenship. For this task an education for democratic citizenship would be capable as a specific and basic educational tool“ (Brunold 2015: 40).

Zur Lösung aktueller Herausforderungen, so führt Brunold (2015) weiter aus, biete sich eine *Civic Education for Sustainable Development* an, die sowohl BNE als auch *Education for Democratic Citizenship* miteinander kombiniere. Lukman und Aud (2014) argumentieren ebenfalls für eine *Civic Education* als Möglichkeit der Entwicklung zu verantwortungsbewussten Bürger*innen, die positiv zu einer nachhaltigen Entwicklung beitragen könnten. So trage *Civic Education* das Potenzial, eine Bildungskultur zu fördern, die staatsbürgerliche Kompetenzen vermittle. Menschen könnten auf diese Weise zu kritischem Denken, zur Artikulation und Analyse komplexer sozioökonomischer und politischer Fragen und zur Erarbeitung von Lösungsvorschlägen befähigt werden (Lukman/Aud 2014). Auch wenn bereits einige fundierte wissenschaftliche Arbeiten auf dem Gebiet zu finden sind, mangelt es bisher an Wissen und an systematischer Forschung zur Frage, wie BNE und *Civic Education* kombiniert werden (können) und wie sie Eingang in Schulcurricula und Lehrpläne finden (Gough 2018).

Insgesamt weist die bisherige Forschung zu BNE einige Forschungslücken auf. Beiträge in internationalen, begutachteten Zeitschriften beziehen sich meist auf reiche Länder des Globalen Nordens wie die USA, Großbritannien, Australien, Kanada, Schweden, Spanien, Japan oder Deutschland (Adomßent et al. 2014). Zudem finden sich im Bereich der Hochschulforschung in der BNE vor allem Beiträge aus Europa (Karatzoglou 2013) und Nordamerika (Edwards et al. 2020). Eine Konsequenz ist, dass zwar behauptet wird, einen globalen Ansatz in der hochschulischen BNE-Forschung zu adaptieren, der unter anderem internationale Maßnahmen proklamiere, dass dieser jedoch durch einen westlichen akademischen Diskurs geprägt sei (Barth/Rieckmann 2015). Dies liege nicht zuletzt auch daran, dass es bisher an Forschungsprojekten und Wissenschaftler*innen aus dem Globalen Süden (v.a. in afrikanischen, asiatischen oder lateinamerikanischen Ländern) mangele (ebd.). Auch die von Ohlmeier und Brunold (2015a) durchgeführte breit angelegte, nichtrepräsentative Befragung von internationalen Expert*innen (N=476) im Feld BNE macht auf den Forschungsbedarf zu BNE in afrikanischen, lateinamerikanischen, karibischen und arabischen Regionen aufmerksam (ebd.). Auch innerhalb Europas zeigt sich eine Forschungslücke. Während in einigen Ländern Europas insgesamt viele Forschungen zu BNE zu finden sind, ist wenig über die Länder in Zentral- und Osteuropa bekannt (Adomßent et al. 2014). Eine Auseinandersetzung mit BNE in unterrepräsentierten Regionen könne dazu beitragen, die Relevanz der unterschiedlichen Kontexte, aber auch allgemeiner Triebfelder und Barrieren, in der Umsetzung von BNE zu erarbeiten (ebd.).

Weiterführendes

simpleshow – Understanding the dimensions of Sustainable Development: https://www.youtube.com/watch?v=pgNLonYOc9s&list=RDLVpgNLonYOc9s&index=1

VANachhaltig – Bildung für nachhaltige Entwicklung von Prof. Dr. Gerhard de Haan: https://youtu.be/qpSocE4ZHaY

„Meine Challenge“ – „Zukunft“: https://www.mdr.de/wissen/podcast/challenge/ich-schaue-in-die-zukunft-100.html

„Trafohaus Lehre“ über BNE in der Hochschullehre: https://open.spotify.com/episode/1Wewt1b9c7pR0HMKY6U5G0

SDG-Podcast – Bildung für Nachhaltige Entwicklung: https://open.spotify.com/episode/4JvO2euBOjy3cdkG0h2r4a?si=sOFBzjFLSyGflhQLv1jkYw&dl_branch=1

Kieltopia – Bildung für Nachhaltige Entwicklung mit Anton Mikoleit vom Netzwerk BNE & Globales Lernen: https://open.spotify.com/episode/5ax2M4Qn2CVyvi-uvVS1XZj?si=2bf7ef_iSOm0XBPJJv05Kw&utm_source=copy-link&dl_branch=1

6.4 Klimabildung

Übungsfragen

- Wie und wo kann Klimabildung vermittelt und implementiert werden?
- Was waren wichtige Schritte der Institutionalisierung der Klimabildung?
- Welche Bezüge hat die Klimabildung zum Konzept BNE?
- Welche Rolle spielen populistische wissenschaftsfeindliche Positionen in Bezug zur Klimabildung?

Ein weiteres Konzept, das häufig mit BNE oder GCE in Verbindung gebracht wird, ist das der Klimabildung (teils als CCE – Climate Change Education bezeichnet). Wie BNE und GCE ist Klimabildung seit einigen Jahren ein prominentes Thema auf der globalen Agenda, mit wichtigen Implikationen für nationale, regionale und lokale Bildungspolitiken und -inhalte. Das Konzept Klimabildung wurde vor allem im Kontext der Klimarahmenkonvention der Vereinten Nationen, der United Nations Framework Convention on Climate Change (UNFCCC), im Jahr 1992 propagiert. Hier handelt es sich um ein internationales Abkommen der UN-Mitgliedsstaaten mit den Zielen, die menschengemachte Schädigung des Klimasystems und die globale Erderwärmung zu stoppen sowie die Folgen des Klimawandels zu minimieren (Kolleck et al. 2017; Saerbeck et al. 2020). Die Vertragsstaaten müssen regelmäßig berichten (v.a. über Treibhausgasinventare, -emissionen und Trends) und treffen sich jährlich zu UN-Klimakonferenzen, den sogenannten *Conferences of the Parties* (COPs).

Lange war Klimabildung kein prominentes Thema im Zuge der COPs beziehungsweise der Verhandlungen rund um die Klimarahmenkonvention. Diese Situation hat sich in den letzten Jahren drastisch geändert (Kolleck et al. 2017). So wurde Klimabildung zuletzt ein zentrales Thema auf der Tagesordnung der formellen Sitzungen sowie weiterer Veranstaltungen und wird zunehmend als wesentlich für eine erfolgreiche Klimapolitik anerkannt (UNFCCC 2014). Artikel 6 der 1994 in Kraft getretenen Klimarahmenkonvention legt den Grundstein für Bildung in der internationalen Klimapolitik, indem die Bedeutung von Programmen zu Bildung und Aufklärung sowie die Notwendigkeit der Zusammenarbeit in diesen Fragen auf internationaler Ebene hervorgehoben werden (UNFCCC 1992). Die Umsetzung von Artikel 6 wurde in der Folge durch eine Reihe von Arbeitsprogrammen erleichtert: Die Vertragsparteien verabschiedeten im Jahr 2002 das „New Delhi Work Programme on Article 6" (UNFCCC 2007) und im Jahr 2012 das „Doha Work Programme" (UNFCCC 2012) – damit initiierten sie ebenfalls den jährlich stattfindenden „Dialogue on Article 6", der die Vertragsparteien und andere Interessengruppen zum Austausch von Best Practices zur Umsetzung von Artikel 6 zusammenbringt. Im Jahr 2015 wurde mit Artikel 12 des Übereinkommens von Paris ein neuer bildungsbezogener Artikel der Klimarahmenkonvention verabschiedet (UNFCCC 2016). Das Pariser Abkommen ist die Vereinbarung der 195 Vertragsparteien der Klimarahmenkonvention der Vereinten Nationen und gilt heute als Nachfolge des Kyoto-Protokolls. Artikel 12 dieses Abkommens hebt hervor, dass die Vertragsparteien bei der Ergreifung geeigneter Maßnahmen zur Verbesserung von Klimabildung, Ausbildung, öffentlichem Bewusstsein, öffentlicher Beteiligung und öffentlichem Zugang zu Informationen zusammenarbeiten:

> „Parties shall cooperate in taking measures, as appropriate, to enhance CCE, training, public awareness, public participation and public access to information, recognizing the importance of these steps with respect to enhancing actions under this Agreement" (ebd.: 30).

Mit diesem Artikel ist es gelungen, Bildung, Ausbildung und öffentliches Bewusstsein als Instrumente zur Erreichung der Ziele des internationalen Klimaabkommens fest zu verankern. Die zunehmende Relevanz der Klimabildung auf der globalen Ebene ist auch auf politische und gesellschaftliche Desiderate zurückzuführen. Populistische Debatten und die Delegitimierung mehrfach belegter wissenschaftlicher Erkenntnisse führten zu einem schwindenden Vertrauen in Wissenschaft und internationalen Organisationen und weisen auf die Notwendigkeit hin, über die bisherige Bildung zu Klimafragen sowie die Vermittlung wissenschaftlicher Erkenntnisse nachzudenken (Kolleck/Well 2017a). Obwohl es heute als eindeutig belegte Tatsache gilt, dass der Klimawandel menschengemacht ist, verbreiten populistische Parteien oder Gruppen vermehrt Misstrauen über die Gültigkeit der wissenschaftlichen Studien zum Klimawandel (ebd.). Diese Taktik ist dazu geeignet, von Lösungsansätzen und den sich daraus ergebenden Pflichten abzulenken. Die Aufmerksamkeit liegt dann nicht mehr bei der Erarbeitung und Umsetzung nationaler Klimaschutzpläne, sondern wiederholt bei der Frage der Glaubwürdigkeit der Wissenschaftler*innen (ebd.).

Exkurs: MECCE Projekt

Um die Leugnung des Klimawandels zu überwinden, ein Bewusstsein für den menschengemachten Klimawandel zu fördern und Klimaschutzmaßnahmen zu unterstützen, ist eine „gute" Klimabildung unerlässlich. Derzeit mangelt es jedoch an einem klaren Verständnis von „guter" Klimabildung und -erziehung (CCE) weltweit in den Bereichen K-12 und der Hochschulbildung, in Regierung, Zivilgesellschaft, Wirtschaft, Medien und Kommunikation. Da die Klimakrise durch die weit verbreitete Leugnung des Klimawandels zu einer großen Gefahr für den Planeten wird, wurde das Projekt *Monitoring and Evaluating Climate Communication and Education* (MECCE) gegründet. Unter Leitung von Prof. Marcia McKenzie und mit der Beteiligung von über 80 führenden Wissenschaftler*innen und Organisationen wurde ein ehrgeiziges internationales forschungsbasiertes Netzwerk geschaffen. MECCE wurde im Jahr 2020 gegründet und wird seitdem mit über 2,5 Millionen Dollar vom kanadischen Social Sciences and Humanities Research Council sowie zusätzlich über 2 Millionen Dollar an Partnerbeiträgen finanziert. In Deutschland sind unter anderem Prof. Dr. Gerhard de Haan und Prof. Dr. Nina Kolleck in dem Verbund aktiv.

Diesem Dilemma kann – neben einer allgemeinverständlichen Wissenschaftskommunikation – insbesondere durch die Klimabildung begegnet werden. Hierbei ist die Verantwortung der Bildungssysteme gefragt, die die Bevölkerung über die mit dem Klimawandel verbundenen Ursachen, Effekte und Lösungsansätze aufklären müssen (Kolleck/Well 2017b). Dazu zählt auch die Thematisierung von Klimabildung in allgemeinbildenden Schulen und weiteren Bildungseinrichtungen (bspw. Kindertagesstätte, Hochschule, Einrichtungen beruflicher Bildung). In formalen Bildungseinrichtungen in Deutschland spielt Klimabildung bisher jedoch eine geringe Rolle. Zugleich ist Klimabildung in Deutschland sowie in allen anderen Mitgliedsstaaten der Vereinten Nationen nicht mehr freiwillig: Mit der Verabschiedung des Pariser Klimaabkommens im Jahr 2015 wird der Klimabildung eine zentrale Rolle zugeschrieben und die unterzeichnenden Länder werden dazu verpflichtet, ihre Bevölkerung zu klimabewusstem Handeln zu befähigen (ebd.).

Weiterführendes

#Kurvekriegen – der Klimaschutz-Podcast „Simon Teztlaff: Klimabildung für eine nachhaltige Zukunft": https://open.spotify.com/episode/2CjUJEU1TigYnOq-VawXBro?si=BZYDwCTfTTyiOHG0Xnctnw&dl_branch=1

The Sustainability and Education Policy Network – The Monitoring and Evaluation of Climate Change Education Project (MECCE): https://www.youtube.com/watch?v=0c0JMSEMAYc

6.5 Entrepreneurship Education

Übungsfragen

- Welches Bildungsverständnis liegt der *Entrepreneurship Education* zugrunde?
- Welche Rolle spielen ökonomische Denkweisen in dem Konzept?
- Was wird an der Entrepreneurship Education kritisiert?

Als Kernbestandteil der ökonomischen Bildung findet das Thema *Entrepreneurship Education* zunehmend auch weltweit Einzug in Bereiche der politischen Bildung. Auch wenn sich bisher keine allgemein akzeptierte Definition von *Entrepreneurship Education* durchgesetzt hat, beziehen sich bisherige Definitionen auf eine Bildung, die auf Innovation sowie Unternehmensgründung setzt (Amiel/Yemini/Kolleck 2021). Dabei wird das Konzept nicht allein auf die Entwicklung von Kompetenzen der Unternehmensgründung und -führung bezogen, sondern auf alle Bildungsmaßnahmen zur Entwicklung von Werten und Haltungen, die eine persönliche Qualifikationen hin zur selbstständigen Arbeit und einer eigenverantwortlichen Lebensführung unterstützen (u. a. BMBWF 2021). Auch die Einführung von externen Programmen in Schulen, die neben Stiftungen und NGOs ebenfalls von gewinnorientierten Anbietern und Firmen bereitgestellt werden, wird oft mit *Entrepreneurship Education* in Verbindung gebracht (Molnar 2006; Tannock 2020).

In der internationalen Forschung zeigt sich, dass das Konzept *Entrepreneurship Education* vor allem von internationalen Organisationen gefördert wird (u. a. Amiel/Yemini/Kolleck 2021). Im Jahr 2010 formulierte die OECD das Ziel, Merkmale in Bezug auf Innovation und *Entrepreneurship Education* in ihre *Educational Assessments* mit aufzunehmen. In der Literatur wird dies häufig auf einen zentralen Trend der OECD zurückgeführt, das Humankapital von Ländern zu quantifizieren und in eine Rangfolge zu bringen (ebd.; Auld/Morris 2019; Sellar/Lingard 2014). Tatsächlich konzentriert sich der Diskurs um *Entrepreneurship Education* auf die Fähigkeit von Ländern und Individuen, in der globalen Wissensökonomie zu konkurrieren. Aus dieser Perspektive können die notwendigen Fähigkeiten, um das Humankapital zu fördern und im globalen Wettbewerb zu „gewinnen", quantifiziert, gemessen und international verglichen werden (Auld/Morris 2016; Hanushek/Woessmann 2012).

Dieses Narrativ von *Entrepreneurship* beziehungsweise Unternehmertum (sowie auch Resilienz) wurde oft mit marktwirtschaftlichen Werten in Verbindung gebracht, die ein Modell eines ‚schlanken' Staates mit minimalen Eingriffen und großer individueller Freiheit und Verantwortung bevorzugen (Auld/Morris 2019; Sukarieh/Tannock 2009). Aus dieser Perspektive ist *Entrepreneurship Education* ein Konzept der ‚neoliberalen Governance', das sowohl das individuelle Wohlbefinden als auch die gesellschaftliche Wohlfahrt fördert (Oldham 2017, 2018).

Kritiker*innen befürchten, dass durch das Konzept der *Entrepreneurship Education* neoliberale Werte zu stark in Politik, Gesellschaft und Bildung eindringen würden (Birch/Macleavy/Springer 2016; Lawn/Lingard 2002; Rowe et al. 2019). Aus ihrer Perspektive ist das Konzept mit einem zu starken Rückzug des Staates verbunden. Durch eine Abgabe der staatlichen Verantwortung an internationale oder nichtstaatliche Organisationen bestünde die Gefahr, dass eine Gewinnmaximierung in den Vordergrund gerückt und wirtschaftlich kommerzielle Werte über humanistische, demokratische Werte gestellt würden (Lackéus 2017; Patrick 2013). Lackéus (2017) unterscheidet zwei Formen oder Verständnisse von *Entrepreneurship Education*. Das erste Verständnis von *Entrepreneurship Education* basiere auf der Annahme, dass Individuen danach streben, ihr individuelles Glück durch wirtschaftlichen Erfolg zu maximieren. Dies solle mit *Entrepreneurship Education* durch unternehmerische Kompetenzen gefördert werden (Lackéus 2017). Die zweite der beiden Formen ist besonders gut mit den Zielen der politischen Bildung kompatibel und legt den Schwerpunkt auf die Herausbildung von individueller Mündigkeit. Hiernach wird das individuelle (unternehmerische) Engagement der Schüler*innen betont, das Themen wie globale Ungleichheit, Demokratiefeindlichkeit sowie Armut aufgreifen und kritisch infrage stellen kann:

> „By putting emphasis on students-as-givers, entrepreneurial education could reap similar or even stronger benefits for student learning and engagement while at the same time avoiding and also countering the neoliberal price-tag of inequality, anti-democracy and blaming of the poor for their misfortunes" (ebd.: 644)

In der Literatur wird häufig hervorgehoben, dass *Entrepreneurship Education* allen Kindern und Jugendlichen unabhängig von ihrer Herkunft zugutekommen und demnach auch zur Maximierung von Chancengerechtigkeit beitragen solle (Amiel/Yemini/Kolleck 2021). In diesem Zusammenhang wird allerdings ebenfalls kritisiert, dass die Betonung der Chancengleichheit implizieren könne, Schüler*innen mit schlechten Hintergrundbedingungen oder geringem Sozialkapital selbst für ihr Scheitern verantwortlich zu machen – zumindest, wenn sie in der Schule nicht so gut abschneiden wie andere, obwohl sie vordergründig Unterstützung für den Erfolg erhalten hätten (Yemini 2018). Demnach werde Chancengleichheit durch *Entrepreneurship Education* nur dem Anschein nach hergestellt, während Schüler*innen in der Realität vermittelt werde, allein für ihren Erfolg oder Misserfolg verantwortlich zu sein. Die tatsächlichen Ursachen und Faktoren der Chancenungleichheit (schlechte Hintergrundbedingungen oder geringes soziales bzw. kulturelles Kapital) blieben demnach unberücksichtigt, was wiederum eine faktische Chancenungleichheit bestärke. Vor diesem Hintergrund warnen Lehrkräfte und Bildungsforscher*innen teils vor der Aufrechterhaltung von Ungleichheiten durch *Entrepreneurship Education* (ebd.).

Jenseits von Fragen der Verteilungsgerechtigkeit bezieht sich die Hauptkritik an *Entrepreneurship Education* auf die Frage, ob das Konzept tatsächlich dazu geeignet ist, individuelle Beschäftigungschancen und Marktwachstum unmittelbar beeinflussen zu können. So wird die Wirksamkeit der Integration des Konzepts in den Lehrplänen und Curricula von Schulen generell infrage gestellt. In diesem Kontext wird argumentiert, dass dem Bestreben, das Wirtschaftswachstum anzukurbeln, besser gedient wäre, wenn man sich auf die Gründung neuer Unternehmen und die Einführung von Innovationen in bestehenden Unternehmen sowie auf die Verbesserung des Bildungsniveaus im Allgemeinen konzentrieren würde, anstatt auf *Entrepreneurship Education* zu setzen (Eyal/Yosef-Hassidim 2012; Hoppe 2016).

Beispiel aus der internationalen Forschung: Entrepreneurship Education

Zusammen mit der Tel Aviv Universität bin ich in einer Studie der Frage nachgegangen, wie die EU und die OECD Entrepreneurship Education präsentieren und fördern. Anhand empirischer Analysen zeigen wir, dass sich die Ursachen und Probleme, die die EU und die OECD mit Entrepreneurship Education assoziieren, diskursiv unterscheiden. Dennoch kommen beide Organisationen zu ähnlichen Schlüssen und schlagen teils dieselben Lösungen für die Umsetzung von Entrepreneurship Education vor, die gelegentlich sogar durch eine formelle Zusammenarbeit zwischen den beiden Organisationen zementiert werden. In unserer Studie argumentieren wir, dass diese Zusammenarbeit ein Beispiel dafür ist, wie internationale Organisationen versuchen, im Einklang mit global dominierenden Logiken zu regieren und hierdurch universelle, dekontextualisierte Lösungen für verschiedene Probleme anbieten. Dabei stützen wir uns auf frühere Studien über andere Politiken, die von der EU und der OECD befürwortetet wurden (z. B. Qualitätsbildung und Modernisierung der Hochschulbildung), um die Nuancen dieser politischen Schritte zu verstehen (Amiel/Yemini/Kolleck 2021).

Literaturverzeichnis

Abels, Heinz/König, Alexandra (2010): Émile Durkheim: Arbeitsteilung, socialisation méthodique, Solidarität der Individualität. In: Abels, H./König, A. (Hrsg.): Sozialisation. Soziologische Antworten auf die Frage, wie wir werden, was wir sind, wie gesellschaftliche Ordnung möglich ist und wie Theorien der Gesellschaft und der Identität ineinanderspielen. 1. Auflage. Studientexte zur Soziologie. Wiesbaden: VS Verlag für Sozialwissenschaften, S. 50–61.

AbouAssi, Khaldoun (2013): Hands in the Pockets of Mercurial Donors. In: Nonprofit and Voluntary Sector Quarterly 42, 3, S. 584–602.

Abs, Hermann Josef/Hahn-Laudenberg, Katrin (Hrsg.) (2017a): Das politische Mindset von 14-Jährigen. Ergebnisse der International Civic and Citizenship Education Study 2016. Münster, New York: Waxmann.

Abs, Hermann Josef/Hahn-Laudenberg, Katrin (Hrsg.) (2017b): ICCS 2016 auf einen Blick – Das politische Mindset von 14-Jährigen. Ergebnisse der International Civic and Citizenship Education Study 2016 – Presseinformation. Münster, New York: Waxmann.

Abs, Hermann Josef/Hahn-Laudenberg, Katrin/Deimel, Daniel/Ziemes, Johanna F. (2017): Einleitung. In: Abs, H. J./Hahn-Laudenberg, K. (Hrsg.): Das politische Mindset von 14-Jährigen. Ergebnisse der International Civic and Citizenship Education Study 2016. Münster, New York: Waxmann, S. 9–26.

Achour, Sabine/Gill, Thomas (2020): Extremismusprävention als politische Bildung? In: POLIS 4.

Achour, Sabine/Höppner, Anja/Jordan, Annemarie (2020): Zwischen Status Quo und State of the Art. Politische Bildung und Demokratiebildung an Berliner Schulen. 1. Auflage. Berlin Politik im Forum Berlin. Berlin: Friedrich-Ebert-Stiftung, Forum Berlin.

Achour, Sabine/Wagner, Susanne (2019): Wer hat, dem wird gegeben: Politische Bildung an Schulen – Bestandsaufnahme, Rückschlüsse und Handlungsempfehlungen. Bonn: Friedrich-Ebert-Stiftung.

Ackermann, Paul (1996): Das Schulfach ‚Politische Bildung' als institutionalisierte politische Sozialisation. In: Claußen, B./Geißler, R. (Hrsg.): Die Politisierung des Menschen. Wiesbaden: VS Verlag für Sozialwissenschaften, S. 91–100.

Adick, Christel/Giesemann, Maria (2014): Die politische Bildungsarbeit deutscher politischer Stiftungen im Ausland am Beispiel Mexiko. In: Bildung und Erziehung 67, 3, S. 349–370.

Adomßent, Maik/Fischer, Daniel/Godemann, Jasmin/Herzig, Christian/Otte, Insa/Rieckmann, Marco/Timm, Jana (2014): Emerging areas in research on higher education for sustainable development – management education, sustainable consumption and perspectives from Central and Eastern Europe. In: Journal of Cleaner Production 62, 4, S. 1–7.

Ahlheim, Klaus (2019): Beutelsbacher Konsens? Politische Bildung in Zeiten von AfD und Co. 1. Auflage. Edition pyrrhus, Band 3. Ulm: Verlag Klemm+Oelschläger.

Alemann, Ulrich von (1995): Zum Schluß: Politikbegriffe – Politik begriffen? In: Alemann, U. von (Hrsg.): Grundlagen der Politikwissenschaft: Ein Wegweiser. Wiesbaden: VS Verlag für Sozialwissenschaften, S. 140–148.

Al-Salem, Rouba Essam (2020): A New Link in the Chain? Arabic-Language Citizenship Education Courses and the Integration of Resettled Syrian Refugees in Canada. In: Refuge: Canada's Journal on Refugees 36, 1, S. 14–29.

Aly, Anne/Taylor, Elisabeth/Karnovsky, Saul (2014): Moral Disengagement and Building Resilience to Violent Extremism: An Education Intervention. In: Studies in Conflict & Terrorism 37, 4, S. 369–385.

Amadeu Antonio Stiftung (2019): Themenflyer zu Gruppenbezogener Menschenfeindlichkeit. https://www.amadeu-antonio-stiftung.de/themenflyer-zu-gruppenbezogener-menschenfeindlichkeit/ [Zugriff: 09.07.2021].

Amiel, May/Yemini, Miri/Kolleck, Nina (2021): Questioning the rhetoric: A critical analysis of intergovernmental organisations' entrepreneurship education policy. In: European Educational Research Journal, 14749041211005893.

Ammerer, Heinrich (2020): Lernen, in einer (stets) neuen Welt zu leben: Demokratiebildung als Auftrag aller Unterrichtsfächer. In: Ammerer, H./Geelhaar, M./Palmstorfer, R. (Hrsg.): Demokratie lernen in der Schule. Politische Bildung als Aufgabe für alle Unterrichtsfächer. Münster, New York: Waxmann Verlag, S. 15–30.

Andreotti, Vanessa Oliveira de (2014): Soft versus critical global citizenship education. In: Development education in policy and practice. Springer, S. 21–31.

Annette, John (2005): Character, Civic Renewal and Service Learning for Democratic Citizenship in Higher Education. In: British Journal of Educational Studies 53, S. 326–340.

Antal, Carrie/Easton, Peter (2009): Indigenizing civic education in Africa: Experience in Madagascar and the Sahel. In: International Journal of Educational Development 29, 6, S. 599–611.

Anzenbacher, Arno (1999): Bildungsbegriff und Bildungspolitik. In: Jahrbuch für christliche Sozialwissenschaften 40, S. 12–37.

Artelt, Cordula/Baumert, Jürgen/Julius-McElvany, Nele/Peschar, Jules (2004): PISA Das Lernen Lernen. Vorraussetzungen für lebensbegleitendes Lernen. https://www.oecd.org/education/school/programmeforinternationalstudentassessmentpisa/33690500.pdf [Zugriff: 09.06.2021].

Artelt, Cordula/Moschner, Barbara (2005): Lernstrategien und Metakognition. Implikationen für Forschung und Praxis. In: Artelt, C./Moschner, B. (Hrsg.): Lernstrategien und Metakognition: Implikationen für Forschung und Praxis. Münster: Waxmann, S. 7–12.

Auld, Euan/Morris, Paul (2016): PISA, policy and persuasion: Translating complex conditions into education ‚best practice. In: Comparative Education 52, 2, S. 202–229.

Auld, Euan/Morris, Paul (2019): Science by streetlight and the OECD's measure of global competence: A new yardstick for internationalisation? In: Policy Futures in Education 17, 6, S. 677–698.

Autorengruppe Bildungsberichterstattung (2006): Bildung in Deutschland. Ein indikatorengestützter Bericht mit einer Analyse zu Bildung und Migration. Bielefeld: Bertelsmann.

Autorengruppe Bildungsberichterstattung (2012): Bildung in Deutschland 2012. Grünwald: wbv Media; Preselect.media GmbH.

Autorengruppe Bildungsberichterstattung (2016): Bildung in Deutschland 2016. Ein indikatorengestützter Bericht mit einer Analyse zu Bildung und Migration. Bielefeld: W. Bertelsmann Verlag.

Autorengruppe Bildungsberichterstattung (2018): Bildung in Deutschland 2018. Ein indikatorengestützter Bericht mit einer Analyse zu Bildung und Migration. 1. Auflage. Bielefeld: wbv.

Backhaus-Maul, Holger/Mutz, Gerd (2005): Die organisationssoziologische Entgrenzung des Dritten Sektors. Zur Handlungskoordination und-logik gemeinnütziger Organisationen. In: Dritter Sektor/Drittes System. Springer, S. 93–103.

Ball, Stephen J. (2008): New Philanthropy, New Networks and New Governance in Education. In: Political Studies 56, 4, S. 747–765.

Bamber, Philip/Bullivant, Andrea/Glover, Alison/King, Betsy/McCann, Gerard (2016): A comparative review of policy and practice for education for sustainable development/education for global citizenship (ESD/GC) in teacher education across the four nations of the UK. In: Management in Education 30, 3, S. 112–120.

Banks, James A. (2009): Diversity and citizenship education in multicultural nations. In: Multicultural Education Review 1, 1, S. 1–28.

Barbour, Amanda (2016): Becoming American: Adult Refugees at the Intersection of Language Learning and Civic Education. Michigan, Ann Arbor: Amanda. State University of New York at Buffalo/ProQuest Dissertations Publishing.

Barman, Emily (2017): The Social Bases of Philanthropy. In: Annual Review of Sociology 43, 1, S. 271–290.

Barth, Matthias/Rieckmann, Marco (2015): State of the Art in Research on Higher Education for Sustainable Development. In: Barth, M./Michelsen, G./Rieckmann, M./Thomas, I. (Hrsg.): Routledge Handbook of Higher Education for Sustainable Development. London: Routledge, S. 100–113.

Barth, Matthias/Rieckmann, Marco (2016a): Einleitung: Eine Summer School zur empirischen Forschung zur Bildung für nachhaltige Entwicklung. In: Barth, M./Rieckmann, M. (Hrsg.): Empirische Forschung zur Bildung für nachhaltige Entwicklung – Themen, Methoden und Trends. Verlag Barbara Budrich, S. 9–14.

Barth, Matthias/Rieckmann, Marco (Hrsg.) (2016b): Empirische Forschung zur Bildung für nachhaltige Entwicklung – Themen, Methoden und Trends. Verlag Barbara Budrich.

Bartsch, Sebastian (2007): Politische Stiftungen. In: Schmidt, S./Hellmann, G./Wolf, R. (Hrsg.): Handbuch zur deutschen Außenpolitik. Wiesbaden: VS Verlag für Sozialwissenschaften, S. 280–289.

Baumert, Jürgen (2002): Deutschland im internationalen Bildungsvergleich. In: Killius, N. (Hrsg.): Die Zukunft der Bildung. Orig.-Ausg., 1. Aufl. Frankfurt am Main: Suhrkamp, S. 100–150.

Beck, Ulrich/Hajer, Maarten/Kesselring, Sven (2013): Der unscharfe Ort der Politik – Eine Einleitung. In: Beck, U./Hajer, M./Kesselring, S. (Hrsg.): Der unscharfe Ort der Politik: Empirische Fallstudien zur Theorie der reflexiven Modernisierung. VS Verlag für Sozialwissenschaften, S. 7–20.

Beck, Volker (2021): Eckpunkte-Papier für ein Wehrhafte-Demokratie-Gesetz. Die politische Bildung und die der politischen Stiftungen gesetzlich regeln. https://www.bs-anne-frank.de/fileadmin/content/downloads/wehrhafte_demokratie_vollversion.pdf [Zugriff: 01.11.2021].

Becker, Helle (2012): Politische Bildung in Europa. In: APUZ, 46-47.

Beichel, Johann J./Fees, Konrad (2007): Vorwort der Herausgeber. In: Beichel, J. J./Fees, K. (Hrsg.): Bildung oder Outcome? – Leitidee der standartisierten Schule im Diskurs. Herbolzheim: Centaurus Verl., S. vi–x.

Bender, Saskia/Kolleck, Nina/Lambrecht, Maike/Heinrich, Martin (2019a): Kulturelle Bildungsnetzwerke in ländlichen Räumen. In: WE_OS Praxisforschung und Transfer 2, S. 65–81.

Bender, Saskia/Kolleck, Nina/Lambrecht, Maike/Heinrich, Martin (2019b): Kulturelle Bildungsnetzwerke in ländlichen Räumen. In: WE_OS Jahrbuch 2: Praxisforschung und Transfer, S. 65–81.

Benhabib, Seyla (2017): Die Rechte der Anderen – Ausländer, Migranten, Bürger. Frankfurt am Main: Suhrkamp.

Benner, Dietrich (1993): Die Pädagogik Herbarts: eine problemgeschichtliche Einführung in die Systematik neuzeitlicher Pädagogik. 2., überarb. Aufl. Weinheim: Juventa-Verl.

Berendsen, Eva/Rhein, Katharina/Uhlig, Tom David (2019): Rechts von uns ist nur das Land. In: Berendsen, E./Rhein, K./Uhlig, T. D. (Hrsg.): Extrem unbrauchbar. Über Gleichsetzungen von links und rechts. Edition Bildungsstätte Anne Frank, Band 2. Berlin: Verbrecher Verlag, S. 9–31.

Berkovich, Izhak/Foldes, Jonathan Vincent (2012): Third sector involvement in public education: the Israeli case. In: Journal of Educational Administration 50, 2, S. 173–187.

Bernhard, Armin (1997): Bildung. In: Bernhard, A./Freire, P. (Hrsg.): Handbuch kritische Pädagogik: eine Einführung in die Erziehungs- und Bildungswissenschaft. Dr. nach Typoskript. Weinheim: Dt. Studien-Verl., S. 61–74.

Bernhard, Armin (2011): Allgemeine Pädagogik: auf praxisphilosophischer Grundlage. Baltmannsweiler: Schneider-Verl. Hohengehren.

Bernhard, Armin/Freire, Paulo (Hrsg.) (1997): Handbuch kritische Pädagogik: eine Einführung in die Erziehungs- und Bildungswissenschaft. Dr. nach Typoskript. Weinheim: Dt. Studien-Verl.

Bertelsmann Stiftung: Projektbeschreibung – Bertelsmann Stiftung [Zugriff: 15.03.2021].

Bertelsmann Stiftung (2017): Mehr Schule Wagen. Empfehlungen für guten Ganztag.

Bertelsmann Stiftung (2020): Stiften in Deutschland – Bertelsmann Stiftung. https://www.bertelsmann-stiftung.de/de/publikationen/publikation/did/stiften-in-deutschland [Zugriff: 22.03.2021].

Beutel, S./Wehe, I. (2018): Ganztagsbildung in kommunaler Umgebung – ein Beitrag zur Demokratie vor Ort. In: Buhl, M./Förster, M./Veith, H./Weiß, M. (Hrsg.): Jahrbuch Demokratiepädagogik. Frankfurt/Main: Wochenschau Verlag, S. 79–89.

Beutel, Wolfgang/Fauser, Peter (2001): Erfahrene Demokratie: wie Politik praktisch gelernt werden kann; pädagogische Analysen ; Berichte und Anstöße aus dem Förderprogramm Demokratisch Handeln. Opladen: Leske und Budrich.

Beutel, Wolfgang/Fauser, Peter (2013): Demokratisch handeln und Demokratie lernen als schulpädagogisches Problem. Pädagogische Grundlagen, Konzepte und Erfahrungen des „Förderprogramms Demokratisch Handeln. In: Beutel, W./Fauser, P. (Hrsg.): Demokratie erfahren: Analysen, Berichte und Anstöße aus dem Wettbewerb „Förderprogramm Demokratisch Handeln“. 1. Aufl. Reihe Politik und Bildung. Schwalbach am Taunus: Wochenschau-Verlag.

Birch, Kean/Macleavy, Julie/Springer, Simon (2016): The Handbook of Neoliberalism. New York, London: Routledge.

Bischoff, Antje/Hagedorn, Sandra (2014): Stiftungsforschung heute und morgen – eine Einschätzung des Bundesverbandes Deutscher Stiftungen. In: Zimmer, A. E./Simsa, R. (Hrsg.): Forschung zu Zivilgesellschaft, NPOs und Engagement. Wiesbaden: Springer Fachmedien Wiesbaden, S. 373–384.

Blomfield, Corey/Barber, Bonnie (2010): Australian Adolescents‘ Extracurricular Activity Participation and Positive Development: Is the Relationship Mediated by Peer Attributes? In: Australian Journal of Educational & Developmental Psychology 10, S. 114–128.

BMBWF (2021): Entrepreneurship Education. https://www.bmbwf.gv.at/Themen/schule/schulsystem/sa/bmhs/kfm/entrepreneurship.html [Zugriff: 03.11.2021].

BMFSFJ (2005): Zwölfter Kinder- und Jugendbericht. Bericht über die Lebenssituation junger Menschen und die Leistungen der Kinderund Jugendhilfe in Deutschland. In: Drucksachen Bundestag, 15/6014.

BMI (2021a): Anzahl der politisch motivierten Straftaten mit rechts- und linksextremistischem Hintergrund* in Deutschland nach Art des Delikts im Jahr 2020. In: Statista.

BMI (2021b): Anzahl der politisch motivierten Straftaten und Gewalttaten mit rechtsextremistischem Hintergrund* in Deutschland von 2010 bis 2020. In: Statista.

Böhmer, Anselm (2020): Bildung regieren. Bildungspolitische Ansätze von Innovation und Legitimation im Kontext von Migration und Flucht. In: Pioch, R./Toens, K. (Hrsg.): Innovation und Legitimation in der Migrationspolitik: Politikwissenschaft, politische Praxis und Soziale Arbeit im Dialog. Wiesbaden: Springer Fachmedien Wiesbaden, S. 247–269.

Bollweg, Petra (2018): Bildungslandschaft. In: Böllert, K. (Hrsg.): Kompendium Kinder- und Jugendhilfe. SpringerLink Bücher. Wiesbaden: Springer VS, S. 1161–1180.

Börner, Nicole/Conraths, Andrea/Gerken, Ute/Steinhauer, Ramona/Stötzel, Janina/Tabel, Agathe (2014): Bildungsbericht Ganztagsschule NRW 2014. Bildungsberichterstattung Ganztagsschule NRW. Dortmund.

Bracht, Ulla (1997): Lernen. In: Bernhard, A./Freire, P. (Hrsg.): Handbuch kritische Pädagogik: eine Einführung in die Erziehungs- und Bildungswissenschaft. Dr. nach Typoskript. Weinheim: Dt. Studien-Verl.

Bredl, Patrick/Lange, Dirk (2018): Politische Stiftungen. In: Voigt, R. (Hrsg.): Handbuch Staat. Wiesbaden: Springer Fachmedien Wiesbaden, S. 1119–1126.

Bremer, Helmut/Gerdes, Jürgen (2012): Politische Bildung. In: Bauer, U./Bittlingmayer, U. H./Scherr, A. (Hrsg.): Handbuch Bildungs- und Erziehungssoziologie. Wiesbaden: VS Verlag für Sozialwissenschaften, S. 683–701.

Bremer, Helmut/Gerdes, Jürgen (2020): Politische Bildung. In: Bauer, U./Bittlingmayer, U. H./Scherr, A. (Hrsg.): Handbuch Bildungs- und Erziehungssoziologie. Wiesbaden: Springer Fachmedien Wiesbaden, S. 1–23.

Brezinka, Wolfgang (1990): Grundbegriffe der Erziehungswissenschaft: Analyse, Kritik, Vorschläge. 5., verb. Aufl. Brezinka, Wolfgang 1928–2020 Gesammelte Schriften. München u. a.: Reinhardt.

Brinkerhoff, Jennifer M. (2002): Government-nonprofit partnership: a defining framework. In: Public Administration and Development 22, 1, S. 19–30.

Bröckling, Ulrich (2008): Vorbeugen ist besser… Zur Soziologie der Prävention. In: BEHEMOTH-A Journal on Civilisation 1, 1, S. 38–48.

Brøgger, Katja (2016): The rule of mimetic desire in higher education: Governing through naming, shaming and faming. In: British journal of sociology of education 37, 1, S. 72–91.

Bromley, Patricia (2009): Cosmopolitanism in Civic Education: Exploring Cross-National Trends, 1970-2008. In: Current Issues in Comparative Education 12, 1, S. 33–44.

Brown, Phillip (2003): The opportunity trap: Education and employment in a global economy. In: European Educational Research Journal 2, 1, S. 141–179.

Brunold, Andreas (2015): Civic Education for Sustainable Development and its Consequences for German Civic Education Didactics and Curricula of Higher Education. In: Discourse and Communication for Sustainable Education 6, 1, S. 30–49.

Buchstein, Hubertus/Frech, Siegfried/Pohl, Kerstin (Hrsg.) (2016): Beutelsbacher Konsens und politische Kultur. Siegfried Schiele und die politische Bidung. Schwalbach (Taunus): Wochenschau Verlag.

Bulkley, Katrina E./Burch, Patricia (2011): The Changing Nature of Private Engagement in Public Education: For-Profit and Nonprofit Organizations and Educational Reform. In: Peabody Journal of Education 86, 3, S. 236–251.

Bundeskriminalamt (2020): Politisch motivierte Kriminalität (PMK) -rechts-. https://www.bka.de/DE/UnsereAufgaben/Deliktsbereiche/PMK/PMKrechts/PMKrechts_node.html;jsessionid=797D56D9CA38D6A95352CBBD54006595.live602#doc121714bodyText2 [Zugriff: 23.11.2021].

Bundesministerium für Bildung und Forschung (2021): Education for Sustainable Development: Towards achieving the SDGs – BNE-Portal Kampagne. https://www.bne-portal.de/de/education-for-sustainable-development-towards-achieving-the-sdgs-1729.html [Zugriff: 05.04.2021].

Bundesverband Deutscher Stiftungen (2020): Gesellschaft, Bildung und Kunst stehen bei Stiftungen hoch im Kurs. https://www.stiftungen.org/fileadmin/stiftungen_org/Stiftungen/Zahlen-Daten/2019/Stiftungszwecke-2019.pdf [Zugriff: 04.03.2021].

Bundesverband Deutscher Stiftungen (2021a): Gründung einer rechtsfähigen Stiftung bürgerlichen Rechts [Zugriff: 21.04.2021].

Bundesverband Deutscher Stiftungen (2021b): Was ist eine Stiftung? https://www.stiftungen.org/stiftungen/basiswissen-stiftungen/was-ist-eine-stiftung.html [Zugriff: 01.09.2021].

Bundesverband Deutscher Stiftungen (2021c): Forschung, Daten und Wissen. https://www.stiftungen.org/ueber-uns/was-wir-tun/forschung-daten-und-wissen.html [Zugriff: 22.03.2021].

Busch, Matthias (2018): Auf dem Weg zu einer demokratischen Schulkultur. In: mateneen: Praxishefte Demokratische Schulkultur, S. 5–8.

Busemeyer, Marius R. (2009): Die Europäisierung der deutschen Berufsbildungspolitik: Sachzwang oder Interessenpolitik? Bonn: Friedrich-Ebert-Stiftung.

Busemeyer, Marius R. (2015a): Bildungspolitik. In: Wenzelburger, G./Zohlnhöfer, R. (Hrsg.): Handbuch Policy-Forschung. Wiesbaden: Springer Fachmedien Wiesbaden, S. 615–640.

Busemeyer, Marius R. (2015b): Bildungspolitik im internationalen Vergleich. 1. Aufl. UTB. Konstanz, Stuttgart: UVK: UTB GmbH.

Büttner, Christian/Meyer, Bernhard (2000): Lernprogramm Demokratie: Möglichkeiten und Grenzen politischer Erziehung von Kindern und Jugendlichen. Juventa-Materialien. Weinheim: Juventa-Verl.

Callet, Valerie (2010): Problems solved, problems created: A critical-case analysis of a public-private partnership in alternative education for at-risk students. University of Southern California.

Chakrabarty, Dipesh (2010): Europa als Provinz Perspektiven postkolonialer Geschichtsschreibung. Frankfurt am Main: Campus.

Cheema, Saba-Nur (2019): „Das hat nichts mit dem Islam zu tun!“ Muslime im Extremismustheater. In: Berendsen, E./Rhein, K./Uhlig, T. D. (Hrsg.): Extrem unbrauchbar. Über Gleichsetzungen von links und rechts. Edition Bildungsstätte Anne Frank, Band 2. Berlin: Verbrecher Verlag.

Christ, Johannes/Horn, Heike/Lux, Thomas (2020): Weiterbildungsstatistik im Verbund. wbv Media.

Chung, Bong Gun/Par, Inyoung (2016): A review of the differences between ESD and GCED in SDGs: Focusing on the concepts of global citizenship education. In: Journal of International Cooperation in Education 18, 2, S. 17–35.

Coelen, Thomas (2014): Kooperationen zwischen Ganztagsschulen und außerschulischen Organi-sationen. In: Coelen, T./Stecher, L. (Hrsg.): Die Ganztagsschule: eine Einführung. Grundlagentexte Pädagogik. Weinheim: Beltz Juventa, S. 111–126.

Coelen, Thomas/Rother, Pia (2014): Weiteres pädagogisch tätiges Personal an Ganztagsschulen. In: Coelen, T./Stecher, L. (Hrsg.): Die Ganztagsschule: eine Einführung. Grundlagentexte Pädagogik. Weinheim: Beltz Juventa, S. 111–126.

Costello, Matthew/Barrett-Fox, Rebecca/Bernatzky, Colin/Hawdon, James/Mendes, Kelly (2018): Predictors of Viewing Online Extremism Among America's Youth. In: Youth & Society 52, 5, S. 710–727.

Crul, Maurice/Lelie, Frans/Biner, Özge/Bunar, Nihad/Keskiner, Elif/Kokkali, Ifigenia/Schneider, Jens/Shuayb, Maha (2019): How the different policies and school systems affect the inclusion of Syrian refugee children in Sweden, Germany, Greece, Lebanon and Turkey. In: Comparative Migration Studies 7, 1, S. 1–20.

Dale, Roger (2000): Globalization and education: Demonstrating a „common world educational culture“ or locating a „globally structured educational agenda“? In: Educational Theory 50, 4, S. 427.

Däuble, Helmut (2016): Der fruchtbare Dissens um den Beutelsbacher Konsens. In: GWP – Gesellschaft. Wirtschaft. Politik 65, 4, S. 449–458.

Davies, Ian/Ho, Li-Ching/Kiwan, Dina/Peck, Carla L./Peterson, Andrew/Sant, Edda/ Waghid, Yusef (2018): The Palgrave handbook of global citizenship and education. Springer.

Davies, Lynn (2006): Global citizenship: abstraction or framework for action? In: Educational review 58, 1, S. 5–25.

Davies, Lynn (2008a): Educating against extremism. Stoke-on-Trent: Trentham Books.

Davies, Lynn (2008b): Interruptive democracy in education. In: Comparative and global pedagogies. Springer, S. 15–31.

Davies, Lynn (2009): Educating against Extremism: Towards a Critical Politicisation of Young People. In: International Review of Education / Internationale Zeitschrift für Erziehungswissenschaft / Revue Internationale de l'Education 55, 2/3, S. 183–203.

de Haan, Gerhard (2008): Gestaltungskompetenz als Kompetenzkonzept der Bildung für nachhaltige Entwicklung. In: Bormann, I./de Haan, G. (Hrsg.): Kompetenzen der Bildung für nachhaltige Entwicklung: Operationalisierung, Messung, Rahmenbedingungen, Befunde. Wiesbaden: VS Verlag für Sozialwissenschaften, S. 23–43.

de Haan, Gerhard/Harenberg, Dorothee (1999): Bildung für eine nachhaltige Entwicklung. Gutachten zum Programm. Materialien zur Bildungsplanung und zur Forschungsförderung, H. 72. Bonn: BLK, Geschäftsstelle.

Decristan, Jasmin/Klieme, Eckhard (2016): Bildungsqualität und Wirkung von Angeboten in der Ganztagsschule. Einführung in den Thementeil. In: Zeitschrift für Pädagogik 62, S. 757–759.

Defourny, Jacques (2001): Introduction: From third sector to social enterprise. In: The emergence of social enterprise. Routledge, S. 13–40.

Deichmann, Carl/Tischner, Christian K. (Hrsg.) (2013): Handbuch fächerübergreifender Unterricht in der politischen Bildung. Politik und Bildung, Band 68,2. Schwalbach/ Ts.: Wochenschau-Verlag.

Desiderius-Erasmus-Stiftung e.V. (2021): Bildungswerk – Erasmus Stiftung. https://erasmus-stiftung.de/taetigkeitsbereiche/bildungswerk/ [Zugriff: 02.03.2021].

DeStefano, Joseph/Schuh Moore, Audrey-marie Schuh (2010): The roles of non-state providers in ten complementary education programmes. In: Development in Practice 20, 4-5, S. 511–526.

Detjen, Joachim (2013): Politische Bildung. Geschichte und Gegenwart in Deutschland. Oldenbourg Wissenschaftsverlag Verlag.

Detjen, Joachim (2015): Bildungsaufgabe und Schulfach | bpb. https://www.bpb.de/gesellschaft/bildung/politische-bildung/193595/bildungsaufgabe-und-schulfach?p=all [Zugriff: 07.07.2021].

Deutsche Gesellschaft für Demokratiepädagogik e. V. (2017): Merkmale demokratiepädagogischer Schulen Ein Katalog. 4. Aufl. Berlin, Jena.

Deutsche UNESCO-Kommission (o. D.): Bildung für nachhaltige Entwicklung: BnE weltweit [Zugriff: 05.04.2021].

Deutsche UNESCO-Kommission (2005): Nationaler Aktionsplan für Deutschland. UN-Dekade „Bildung für nachhaltige Entwicklung" 2005–2014. https://www.umweltbildung.de/uploads/media/NAP_01.pdf [Zugriff: 07.04.2021].

Deutscher Bundestag (2004): Drucksache 15/3472. https://dserver.bundestag.de/btd/15/034/1503472.pdf [Zugriff: 07.04.2021].

Dewey, John (1916): Democracy and Education: An Introduction to the Philosophy of Education. Macmillan.

Dill, Jeffrey S. (2013): The longings and limits of global citizenship education: The moral pedagogy of schooling in a cosmopolitan age. Routledge.

DiMartino, Catherine (2014): Navigating Public-Private Partnerships: Introducing the Continuum of Control. In: American Journal of Education 120, 2, S. 257–282.

Dobbins, Michael/Knill, Christoph (2009): Higher Education Policies in Central and Eastern Europe: Convergence toward a Common Model? In: Governance 22, 3, S. 397–430.

Drinck, Barbara (2010): Erziehung. In: Hörner, W./Drinck, B./Jobst, S. (Hrsg.): Bildung, Erziehung, Sozialisation: Grundbegriffe der Erziehungswissenschaft. 2., überarb. Aufl. utb-studi-e-book. Opladen u. a., Stuttgart: Barbara Budrich; UTB GmbH, S. 73–135.

Dryden-Peterson, Sarah (2016): Refugee Education. In: Educational Researcher 45, 9, S. 473–482.

Dryden-Peterson, Sarah (2020): Civic education and the education of refugees. In: Intercultural Education 31, 5, S. 592–606.

Durkheim, Émile (1992): Über soziale Arbeitsteilung: Studie über die Organisation höherer Gesellschaften. 1. Aufl. Suhrkamp-Taschenbuch Wissenschaft. Frankfurt am Main: Suhrkamp.

Durkheim, Émile (2011): Erziehung, Moral und Gesellschaft: Vorlesung an der Sorbonne 1902/1903. 1. Aufl., [Nachdr.]. Suhrkamp-Taschenbuch Wissenschaft. Frankfurt am Main: Suhrkamp.

Eccles, Jacquelynne/Appleton Gootman, Jennifer (Hrsg.) (2002): Community programs to promote youth development. 1. Aufl. Washington, DC: National Academy Press.

Edelstein, Wolfgang (2009): Partizipation und Demokratielernen in der Ganztagsschule. In: Appel, S./Adelt, E./Rother, U./Rutz, G./Ludwig, H. (Hrsg.): Leben – Lernen – Leisten. Jahrbuch Ganztagsschule. Schwalbach am Taunus: Wochenschau-Verl., S. 80–93.

Edelstein, Wolfgang/Fauser, Peter (2001): Demokratie lernen und leben. Gutachten zum Programm. Materialien zur Bildungsplanung und Forschungsförderung.

Edwards, D. Brent (2015): Rising from the ashes: how the global education policy of community-based management was born from El Salvador's civil war. In: Globalisation, Societies and Education 13, 3, S. 411–432.

Edwards, D. Brent/Sustarsic, Manca/Chiba, Mina/McCormick, Mark/Goo, Melissa/Perriton, Sara (2020): Achieving and Monitoring Education for Sustainable Development and Global Citizenship: A Systematic Review of the Literature. In: Sustainability 12, 4, S. 1383.

Ehrenhauser, Astrid (2016): Flüchtlinge und Holocaustgedenken: Das Trauma am Ende der Treppe. Museen und Gedenkstätten suchen nach neuen Wegen, um Flüchtlinge über Nationalsozialismus und Holocaust zu informieren. In: taz.

Eis, Andreas (2010): Europäische Bürgerschaftsbildung: Die Neukonstruktion der Bürgerrolle im europäischen Mehrebenensystem. Frankfurt am Main: Wochenschau Verlag.

Eis, Andreas (2015): Europa. https://www.bpb.de/gesellschaft/bildung/politische-bildung/193095/europa [Zugriff: 14.06.2021].

Eis, Andreas/Moulin-Doos, Claire (2017): Cosmopolitan Citizenship Education: Realistic Political Program or Program to Disillusioned Powerlessness? A Plea for a Critical Power Perspective within Global Citizenship Education. In: Journal of Social Science Education 16, 4, S. 49–59.

Engartner, Tim/Hedtke, Reinhold/Zurstrassen, Bettina (2020): Sozialwissenschaftliche Bildung. Politik – Wirtschaft – Gesellschaft. Paderborn: Ferdinand Schöningh.

Engel, Laura C./Ortloff, Debora H. (2009): From the local to the supranational: curriculum reform and the production of the ideal citizen in two federal systems, Germany and Spain. In: Journal of Curriculum Studies 41, 2, S. 179–198.

Ermert, Karl (2009): Was ist kulturelle Bildung? – Dossier Kulturelle Bildung. In: Bundeszentrale für politische Bildung.

Europäische Union (2006): Empfehlung des Europäischen Parlaments und des Rates vom 18. Dezember 2006 zu Schlüsselkompetenzen für lebensbegleitendes Lernen.

Europäische Union (2010): Amtsblatt der Europäischen Union C 45 E/33 [Zugriff: 21.03.2021].

Europäische Union (2012): Gemeinsamer Bericht des Rates und der Kommission (2012) über die Umsetzung des strategischen.

Europäisches Parlament/Rat der Europäischen Union (2013): Richtlinie 2013/33/EU, Band 2013.

Europäischer Rat (2000): Lissabon-Strategie. https://www.europarl.europa.eu/summits/lis1_de.htm [Zugriff: 24.03.2021].

Europarat (2010): Europarats-Charta zur Politischen Bildung und Menschenrechtsbildung. Strasbourg: Council of Europe [Zugriff: 31.03.2021].

Europarat (2021): Education for Democratic Citizenship and Human Rights Education (EDC/HRE) [Zugriff: 31.03.2021].

European Union (2016): Classification of learning activities – manual.

Eyal, Ori/Berkovich, Izhak (2019): Ethics in third sector–school partnerships: a conceptual framework. In: Journal of Educational Administration 57, 4, S. 345–360.

Eyal, Ori/Yosef-Hassidim, Doron (2012): Managing educational champions: Entrepreneurship in schools. In: Journal of School Leadership 22, 1, S. 210–255.

Fachkommission der Bundesregierung zu den Rahmenbedingungen der Integrationsfähigkeit (2020): Gemeinsam die Einwanderungsgesellschaft gestalten Bericht der Fachkommission der Bundesregierung zu den Rahmenbedingungen der Integrationsfähigkeit. Berlin: Geschäftsstelle der Fachkommission der Bundesregierung zu den Rahmenbedingungen der Integrationsfähigkeit [Zugriff: 20.04.2021].

Fadeeva, Zinaida/Mochizuki, Yoko (2010): Higher education for today and tomorrow: university appraisal for diversity, innovation and change towards sustainable development. In: Sustainability Science 5, 2, S. 249–256.

Fan, Guorui/Popkewitz, Thomas S. (2020): Introduction: Education Policy and Reform in the Changing World. In: Fan, G./Popkewitz, T. S. (Hrsg.): Handbook of Education Policy Studies. Singapore Nature: Springer, v–xvii.

Fauser, Peter (2007): Demokratiepädagogik und politische Bildung. Ein Diskussionsbeitrag. In: Beutel, W./Fauser, P. (Hrsg.): Demokratiepädagogik. Lernen für die Zivilgesellschaft. Reihe Politik und Bildung, Band 43. Schwalbach/Ts.: Wochenschau-Verl., S. 16–41.

Ferreira, Jo-Anne (2009): Unsettling orthodoxies: Education for the environment/for sustainability. In: Environmental Education Research 15, 5, S. 607–620.

Ferris, James (2009): Foundations and Public Policy: Leveraging Dollars, Knowledge and Networks for Greater Impact.

Feuerstein, Abe (2001): Selling Our Schools? Principals' Views on Schoolhouse Commercialism and School-Business Interactions. In: Educational Administration Quarterly 37, 3, S. 322–371.

Fietz, Yvonne (2009): Dossier Kulturelle Bildung – Partizipation durch Kultur. https://www.bpb.de/gesellschaft/bildung/kulturelle-bildung/59951/partizipation-durch-kultur [Zugriff: 27.10.2021].

Finkel, Steve E./Sabatini, Christopher A./Bevis, Gwendolyn G. (2000): Civic Education, Civil Society, and Political Mistrust in a Developing Democracy: The Case of the Dominican Republic. In: World Development 28, 11, S. 1851–1874.

Finkel, Steven E. (2003): Can Democracy Be Taught? In: Journal of Democracy 14, 4, S. 137–151.

Fischer, Natalie (2011): Ganztagsschulen. Was sie leisten – was sie stark macht. In: Schulmanagement, 2, S. 28–30.

Fischer, Reinhard (2017): Das Überwältigungsverbot gilt auch für die politische Bildung mit Geflüchteten. https://www.ufuq.de/politische-bildung-mit-gefluechteten/ [Zugriff: 24.04.2021].

Fobel, Lea/Kolleck, Nina (2021, im Erscheinen): Kulturelle Bildungsteilhabe in Deutschland. Zur Bedeutung von Komposition und Kontext für die Wahrnehmung non-formaler kultureller Bildungsangebote am Beispiel der innerdeutschen Ost-/West-Dichotomie. In: Lorenz, A./Vogel, L./Pates, R. (Hrsg.): Ostdeutschland 4.0 – Über die Nützlichkeit einer Kategorie. Wiesbaden: Springer VS.

Foitzik, Andreas (2019): Diskriminierungskritische Perspektiven auf den GMF Ansatz. In: Foitzik, A./Hezel, L. (Hrsg.): Diskriminierungskritische Schule. Einführung in theoretische Grundlagen. 1. Auflage. Pädagogik. Weinheim, Basel: Beltz, S. 56–63.

Foitzik, Andreas/Holland-Cunz, Marc/Riecke, Clara (2019): Praxisbuch Diskriminierungskritische Schule. 1. Auflage. Pädagogik. Weinheim: Beltz.

Frech, Siegfried/Richter, Dagmar (Hrsg.) (2017a): Der Beutelsbacher Konsens: Bedeutung, Wirkung, Kontroversen. Wochenschau Verlag; ZpB, Zentralen für Politische Bildung.

Frech, Siegfried/Richter, Dagmar (2017b): Einführung: Wie ist der Beutelsbacher Konsens heute zu verstehen? In: Frech, S./Richter, D. (Hrsg.): Der Beutelsbacher Konsens: Bedeutung, Wirkung, Kontroversen. Wochenschau Verlag; ZpB, Zentralen für Politische Bildung, S. 9–20.

Freise, Matthias (2005): Demokratie-Bildung: Die Förderung der Zivilgesellschaft in Ostmitteleuropa. In: Osteuropa 55, 8, S. 83–93.

Friedrich-Ebert-Stiftung (2021): Mitte-Studie 2019. https://www.fes.de/forum-berlin/gegen-rechtsextremismus/mitte-studie [Zugriff: 09.07.2021].

Fuchs/Hans-Werner (2009): Neue Steuerung – neue Schulkultur? In: Zeitschrift für Pädagogik 55, 3, S. 369–380.

Gagatek, Wojciech/van Hecke, Steven (2014): The development of European political foundations and their role in strengthening Europarties. In: Acta Politica 49, 1, S. 86–104.

Gardi, Nissar/Lingen-Ali, Ulrike/Mecheril, Paul (2019): Politische Bildung unter Bedingungen von Flucht und globaler Ungleichheit. In: Arslan, E./Bozay, K. (Hrsg.): Symbolische Ordnung und Flüchtlingsbewegungen in der Einwanderungsgesellschaft. Wiesbaden: Springer Fachmedien Wiesbaden, S. 467–476.

Gaudelli, William (2016): Global citizenship education: Everyday transcendence. Routledge.

Gaus, Detlef/Drieschner, Elmar (2014): Grundlegung einer Theorie-und Forschungsperspektive auf strukturelle Kopplungen des Bildungssystems. In: Das Bildungssystem und seine strukturellen Kopplungen. Springer, S. 17–55.

Geha, Carmen/Horst, Cindy (2019): Exporting 'active citizenship': foreign support for citizenship education in the Arab world. In: Citizenship Studies 23, 5, S. 486–501.

Gewerkschaft Erziehung und Wissenschaft (2021): Verwendung des Begriffs „Flüchtling" [Zugriff: 20.04.2021].

Glazer, Joshua L./Groth, Laura/Beuche, Blair (2019): Opportunities and challenges for NGOs amid competing institutional logics. In: Journal of Educational Administration 57, 4, S. 376–392.

Gloe, Markus/Oeftering, Tonio (2020): Politische Bildung meets kulturelle Bildung. 1. Auflage. Votum, Band 5. Baden-Baden: Nomos.

Göhlich, Michael/Zirfas, Jörg (2007): Lernen: ein pädagogischer Grundbegriff. EBL-Schweitzer. Stuttgart: Kohlhammer Verlag.

Gökbudak, Mahir/Hedtke, Reinhold (2019): Ranking Politische Bildung 2018. Politische Bildung an allgemeinbildenden Schulen der Sekundarstufe I im Bundesländervergleich. Social Science Education/Working Papers. Bielefeld: Universität Bielefeld.

González-Gaudiano, Edgar (2005): Education for Sustainable Development: configuration and meaning. In: Policy Futures in Education 3, 3, S. 243–250.

Götz, Thomas (2011): Emotion, Motivation und selbstreguliertes Lernen. utb-studi-e-book. Stuttgart, Paderborn: UTB; Schöningh.

Gough, Annette (2018): Sustainable Development and Global Citizenship Education: Challenging Imperatives. In: Davies, I./Ho, L.-C./Kiwan, D./Peck, C. L./Peterson, A./Sant, E./Waghid, Y. (Hrsg.): The Palgrave Handbook of Global Citizenship and Education. London: Palgrave Macmillan UK, S. 295–312.

Gräsel, Cornelia/Bormann, Inka/Schütte, Kerstin/Trempler, Kati/Fischbach, Robert (2013): Outlook on Research in Education for Sustainable Development. In: Policy Futures in Education 11, 2, S. 115–127.

Graßhoff, Gunther/Sauerwein, Markus N. (2021): Rechtsanspruch auf Ganztag. Zwischen Betreuungsnotwendigkeit und fachlichen Ansprüchen. 1. Auflage. Weinheim, Basel: Beltz Juventa.

Green, Andy (1997): Education, Globalization and the Nation State. In: Education, Globalization and the Nation State. London: Palgrave Macmillan UK, S. 130–186.

Grey, Sue/Morris, Paul (2018): PISA: Multiple 'truths' and mediatised global governance. In: Comparative Education 54, 2, S. 109–131.

Groß, Eva/Zick, Andreas/Krause, Daniela (2012): Von der Ungleichwertigkeit zur Ungleichheit: Gruppenbezogene Menschenfeindlichkeit. In: Aus Politik und Zeitgeschichte 62, 16-17, S. 11–18.

Grundmann, Diana (2017): Bildung für nachhaltige Entwicklung in Schulen verankern. Wiesbaden: Springer Fachmedien Wiesbaden.

Gruschka, Andreas (2004): Negative Pädagogik: Einführung in die Pädagogik mit Kritischer Theorie. Orig.-Ausg., aktual. und vollst. durchges. Aufl. Schriftenreihe des Instituts für Pädagogik und Gesellschaft, Münster. Wetzlar: Büchse der Pandora.

Gudehus, Christian/Wessels, Sebastian (2018): Symbolischer Interaktionismus. In: Decker, O. (Hrsg.): Sozialpsychologie und Sozialtheorie: Band 1: Zugänge. Wiesbaden: Springer Fachmedien Wiesbaden, S. 93–106.

Gukenbiehl, Hermann L. (2001): Bildung und Bildungssystem. In: Schäfers, B./Zapf, W. (Hrsg.): Handwörterbuch zur Gesellschaft Deutschlands. Wiesbaden: VS Verlag für Sozialwissenschaften, S. 89–103.

Gulson, Kalervo N./Lewis, Steven/Lingard, Bob/Lubienski, Christopher/Takayama, Keita/Webb, P. Taylor (2017): Policy mobilities and methodology: A proposition for inventive methods in education policy studies. In: Critical Studies in Education 58, 2, S. 224–241.

Haavelsrud, Magnus (2009): Education, Political Socialization and Extremism. In: British journal of sociology of education 30, 1, S. 113–120.

Hadfield, Mark/Jopling, Michael (2012): How might better network theories support school leadership research? In: School Leadership & Management 32, 2, S. 109–121.

Halbritter, Ingrid (2004): Politische Bildung in Südosteuropa – ein Entwicklungsprojekt. In: kursiv – Journal für politische Bildung, 4.

Halstead, Mark/Pike, Mark (2006): Citizenship and Moral Education: Values in Action. New York: Routledge.

Hanushek, Eric A./Woessmann, Ludger (2012): Do better schools lead to more growth? Cognitive skills, economic outcomes, and causation. In: Journal of economic growth 17, 4, S. 267–321.

Haugh, Helen./Kitson, Michael (2007): The Third Way and the third sector: New Labour‘s economic policy and the social economy. In: Cambridge Journal of Economics 31, 6, S. 973–994.

Hedtke, Reinhold/Möller, Lucca (2011): Wem gehört die ökonomische Bildung? Notizen zur Verflechtung von Wissenschaft, Wirtschaft und Politik.

Heinrich, Martin (2010): Émile in Johannesburg? Bildung für Nachhaltige Entwicklung zwischen Ideologie und Utopie. In: Umwelt & Bildung 12, 4.

Heitmeyer, Wilhelm (2005): Rechtsextremismus, Fremdenfeindlichkeit und Antisemitismus. Die Bedeutung von Initiativen in kommunalen Sozialräumen. In: Berliner Forum Gewaltprävention 6, 20, S. 5–20.

Heitmeyer, Wilhelm (Hrsg.) (2011): Deutsche Zustände. Folge 10. 4. Auflage, Originalausgabe. edition suhrkamp, Band 2647. Frankfurt am Main: Suhrkamp.

Hellmuth, Thomas/Klepp, Cornelia (2010): Politische Bildung: Geschichte – Modelle – Praxisbeispiele. 1. Aufl. utb-studi-e-book. Stuttgart, Köln u. a.: UTB GmbH; Böhlau.

Helsper, Werner (2002): Sozialisation. In: Krüger, H.-H./Helsper, W. (Hrsg.): Einführung in Grundbegriffe und Grundfragen der Erziehungswissenschaft. 5. durchgesehene

Auflage. Einführungskurs Erziehungswissenschaft, Band 1. Wiesbaden, s.l.: VS Verlag für Sozialwissenschaften, S. 71–79.

Hepp, Gerd F. (2011): Bildungspolitik in Deutschland. Springer.

Herbart, Johann Friedrich (1806): Allgemeine Pädagogik: aus dem Zweck der Erziehung abgeleitet. Göttingen: Röwer.

Hiller, Katharina/Reichhart, Barbara (2017): Motivation of Civic Education Teachers-in-Training in the Field of Education for Sustainable Development. In: Discourse and Communication for Sustainable Education 8, 1, S. 81–89.

Himmelmann, Gerhard (2003): Demokratie lernen und Politik lernen – ein Gegensatz? https://www.bpb.de/veranstaltungen/dokumentation/129908/demokratie-lernen-und-politik-lernen-ein-gegensatz [Zugriff: 08.06.2021].

Himmelmann, Gerhard (2004): Demokratie-Lernen: Was? Warum? Wozu? Berlin: BLK.

Himmelmann, Gerhard (2005): Auf der Suche nach dem richtigen Weg zum Ziel: Förderung von Demokratiekompetenz in der politischen Bildung. In: Himmelmann, G./ Lange, D. (Hrsg.): Demokratiekompetenz. Beiträge aus Politikwissenschaft, Pädagogik und politischer Bildung. 1. Aufl. Wiesbaden: VS Verlag für Sozialwissenschaften, S. 245–257.

Himmelmann, Gerhard (2007): Demokratie Lernen: als Lebens-, Gesellschafts- und Herrschaftsform ; ein Lehr- und Studienbuch. 3. Aufl. Reihe Politik und Bildung. Schwalbach/Ts.: Wochenschau-Verl.

Himmelmann, Gerhard (2012): Perspektiven des Zusammenwirkens von Politischer Bildung und Demokratiepädagogik. In: Beutel, W./Fauser, P./Rademacher, H. (Hrsg.): Jahrbuch Demokratiepädagogik 2012. Aufgabe für Schule und Jugendbildung. 1st ed. Jahrbuch Demokratiepädagogik. Frankfurt am Main: Wochenschau Verlag, S. 112–124.

Himmelmann, Gerhard (2017): Demokratie-Lernen in der Schule. 1. Auflage. Kleine Reihe – Politische Bildung. Schwalbach: Wochenschau Verlag.

Hirsch, Anja (2019): 4. Unternehmensnahe Stiftungen als politische Bildungsakteure. In: Hirsch, A. (Hrsg.): Gemeinwohlorientiert und innovativ? transcript Verlag, S. 103–196.

Hofmann, Hubert/Siebertz-Reckzeh, Karin (2008): Sozialisationsinstanz Schule: Zwischen Erziehungsauftrag und Wissensvermittlung. In: Schweer, M. K. W. (Hrsg.): Lehrer-Schüler-Interaktion: Inhaltsfelder, Forschungsperspektiven und methodische Zugänge. 2., vollst. überarb. Aufl. Reihe Schule und Gesellschaft. Wiesbaden: VS-Verl. für Sozialwiss, S. 13–38.

Hofmann, Wilhelm/Dose, Nicolai/Wolf, Dieter (2015): Politikwissenschaft. 3., überarb. Aufl. utb basics. Konstanz, München: UVK-Verl.-Ges; UVK Lucius.

Höhne, Thomas (2016): Stiftungen & Staat auf dem Privatisierungspfad. In: Heinrich, M./ Kohlstock, B. (Hrsg.): Ambivalenzen des Ökonomischen. Wiesbaden: Springer Fachmedien Wiesbaden, S. 35–58.

Höhne, Thomas (2020): Ökonomisierung im schulischen Feld. In: Bollweg, P./Buchna, J./ Coelen, T./Otto, H.-U. (Hrsg.): Handbuch Ganztagsbildung. Wiesbaden: Springer Fachmedien Wiesbaden, S. 1191–1204.

Holma, Katariina/Kontinen, Tiina/Blanken-Webb, Jane (2018): Growth into Citizenship: Framework for Conceptualizing Learning in NGO Interventions in Sub-Saharan Africa. In: Adult Education Quarterly 68, 3, S. 215–234.

Holzbaur, Ulrich (2020): Nachhaltige Entwicklung: Der Weg in eine lebenswerte Zukunft. Wiesbaden: Springer Fachmedien Wiesbaden.

Hopf, Andrea./Stecher, Ludwig (2014): Außerunterrichtliche Angebote an Ganztagsschulen. In: Coelen, T./Stecher, L. (Hrsg.): Die Ganztagsschule: eine Einführung. Grundlagentexte Pädagogik. Weinheim: Beltz Juventa, S. 65–78.

Hopkins, Charles/McKeown, Rosalyn (2002): Education For Sustainable Development: An International Perspective. In: Tilbury, D. (Hrsg.): Education and sustainability. Responding to the global challenge. Cambridge: IUCN Commission on Education and Communication, S. 13–24.

Hoppe, Magnus (2016): Policy and entrepreneurship education. In: Small Business Economics 46, 1, S. 13–29.

Hufer, Klaus-peter (2015): Politische Bildung: Erwachsenenbildung. https://www.bpb.de/gesellschaft/bildung/politische-bildung/193229/erwachsenenbildung?p=all [Zugriff: 07.07.2021].

Hufer, Klaus-peter (2016): Politische Erwachsenenbildung: Plädoyer für eine vernachlässigte Disziplin. Bielefeld: wbv.

Hummel, Siri (2017): Förderer von Partizipation? In: Forschungsjournal Soziale Bewegungen 30, 4, S. 55–64.

Hurrelmann, Klaus (2012): Sozialisation: das Modell der produktiven Realitätsverarbeitung. 10., vollst. überarb. Aufl. Bachelor/Master. Weinheim: Beltz.

Hurrelmann, Klaus/Bauer, Ullrich (2015): Einführung in die Sozialisationstheorie. Das Modell der produktiven Realitätsverarbeitung. 11. vollständig überarbeitete Auflage. Pädagogik. Weinheim, Basel: Beltz.

Ichilov, Orit (2012): Privatization and Commercialization of Public Education: Consequences for Citizenship and Citizenship Education. In: The Urban Review 44, 2, S. 281–301.

IGAD Member States (2017): Djibouti Declaration on Regional Conference on Refugee Education in IGAD Member States. Theme: Regional Quality Education Srandards and Inclusion into National Systems for Refugee Children in Line with CRRF, SDG 4 and Agenda 2063 on Education. https://igad.int/attach ments/article/1725/Djibouti%20Declaration%20on%20Refugee%20Education.pdf [Zugriff: 02.11.2021].

International Association for the Evaluation of Educational Achievement (IEA) (2021): International Civic and Citizenship Education Study. https://www.iea.nl/studies/iea/iccs [Zugriff: 07.07.2021].

Ivens, Sven/Wiese, Gerlinde/Dittert, Klaus/Mußhoff, Oliver/Oberle, Monika (2020): Bringing Policy Decisions to the People – Education for Sustainable Development through a Digital Simulation Game. In: Sustainability 12, 20, S. 8743.

Jahnke, Holger/Hoffmann, Katharina (2015): Das Offene Ganztagsangebot als Schnittstelle zwischen Bildung und Kommune im ländlichen Raum. In: Coelen, T./Heinrich, A. J./Million, A. (Hrsg.): Stadtbaustein Bildung. Springer eBook Collection. Wiesbaden: Springer VS, S. 363–372.

Jakobi, Anja P./Teltemann, Janna/Windzio, Michael (2010): The Internationalization of Education Policy in a Cross-National Perspective. In: Martens, K./Nagel, A.-K./Windzio, M./Weymann, A. (Hrsg.): Transformation of Education Policy. Palgrave Macmillan UK, S. 227–258.

Jerome, Lee/Elwick, Alex (2019): Identifying an Educational Response to the Prevent Policy: Student Perspectives on Learning about Terrorism, Extremism and Radicalisation. In: British Journal of Educational Studies 67, 1, S. 97–114.

Jerome, Lee/Elwick, Alex (2020): Teaching about terrorism, extremism and radicalisation: some implications for controversial issues pedagogy. In: Oxford Review of Education 46, 2, S. 222–237.

Jesse, Eckhard (2015): Der Begriff „Extremismus" – Worin besteht der Erkenntnisgewinn? | bpb. https://www.bpb.de/politik/extremismus/rechtsextremismus/200098/der-begriff-extremismus-worin-besteht-der-erkenntnisgewinn [Zugriff: 08.07.2021].

Jesse, Eckhard/Mannewitz, Tom (Hrsg.) (2018): Extremismusforschung: Handbuch für Wissenschaft und Praxis. 1. Auflage. Nomos eLibrary Politikwissenschaft. Baden-Baden: Nomos.

Jickling, Bob/Sterling, Stephen (2017): Post-sustainability and environmental education: framing issues. In: Jickling, B./Sterling, S. (Hrsg.): Post-sustainability and environmental education. Springer, S. 1–11.

Jung, Tobias/Harrow, Jenny (2019): Providing foundations: Philanthropy, global policy and administration. In: The Oxford handbook of global policy and transnational administration.

Kallioniemi, Arto/Zaleskienė, Irena/Lalor, John/Misiejuk, Dorota (2010): Towards Active Citizenship: Cooperation Between Universities and NGO in Developing Curriculum. In: Social Education / Socialinis Ugdymas 12, 23, S. 5–20.

Kamat, Sangeeta (2004): The privatization of public interest: theorizing NGO discourse in a neoliberal era. In: Review of International Political Economy 11, 1, S. 155–176.

Kant, Immanuel (1964): Kant-Werke, Band 10. Darmstadt.

Kappauf, Zola/Kolleck, Nina (2018a): Macht und Partizipation in einem multiprofessionellen Bildungsverbund. In: Die Deutsche Schule (DDS) 110, 3, S. 199–212.

Kappauf, Zola/Kolleck, Nina (2018b): Vertrauen im Bildungsverbund. In: Zeitschrift für Erziehungswissenschaft 21, 5, S. 1045–1062.

Karatzoglou, Benjamin (2013): An in-depth literature review of the evolving roles and contributions of universities to Education for Sustainable Development. In: Journal of Cleaner Production 49, S. 44–53.

Keating, Avril/Ortloff, Debora Hinderliter/Philippou, Stavroula (2009): Citizenship education curricula: the changes and challenges presented by global and European integration. In: Journal of Curriculum Studies 41, 2, S. 145–158.

Kehren, Yvonne (2016): Bildung für nachhaltige Entwicklung: zur Kritik eines pädagogischen Programms: Schneider Verlag Hohengehren GmbH/Horizonte.

Keil, Daniel (2019): Politikwissenschaft als Mythos. Die Extremismustheorie und das Hufeisen. In: Berendsen, E./Rhein, K./Uhlig, T. D. (Hrsg.): Extrem unbrauchbar. Über Gleichsetzungen von links und rechts. Edition Bildungsstätte Anne Frank, Band 2. Berlin: Verbrecher Verlag, S. 45–57.

Kennedy, Kerry J. (2012): Global Trends in Civic and Citizenship Education: What are the Lessons for Nation States? In: Education Sciences 2, 3, S. 121–135.

Kennedy, Kerry J./Li, Hui (2014): Civic Education in Asia. In: Sander, Wolfgang and Asbrand, Barbara (Hrsg.): Handbuch politische Bildung. 4., völlig überarb. Aufl. Reihe Politik und Bildung. Schwalbach/Ts.: Wochenschau-Verl., S. 599–608.

Kielblock, Stephan/Arnoldt, Bettina/Fischer, Natalie/Gaiser, Johanna M./Holtappels, Heinz Günter (Hrsg.) (2021): Individuelle Förderung an Ganztagsschulen: Forschungsergebnisse der Studie zur Entwicklung von Ganztagsschulen (StEG). 1. Auflage. Studien zur ganztägigen Bildung. Weinheim: Beltz Juventa.

Kielbock, Stephan/Stecher, Ludwig (2014): Ganztagsschulen und ihre Formen. In: Coelen, T./Stecher, L. (Hrsg.): Die Ganztagsschule: eine Einführung. Grundlagentexte Pädagogik. Weinheim: Beltz Juventa, S. 13–28.

Kiese-Himmel, Christiane (2012): Lernen durch Einsicht. In: Sprache · Stimme · Gehör 36, 1, S. 1.

Klafki, Wolfgang (1964): Das pädagogische Problem des Elementaren und die Theorie der kategorialen Bildung. 3./4., durchges. u. erg. Aufl. Göttinger Studien zur Pädagogik. Weinheim/Bergstr.: Beltz.

Klafki, Wolfgang/Sprenger, Hans (1971): Lernen, Lehren. In: Groothoff, H.-H./Stallmann, M. (Hrsg.): Neues pädagogisches Lexikon. 5., vollst. neu bearb. Aufl. [des Pädagogischen Lexikons], 14.–20. Tsd. Stuttgart: Kreuz-Verl.

Kleibrink, Alexander (2011): The EU as a Norm Entrepreneur: the case of lifelong learning. In: European journal of education 46, 1, S. 70–84.

Klein, A. (2002): Überschätzte Akteure? Die NGOs als Hoffnungsträger transnationaler Demokratisierung. In: Aus Politik und Zeitgeschichte 6-7, S. 3–5.

KMK (o.D.): Ganztagsschulen in Deutschland. https://www.kmk.org/themen/allgemeinbildende-schulen/bildungswege-und-abschluesse/ganztagsschulen-in-deutschland.html [Zugriff: 26.11.2021].

KMK (2007): Empfehlungen der Kultusministerkonferenz zur kulturellen Kinder-und Jugendbildung. Beschluss der KMK vom 01. 02. 2007 id F. vom 10. 10. 2013.

KMK (2015): Ganztagsschulen in Deutschland. Bericht der Kultusministerkonferenz vom 03.12.2015.

KMK (2018a): Definitionenkatalog zur Schulstatistik 2018. https://www.kmk.org/fileadmin/Dateien/pdf/Statistik/Defkat2018.pdf [Zugriff: 07.07.2021].

KMK (2018b): Demokratie als Ziel, Gegenstand und Praxis historisch-politischer Bildung und Erziehung in der Schule. Beschluss der Kultusministerkonferenz. https://www.kmk.org/ileadmin/Dateien/veroeffentlichungen_beschluesse/2009/2009_03_06-Staerkung_Demokratieerziehung.pdf [Zugriff: 07.07.2021].

KMK (2021): Demokratiebildung. https://www.kmk.org/themen/allgemeinbildende-schulen/weitere-unterrichtsinhalte-und-themen/demokratiebildung.html [Zugriff: 07.07.2021].

Knill, Christoph/Vögtle, Eva Maria/Dobbin, Michael (2013): Hochschulpolitische Reformen im Zuge des Bologna-Prozesses: Eine vergleichende Analyse von Konvergenzdynamiken im OECD-Raum. Wiesbaden: Springer Fachmedien Wiesbaden.

Kolleck, Nina (2011): Global Governance, Corporate Responsibility und die diskursive Macht multinationaler Unternehmen: Freiwillige Initiativen der Wirtschaft für eine nachhaltige Entwicklung? 1. Aufl. Nachhaltige Entwicklung. Baden-Baden: Nomos Verlagsgesellschaft mbH & Co. KG.

Kolleck, Nina (2014): Qualität, Netzwerke und Vertrauen – Der Einsatz von Sozialen Netzwerkanalysen in Qualitätsentwicklungsprozessen. In: Zeitschrift für Erziehungswissenschaft 17, 6, S. 159–177.

Kolleck, Nina (2015a): Uncovering influence through Social Network Analysis: the role of schools in Education for Sustainable Development. In: Journal of Education Policy 31, S. 317–331.

Kolleck, Nina (2015b): Von der Bildungslandschaft zur nachhaltigen Bildungslandschaft. In: Fischbach, R./Kolleck, N./de Haan, G. (Hrsg.): Auf dem Weg zu nachhaltigen Bildungslandschaften: Lokale Netzwerke erforschen und gestalten. Wiesbaden: Springer Fachmedien Wiesbaden, S. 27–37.

Kolleck, Nina (2016): Uncovering influence through Social Network Analysis: the role of schools in Education for Sustainable Development. In: Journal of Education Policy 31, 3, S. 308–329.

Kolleck, Nina (2017): How (German) foundations shape the concept of education: Towards an understanding of their use of discourses. In: Discourse: Studies in the Cultural Politics of Education 38, 2, S. 249–261.

Kolleck, Nina (2018): Bildungspolitik: Das große Desinteresse. In: Die Zeit.

Kolleck, Nina (2019): The power of third sector organizations in public education. In: Journal of Educational Administration 57, 4, S. 411–425.

Kolleck, Nina (2020a): Bildung für die Zukunft in Zeiten globaler Krisen? In: PraxisForschungLehrer*innenBildung. Zeitschrift für Schul- und Professionsentwicklung. 2, 6, S. 14–26.

Kolleck, Nina (2020b): Was uns zusammenhält. Wie erreichen wir mehr Teilhabechancen in unseren Schulen? Bonn: Friedrich-Ebert-Stiftung.

Kolleck, Nina (2022): Chancenungleichheit und Bildungsplanung. In: Böttcher, W./Brockmann, L./Hack, C./Luig, C. (Hrsg.): Chancenungleichheit: geplant, organisiert, rechtlich kodifiziert. KBBB-Tagungsband. 1. Aufl. Münster: Waxmann, S. 95–104.

Kolleck, Nina/Bormann, Inka/Höhne, Thomas (2015): Zum Innovations- und Bildungsverständnis von Stiftungen. Foundations‘ understanding of innovation and education. In: Zeitschrift für Pädagogik 6, 61, S. 793–807.

Kolleck, Nina/Brix, Julia (2016): Stiftungen als Akteure in Bildungslandschaften. In: Kolleck, N./Kulin, S./Bormann, I./de Haan, G./Schwippert, K. (Hrsg.): Traditionen, Zukünfte und Wandel in Bildungsnetzwerken. Münster: Waxmann Verlag.

Kolleck, Nina/Brix, Julia (2017): Zwischen Gemeinwohl und Eigennutz: Rollen von Stiftungen in Bildungslandschaften. In: Olk, T./Schmachtel, S. (Hrsg.): Educational Governance in kommunalen Bildungslandschaften. 1. Auflage. Weinheim, Basel: Beltz Juventa, S. 251–273.

Kolleck, Nina/Büdel, Martin (2020): Kulturelle Bildung in ländlichen Räumen: Vorstellung der Forschungsvorhaben der BMBF-Förderrichtlinie.

Kolleck, Nina/Eller-Ebenstein, M. (2019): Für Demokratie zu jung? Chancen einer Politischen Bildung im Primarbereich. In: SchulVerwaltung spezial, S. 142–144.

Kolleck, Nina/Rieck, Angelika/Yemini, Miri (2020): Goals aligned: Predictors of common goal identification in educational cross-sectoral collaboration initiatives. In: Educational Management Administration & Leadership 48, 5, S. 916–934.

Kolleck, Nina/Stackfleth, Thomas (2021): Demokratie von Anfang an – die Entwicklung demokratischer Kompetenz in der Grundschule. In: Simon, T. (Hrsg.): Demokratie im Sachunterricht – Sachunterricht in der Demokratie. Beiträge zum Verhältnis von Demokratie(lernen) und Sachunterricht(sdidaktik). Edition Fachdidaktiken. Wiesbaden, Heidelberg: Springer VS, S. 39–52.

Kolleck, Nina/Well, Mareike (2017a): Klimaschutz beginnt in der Schule. In: Frankfurter Rundschau.

Kolleck, Nina/Well, Mareike (2017b): Mehr Action fürs Klima! Angesichts mächtiger „Klimaskeptiker“ wie Trump wird Klimapolitik immer wichtiger. Dafür braucht es aber eine konsequente Klimabildung. In: taz.

Kolleck, Nina/Well, Mareike/Sperzel, Severin/Jörgens, Helge (2017): The Power of Social Networks: How the UNFCCC Secretariat Creates Momentum for Climate Education. In: Global Environmental Politics 17, 4, S. 106–126.

Kolleck, Nina/Yemini, Miri (2019): Understanding third sector participation in public schooling through partnerships, collaborations, alliances and entrepreneurialism. In: Journal of Educational Administration 57, 4, S. 318–321.

Kolleck, Nina/Yemini, Miri (2020): Environment-related education topics within global citizenship education scholarship focused on teachers: A natural language processing analysis. In: The Journal of Environmental Education 51, 4, S. 317–331.

Köller, Olaf/Hasselhorn, Marcus/Hesse, Friedrich W./Maaz, Kai/Schrader, Josef/Solga, Heike/Spieß, C. Katharina/Zimmer, Karin (2019): Das Bildungswesen in Deutschland. Bestand und Potenziale. utb-studi-e-book, Band 4785. Bad Heilbrunn: Verlag Julius Klinkhardt.

Kommission der Europäische Gemeinschaften (2007): Mitteilung der Kommission an den Rat, das europäische Parlament, den europäischen Wirtschafts- und Sozialausschuss und den Ausschuss der Regionen. IKT-Kompetenzen für das 21. Jahrhundert: Wettbewerbsfähigkeit, Wachstum und Beschäftigung fördern. Brüssel: Amt für amtliche Veröffentlichungen der Europäischen Gemeinschaften.

Kommission der Europäischen Gemeinschaften (2000): Memorandum über Lebenslanges Lernen [Zugriff: 31.03.2021].

Kopnina, Helen (2012): Education for sustainable development (ESD): the turn away from 'environment'in environmental education? In: Environmental Education Research 18, 5, S. 699–717.

Kopnina, Helen (2015): Neoliberalism, pluralism and environmental education: The call for radical re-orientation. In: Environmental Development 15, S. 120–130.

Koranyi, Franz/Kolleck, Nina (2020): Governing roles? Integrating philanthropic foundations with governance boards in German educational collaborative networks. In: Educational Management Administration & Leadership, 1741143220953585.

Kothen, Andrea (2016): Sagt man jetzt Flüchtlinge oder Geflüchtete? In: Heft zum Tag des Flüchtlings 2016, S. 24.

Kovalchuk, Serhiy/Rapoport, Anatoli (2018): Democratic citizenship education in non-Western contexts: implications for theory and research. In: Compare: A Journal of Comparative and International Education 48, 3, S. 339–348.

Kowalski, Theodore J. (2010): Public-Private Partnerships, Civic Engagement, and School Reform. In: Journal of Thought 45, 3-4, S. 71.

Kuhn, Hans Peter/Fischer, Natalie (2014): Soziale Beziehungen in der Ganztagsschule – Ausgewählte Er-gebnisse der Studie zur Entwicklung von Ganztagsschulen (StEG). In: Schulpädagogik heute 5, 59, S. 1–12.

Kuhn, Hans-Werner/Massing, Peter (Hrsg.) (1989): Politische Bildung in Deutschland. Wiesbaden: VS Verlag für Sozialwissenschaften.

Kunert, Hubertus (1997): Erziehung. In: Bernhard, A./Freire, P. (Hrsg.): Handbuch kritische Pädagogik: eine Einführung in die Erziehungs- und Bildungswissenschaft. Dr. nach Typoskript. Weinheim: Dt. Studien-Verl., S. 57–62.

Küpper, Beate/Zick, Andreas (2015): Gruppenbezogene Menschenfeindlichkeit. https://www.bpb.de/politik/extremismus/rechtsextremismus/214192/gruppenbezogene-menschenfeindlichkeit#fr-footnode2 [Zugriff: 09.07.2021].

Küpper, Beate/Zick, Andreas/Rump, Maike (2021): Rechtsextreme Einstellungen in der Mitte 2020/21. In: Zick, A./Küpper, B./Schröter, F. (Hrsg.): Die geforderte Mitte. Rechtsextreme und demokratiegefährdende Einstellungen in Deutschland 2020/21. Bonn: Dietz.

Lackéus, Martin (2017): Does entrepreneurial education trigger more or less neoliberalism in education? In: Education + Training 59, 6, S. 635–650.

Lawn, Martin/Lingard, Bob (2002): Constructing a European policy space in educational governance: The role of transnational policy actors. In: European Educational Research Journal 1, 2, S. 290–307.

Lepszy, Norbert (2000): Politische Stiftungen. In: Andersen, U./Woyke, W. (Hrsg.): Handwörterbuch des politischen Systems der Bundesrepublik Deutschland. Wiesbaden: VS Verlag für Sozialwissenschaften, S. 501–505.

Lewis, David (2010): Nongovernmental organizations, definition and history. In: Anheier, H. K./Toepler, S. (Hrsg.): International encyclopedia of civil society. New York: Springer-Verlag, S. 1056–1062.

Lichtenstein, Dennis (2012): Auf der Suche nach Europa: Identitätskonstruktionen und das integrative Potenzial von Identitätskrisen – Essay.

Lindner, Evelin (2006): Making enemies: Humiliation and international conflict. Greenwood Publishing Group.

Little, Judith (1990): The Persistence of Privacy: Autonomy and Initiative in Teachers. In: Teachers College Record 91, 4, S. 509–536.

Lösch, Bettina (2009): Internationale und europäische Bedingungen politischer Bildung – zur Kritik der European Citizenship Education. In: Zeitschrift für Pädagogik 55, 6, S. 849–859.

Lösch, Bettina (2020): Wie politisch darf und sollte Bildung sein? Die aktuelle Debatte um ‚politische Neutralität' aus Sicht einer kritisch-emanzipatorischen politischen Bildung. In: Gärtner, C./Herbst, J.-H. (Hrsg.): Kritisch-emanzipatorische Religionspädagogik. Wiesbaden: Springer Fachmedien Wiesbaden, S. 383–402.

Lubienski, Christopher (2013): Privatising form or function? Equity, outcomes and influence in American charter schools. In: Oxford Review of Education 39, 4, S. 498–513.

Lubienski, Christopher/Perry, Laura (2019): The third sector and innovation: competitive strategies, incentives, and impediments to change. In: Journal of Educational Administration 57, 4, S. 329–344.

Lukman, Ajibola A./Aud, Habiba (2014): Promoting Sustainable Development in Nigeria: Via Civic Education. In: Journal of Education and Practice 5, 34.

Maecenata Stiftung (2021a): Anstifter zur Beteiligung? – Maecenata Stiftung [Zugriff: 22.03.2021].

Maecenata Stiftung (2021b): Die Stiftung – Maecenata Stiftung [Zugriff: 22.03.2021].

Mannewitz, Tom/Ruch, Hermann/Thieme, Tom/Winkelmann, Thorsten (2018): Was ist politischer Extremismus. Grundlagen, Erscheinungsformen, Interventionsansätze. Frankfurt am Main: Wochenschau Verlag.

Martens, Kerstin (2002): Mission impossible? Defining nongovernmental organizations. In: Voluntas: International Journal of Voluntary and Nonprofit Organizations 13, 3, S. 271–285.

Martens, Kerstin/Nagel, Alexander-Kenneth/Windzio, Michael (2010): Introduction – Education Policy in Transformation. In: Martens, K./Nagel, A.-K./Windzio, M./ Weymann, A. (Hrsg.): Transformation of Education Policy. Palgrave Macmillan UK, S. 3–27.

Massing, Peter (2007): Politik. In: Weißeno, G. (Hrsg.): Wörterbuch Politische Bildung. Schwalbach/Ts.: Wochenschau Verl., S. 281–290.

Massing, Peter (2010): Politische Bildung. In: Andersen, U./Woyke, W. (Hrsg.): Handwörterbuch des politischen Systems der Bundesrepublik Deutschland. Wiesbaden: VS Verlag für Sozialwissenschaften, S. 1–8.

Massing, Peter (2015): Politische Stiftungen. In: Bundeszentrale für politische Bildung.

Maykus, Stephan (2020): Kommunale Bildungsplanung. In: Bollweg, P./Buchna, J./Coelen, T./Otto, H.-U. (Hrsg.): Handbuch Ganztagsbildung. Wiesbaden: Springer Fachmedien Wiesbaden, S. 1573–1585.

McClosky, Herbert/Chong, Dennis (1985): Similarities and Differences Between Left-Wing and Right-Wing Radicals. In: British Journal of Political Science 15, 3, S. 329–363.

McClosky, Herbert/Chong, Dennis (2009): Similarities and Differences Between Left-Wing and Right-Wing Radicals. In: British Journal of Political Science 15, 3, S. 329–363.

McKenzie, Marcia/Bieler, Andrew/McNeil, Rebecca (2015): Education policy mobility: reimagining sustainability in neoliberal times. In: Environmental Education Research 21, 3, S. 319–337.

McKeown, Rosalyn/Hopkins, Charles A./Rizi, Regina/Chrystalbridge, Marianne (2002): Education for sustainable development toolkit. Energy, Environment and Resources Center, University of Tennessee Knoxville.

Mehling, Sebastian/Kolleck, Nina (2019): Cross-Sector Collaboration in Higher Education Institutions (HEIs): A Critical Analysis of an Urban Sustainability Development Program. In: Sustainability 11, 18, S. 4982.

Mendel, Meron (2021): Politische Stiftungen: Die geförderte Katastrophe. In: DER SPIEGEL.

Michelsen, Gerd/Grunenberg, Heiko/Rode, Horst (2012): Greenpeace-Nachhaltigkeitsbarometer – was bewegt die Jugend? Bad Homburg: Verl. f. Akad. Schriften.

Michelsen, Gerd/Overwien, Bernd (2020): Nachhaltige Entwicklung und Bildung. In: Bollweg, P./Buchna, J./Coelen, T./Otto, H.-U. (Hrsg.): Handbuch Ganztagsbildung. Wiesbaden: Springer Fachmedien Wiesbaden, S. 557–574.

Middelhoff, Paul (2021): Erasmus-Stiftung: Ein Konjunkturprogramm für das politische Vorfeld der AfD. In: Die Zeit.

Mogensen, Finn/Schnack, Karsten (2010): The action competence approach and the 'new'discourses of education for sustainable development, competence and quality criteria. In: Environmental Education Research 16, 1, S. 59–74.

Möller, Kurt/Grote, Janne/Nolde, Kai/Schuhmacher, Nils (2016): „Die kann ich nicht ab!" – Ablehnung, Diskriminierung und Gewalt bei Jugendlichen in der (Post-) Migrationsgesellschaft. Wiesbaden: Springer Fachmedien Wiesbaden.

Molnar, Alex (2006): The commercial transformation of public education. In: Journal of Education Policy 21, 5, S. 621–640.

Morris, Paul/Cogan, John (2001): A comparative overview: civic education across six societies. In: International Journal of Educational Research 35, 1, S. 109–123.

Mühler, Kurt (2008): Sozialisation: Eine soziologische Einführung. 1. Aufl. utb.de-Bachelor-Bibliothek. Paderborn, Stuttgart: W. Fink UTB GmbH.

Muleya, Gistered (2017): Civic Education and Civics: Where do we draw the line? 1, S. 125–148.

Muleya, Gistered (2018): Civic Education Versus Citizenship Education: Where is the Point of Convergence? In: Journal of Lexicography and Terminology 2, 1, S. 109–130.

Mundy, Karen/Green, Andy/Lingard, Bob/Verger, Antoni (2016): Introduction: The Globalization of Education Policy – Key Approaches and Debates. In: Mundy, K./Green, A./Lingard, B./Verger, A. (Hrsg.): Handbook of Global Education Policy. London: Wiley Blackwell, S. 1–20.

Myers, John P. (2016): Charting a democratic course for global citizenship education: Research directions and current challenges. In: Education Policy Analysis Archives 24, S. 55–59.

NABIBB (2021): Über uns. https://www.na-bibb.de/ueber-uns [Zugriff: 14.06.2021].

Negt, Oskar (2012): Gesellschaftsentwurf Europa: Plädoyer für ein gerechtes Gemeinwesen. Göttingen: Steidl Verlag.

Negt, Oskar (2014): Philosophie des aufrechten Gangs. Streitschrift für eine neue Schule. 1. Aufl. Schriften / Oskar Negt, Bd. 19. Göttingen: Steidl.

Negt, Oskar (2016): Der politische Mensch Demokratie als Lebensform. Göttingen: Steidl.

Neugebauer, Gero (2001): Extremismus – Rechtsextremismus – Linksextremismus: Einige Anmerkungen zu Begriffen, Forschungskonzepten, Forschungsfragen und Forschungsergebnissen. In: Schubarth, W./Stöss, R. (Hrsg.): Rechtsextremismus in der Bundesrepublik Deutschland. Wiesbaden: VS Verlag für Sozialwissenschaften, S. 13–37.

Niemann, Dennis (2010): Turn of the Tide – New Horizons in German Education Policymaking through IO Influence. In: Martens, K./Nagel, A.-K./Windzio, M./Weymann, A. (Hrsg.): Transformation of Education Policy. Palgrave Macmillan UK, S. 77–104.

Nikolai, Rita (2007): Alte und neue bildungspolitische Herausforderungen für die Sozialdemokratie in Deutschland.

Nussbaum, Martha C. (2002): Patriotism and cosmopolitanism. In: Nussbaum, M. C. (Hrsg.): New democracy forum. For love of country? Boston, Massachusetts: Beacon Press, S. 2–17.

Nye, Joseph S. (2004): Soft power. The means to success in world politics. 12. Dr. New York: Public Affairs.

Oberle, Monika/Ivens, Sven/Leuning, Johanna (2018): Grenzenlose Toleranz? Lehrervorstellungen zum Beutelsbacher Konsens und dem Umgang mit Extremismus im Unterricht. In: Möllers, L./Manzel, S. (Hrsg.): Populismus und politische Bildung. Wochenschau Wissenschaft. Frankfurt/M.: Wochenschau Verlag Dr. Kurt Debus GmbH, S. 53–61.

Ohlmeier, Bernhard (2015): Civic Education for Sustainable Development. In: Discourse and Communication for Sustainable Education 4, 1, S. 5–22.

Ohlmeier, Bernhard/Brunold, Andreas (2015a): Politische Bildung für nachhaltige Entwicklung. Eine Evaluationsstudie. Springer Fachmedien Wiesbaden.

Ohlmeier, Bernhard/Brunold, Andreas (2015b): Politische Bildung für nachhaltige Entwicklung und ihre europäische Dimension. In: Oberle, M. (Hrsg.): Die Europäische Union erfolgreich vermitteln. Wiesbaden: Springer Fachmedien, S. 161–177.

Oldham, Sam (2017): Enterprise education: critical implications for New Zealand curriculum governance. In: New Zealand Journal of Educational Studies 52, 2, S. 331–346.

Oldham, Sam (2018): „To think in enterprising ways“: enterprise education and enterprise culture in New Zealand. In: History of Education Review.

Oltmer, Jochen (2016): Warum ist die Bundesrepublik Deutschland 2015 Ziel umfangreicher globaler Fluchtbewegungen geworden? | bpb. In: Bundeszentrale für politische Bildung.

Osler, Audrey (2020): Education, migration and citizenship in Europe: untangling policy initiatives for human rights and racial justice. In: Intercultural Education 31, 5, S. 562–577.

Osterwalder, Fritz (2011): Demokratie, Erziehung und Schule Zur Geschichte der politischen Legitimation von Bildung und pädagogischer Legitimation von Demokratie. Stuttgart: UTB.

Overwien, Bernd (2020): Bildung für nachhaltige Entwicklung in der Erwachsenenbildung. In: Forum Erwachsenenbildung (FEB) 53, 4, S. 13–17.

Oxley, Laura/Morris, Paul (2013): Global citizenship: A typology for distinguishing its multiple conceptions. In: British Journal of Educational Studies 61, 3, S. 301–325.

Panagiotopoulou, Argyro/Rosen, Lisa (2017): Zur Inklusion von geflüchteten Kindern und Jugendlichen in das deutsche Schulsystem. In: Bundeszentrale für politische Bildung.

Park, Sun Young/Senegačnik, Jurij/Wango, Geoffrey Mbugua (2007): The provision of citizenship education through NGOs: Case studies from England and South Korea. In: Compare: A Journal of Comparative and International Education 37, 3, S. 417–420.

Parsons, Carl/Hailes, Jean (2004): Voluntary organizations and the contribution to social justice in schools: learning from a case study. In: Journal of Education Policy 19, 4, S. 473–495.

Pashby, Karen/Sund, Louise (2020): Decolonial options and foreclosures for global citizenship education and education for sustainable development. In: Nordic Journal of Comparative and International Education (NJCIE) 4, 1, S. 66–83.

Patrick, Fiona (2013): Neoliberalism, the knowledge economy, and the learner: Challenging the inevitability of the commodified self as an outcome of education. In: International Scholarly Research Notices 2013.

Patrinos, Harry Anthony/Barrera-Osorio, Felipe/Guáqueta, Juliana (2009): The Role and Impact of Public-private Partnerships in Education. World Bank Publications.

Patzelt, Werner J. (Hrsg.) (2019a): Politische Bildung für ein demokratisches Deutschland. Ziele, Inhalte, Bilanzen. 1. Auflage. Baden-Baden: Ergon Verlag.

Patzelt, Werner J. (2019b): Warum politische Bildung, warum als Schulfach? In: Patzelt, W. J. (Hrsg.): Politische Bildung für ein demokratisches Deutschland. Ziele, Inhalte, Bilanzen. 1. Auflage. Baden-Baden: Ergon Verlag, S. 125–132.

Peurach, Donald J./Cohen, David K./Spillane, James P. (2019): Governments, markets, and instruction: considerations for cross-national research. In: Journal of Educational Administration 57, 4, S. 393–410.

Pfahl-Traughber, Armin (2019): Extremismus – was ist das überhaupt? In: Humanistischer Pressedienst.

Philippou, Stavroula/Keating, Avril/Ortloff, Debora Hinderliter (2009): Citizenship education curricula: comparing the multiple meanings of supra-national citizenship in Europe and beyond. In: Journal of Curriculum Studies 41, 2, S. 291–299.

Piazza, James A. (2015): The determinants of domestic right-wing terrorism in the USA: Economic grievance, societal change and political resentment. In: Conflict Management and Peace Science 34, 1, S. 52–80.

Pohl, Kerstin (2020): Sozialwissenschaftliche Bildung? https://www.bpb.de/gesellschaft/bildung/politische-bildung/304314/sozialwissenschaftliche-bildung [Zugriff: 07.07.2021].

Pohl, Kerstin/Will, Stephanie (2016): Der Beutelsbacher Konsens: Wendepunkt in der Politikdidaktik? In: Widmaier, B./Zorn, P. (Hrsg.): Brauchen wir den Beutelsbacher Konsens? Eine Debatte der politischen Bildung. Schriftenreihe / Bundeszentrale für Politische Bildung, Band 1793. Bonn: Bundeszentrale für Politische Bildung, S. 36–67.

Portnoi, Laura M. (2016): Mapping Educational Policy Borrowing and Lending. In: Portnoi, L. M. (Hrsg.): Policy Borrowing and Reform in Education. New York: Palgrave Macmillan US, S. 147–173.

Priemer, Jana/Krimmer, Holger/Labigne, Anael (2017): ZiviZ-Survey 2017: Vielfalt verstehen, Zusammenhalt stärken. Berlin.

Qablān, Ahmad (2009): Education for sustainable development at the university level: interactions of the need for community, fear of indoctrination, and the demands of work. Saarbrücken: VDM.

Rapoport, Anatoli (2015): Challenges and opportunities: Resocialization as a framework for global citizenship education. In: Globalisation, ideology and politics of education reforms. Springer, S. 11–23.

Rat der Europäischen Union (2009): Schlussfolgerungen des Rates vom 12. Mai 2009 zu einem strategischen Rahmen für die europäische Zusammenarbeit auf dem Gebiet der allgemeinen und beruflichen Bildung (ET 2020).

Ratajszczak, Theresa/Sunken, Jochen (2018): Stiftungen und Demokratieförderung. In: Stiftungsfokus 14, S. 1–13.

Reckhow, Sarah (2015): Follow the money. How foundation dollars change public school politics. Oxford studies in postwar American political development. New York: Oxford University Press.

Reheis, Fritz (2014): Was ist Politische Bildung? In: Reheis, F. (Hrsg.): Politische Bildung: Eine kritische Einführung. Wiesbaden: Springer Fachmedien Wiesbaden, S. 13–18.

Reich, Kersten (2010): Systemisch-konstruktivistische Pädagogik: Einführung in die Grundlagen einer interaktionistisch-konstruktivistischen Pädagogik. 6., neu ausgestattete Aufl. Beltz Pädagogik. Weinheim u. a.: Beltz.

Reichert, Frank/Torney-Purta, Judith (2019): A cross-national comparison of teachers' beliefs about the aims of civic education in 12 countries: A person-centered analysis. In: Teaching and Teacher Education 77, S. 112–125.

Reilly, Jacqueline/Niens, Ulrike (2014): Global citizenship as education for peacebuilding in a divided society: Structural and contextual constraints on the development of critical dialogic discourse in schools. In: Compare: A Journal of Comparative and International Education 44, 1, S. 53–76.

Rhein, Katharina (2019): Politische Bildung als positiver Verfassungsschutz? Über ein deprimierendes Demokratieverständnis. In: Berendsen, E./Rhein, K./Uhlig, T. D. (Hrsg.): Extrem unbrauchbar. Über Gleichsetzungen von links und rechts. Edition Bildungsstätte Anne Frank, Band 2. Berlin: Verbrecher Verlag, S. 75–84.

Ribeiro, Ana Bela/Caetano, Andreia/Menezes, Isabel (2016): Citizenship education, educational policies and NGOs. In: British Educational Research Journal 42, 4, S. 646–664.

Richter, Hedwig (2020): Demokratie: Eine deutsche Affäre. München: Beck.

Richter, Hedwig (2021): Aufbruch in die Moderne – Reform und Massenpolitisierung im Kaiserreich. Berlin: Suhrkamp.

Rieckmann, Marco (2016): Kompetenzentwicklungsprozesse in der Bildung für nachhaltige Entwicklung erfassen: Überblick über ein heterogenes Forschungsfeld. In: Barth, M./Rieckmann, M. (Hrsg.): Empirische Forschung zur Bildung für nachhaltige Entwicklung – Themen, Methoden und Trends. Verlag Barbara Budrich, S. 89–109.

Rieß, Werner (2010): Bildung für nachhaltige Entwicklung: theoretische Analysen und empirische Studien: Waxmann/Internationale Hochschulschriften.

Rinne, Risto (2008): The growing supranational impacts of the OECD and the EU on national educational policies, and the case of Finland. In: Policy Futures in Education 6, 6, S. 665–680.

Rizvi, Fazal/Lingard, Bob (2000): Globalization and Education: Complexities and Contingencies. In: Educational Theory 50, 4, S. 419–426.

Robert Bosch Stiftung: DigitalDabei! Förderinitiative für Vielfalt, Teilhabe und Demokratie. https://www.bosch-stiftung.de/de/projekt/digitaldabei-foerderinitiative-fuer-vielfalt-teilhabe-und-demokratie [Zugriff: 15.03.2021].

Rohe, Karl (1994): Politik: Begriffe und Wirklichkeiten: eine Einführung in das politische Denken. 2., völlig überarb. und erw. Aufl. Stuttgart: Kohlhammer.

Rose, Pauline (2009): NGO provision of basic education: alternative or complementary service delivery to support access to the excluded? In: Compare: A Journal of Comparative and International Education 39, 2, S. 219–233.

Rose, Pauline (2010): Achieving Education for All through public–private partnerships? In: Development in Practice 20, 4-5, S. 473–483.

Rost, Jürgen (2002): Umweltbildung – Bildung für nachhaltige Entwicklung. Was macht den Unterschied? In: ZEP Zeitschrift für internationale Bildungsforschung und Entwicklungspädagogik 25, 1, S. 7–12.

Rothe, Klaus (1989): Unterricht und Didaktik der politischen Bildung in der Bundesrepublik. Aktueller Stand und Perspektiven/Klaus Rothe (Hrsg.). Opladen: Leske & Budrich.

Rowe, Emma/Lubienski, Christopher/Skourdoumbis, Andrew/Gerrard, Jessica/Hursh, David (2019): Templates, typologies and typifications: Neoliberalism as keyword. In: Discourse: Studies in the Cultural Politics of Education 40, 2, S. 150–161.

Ruprecht-Karls-Universität Heidelberg (2021): CSI – über uns. https://www.soz.uni-heidelberg.de/forschungsstelle-csi/ [Zugriff: 22.03.2021].

Sächsische Landeszentrale für politische Bildung (2021): Schulische politische Bildung. https://www.slpb.de/themen/politische-bildung/infrastruktur/schulische-politische-bildung/ [Zugriff: 07.07.2021].

Sächsisches Staatsministerium für Kultus (2018): Sächsische Landesstrategie Bildung Bildung für nachhaltige Entwicklung. Dresden: Sächsische Staatsregierung [Zugriff: 01.05.2021].

Saerbeck, Barbara/Well, Mareike/Jörgens, Helge/Goritz, Alexandra/Kolleck, Nina (2020): Brokering Climate Action: The UNFCCC Secretariat Between Parties and Nonparty Stakeholders. In: Global Environmental Politics 20, 2, S. 105–127.

Saltman, Kenneth (2010): The gift of education: Public education and venture philanthropy. Springer.

Salzborn, Samuel (2020a): Extremismus und/oder Demokratie?! Zur Kritik des Extremismuskonzepts. In: POLIS 24, 4, S. 7–10.

Salzborn, Samuel (2020b): Rechtsextremismus: Erscheinungsformen und Erklärungsansätze. 4., aktualisierte und erweiterte Auflage. Studienkurs Politikwissenschaft. Baden-Baden: Nomos.

Sander, Wolfgang (1984): Effizienz und Emanzipation. Prinzipien verantwortlichen Urteilens und Handelns. Eine Grundlegung zur Didaktik der politischen Bildung. Schriften zur politischen Didaktik, Band 14. Wiesbaden: VS Verlag für Sozialwissenschaften.

Sander, Wolfgang (1995): Rechtsextremismus als pädagogische Herausforderung für Schule und politische Bildung. In: Verantwortung in einer unübersichtlichen Welt. Aufgaben wertorientierter politischer Bildung ; Referate und Diskussionsergebnisse des Bundeskongresses der Deutschen Vereinigung für Politische Bildung in Zusammenarbeit mit der Bundeszentrale für politische Bildung vom 10. bis 12. März 1994 in Erfurt. Schriftenreihe der Bundeszentrale für Politische Bildung, Band 331. Bonn: Bundeszentrale für Politische Bildung, S. 215–226.

Sander, Wolfgang (2009): Was ist politische Bildung? In: Bundeszentrale für politische Bildung.

Sander, Wolfgang (2016): Der Symbolische Interaktionismus. https://www.bpb.de/lernen/grafstat/krise-und-sozialisation/240818/der-symbolische-interaktionismus [Zugriff: 04.06.2021].

Sanyal, Mithu M. (2021): Identitti. Roman. München: Carl Hanser Verlag.

Sauvé, Lucie/Brunelle, Renée/Berryman, Tom (2005): Influence of the globalized and globalizing sustainable development framework on national policies related to environmental education. In: Policy Futures in Education 3, 3, S. 271–283.

Scarcella, Akimi/Page, Ruairi/Furtado, Vivek (2016): Terrorism, Radicalisation, Extremism, Authoritarianism and Fundamentalism: A Systematic Review of the Quality and Psychometric Properties of Assessments. In: PLOS ONE 11, 12, e0166947.

Schattle, Hans (2008): Education for global citizenship: Illustrations of ideological pluralism and adaptation. In: Journal of Political Ideologies 13, 1, S. 73–94.

Schattle, Hans (2009): Global citizenship in theory and practice. In: The handbook of practice and research in study abroad: Higher education and the quest for global citizenship, S. 3–20.

Schedler, Jan/Elverich, Gabi/Achour, Sabine/Jordan, Annemarie (2019): Rechtsextremismus und Schule: Herausforderungen, Aufgaben und Perspektiven. In: Rechtsextremismus in Schule, Unterricht und Lehrkräftebildung. Springer VS, Wiesbaden, S. 1–17.

Scherb, Armin (2016): Zur Rezeption und Einordnung des Beutelsbacher Konsenses in der Politikdidaktik und in der Schule. In: Widmaier, B./Zorn, P. (Hrsg.): Brauchen wir den Beutelsbacher Konsens? Eine Debatte der politischen Bildung. Schriftenreihe / Bundeszentrale für Politische Bildung, Band 1793. Bonn: Bundeszentrale für Politische Bildung, S. 78–86.

Schleicher, Andreas/Schuknecht, Ludger (2019): Bildung, Ausbildung, Fortbildung: Herausforderungen aus internationaler Perspektive. In: ifo Schnelldienst Vol. 72, 15, S. 20–35.

Schleiermacher, Friedrich (2008): Pädagogik: Die Theorie der Erziehung von 1820/21 in einer Nachschrift. de Gruyter Texte. Berlin, New York: Walter de Gruyter.

Schmid, Josef (2018): Bildungspolitik [Zugriff: 28.04.2021].

Schmid, Josef/Schuhen, Michael (2016): Bildungspolitik. In: Mause, K./Müller, C./Schubert, K. (Hrsg.): Politik und Wirtschaft: Ein integratives Kompendium. Wiesbaden: Springer Fachmedien Wiesbaden, S. 1–25.

Schurr, Johannes (1975): Schleiermachers Theorie der Erziehung. Interpretationen zur Pädagogikvorlesung von 1862. Düsseldorf: Pädagogischer Verlag Schwann.

Schuster, Johannes/Hartmann, Ulrike/Kolleck, Nina (2021): Teacher collaboration networks as a function of type of collaboration and schools' structural environment. In: Teaching and Teacher Education 103, S. 103372.

Scott, Janelle (2009): The politics of venture philanthropy in charter school policy and advocacy. In: Educational Policy 23, 1, S. 106–136.

Seidel, Ingolf (2019): Extremismus – Ein Konzept zur Lähmung des Kampfes gegen rechts. In: Berendsen, E./Rhein, K./Uhlig, T. D. (Hrsg.): Extrem unbrauchbar. Über Gleichsetzungen von links und rechts. Edition Bildungsstätte Anne Frank, Band 2. Berlin: Verbrecher Verlag, S. 87–101.

Seifert, Anne/Nagy, Franziska (2014): Demokratische Bildung im Unterricht. Schulische Engagement-Projekte und ihr Beitrag zu Demokratiekompetenz. essentials. Wiesbaden: Springer.

Seitanidi, Maria May/Ryan, Annmarie (2007): A critical review of forms of corporate community involvement: from philanthropy to partnerships. In: International Journal of Nonprofit and Voluntary Sector Marketing 12, 3, S. 247–266.

Sellar, Sam/Lingard, Bob (2014): The OECD and the expansion of PISA: New global modes of governance in education. In: British Educational Research Journal 40, 6, S. 917–936.

Sendzik, Norbert/Otto, Johanna/Berkemeyer, Nils/Bos, Wilfried (2012): Das Regionale Bildungsbüro als Boundary Spanner? Eine Betrachtung des kommunalen Managements interschulischer Netzwerke. In: Hornberg, S./Parreira do Amaral, M. (Hrsg.): Deregulierung im Bildungswesen. Waxmann, S. 331–350.

Shernoff, David Jordan/Vandell, Deborah Lowe (2007): Engagement in after-school program activities: quality of experience from the perspective of participants. In: Journal of Youth Adolescence 36, 7, S. 891–903.

Sinakou, Eleni/Boeve-de Pauw, Jelle/van Petegem, Peter (2019): Exploring the concept of sustainable development within education for sustainable development: implications for ESD research and practice. In: Environment, Development and Sustainability 21, 1, S. 1–10.

Sleegers, Peter (2019): Understanding school-NGO partnerships. In: Journal of Educational Administration 57, 4, S. 322–328.

Sliwka, Anne (2004): Service Learning: Verantwortung lernen in Schule und Gemeinde. Beiträge zur Demokratiepädagogik – Eine Schriftenreihe des BLK-Programms „Demokratie lernen & leben“.

Sliwka, Anne (2008): Demokratiepädagogik in Ganztagsschulen. In: Coelen, T./Otto, H.-U. (Hrsg.): Grundbegriffe Ganztagsbildung: Das Handbuch. SpringerLink Bücher. Wiesbaden: VS Verlag für Sozialwissenschaften, S. 694–703.

Soysal, Yasemin Nuhoglu (1994): Limits of citizenship migrants and postnational membership in Europe. Chicago: University of Chicago.

Speit, Andreas (2021): Rechtsextreme Gewalt in Deutschland | bpb. In: Bundeszentrale für politische Bildung.

Spillebeen, Lea/Willems, Ariane S. (2014): Wie verändert sich die Schulqualität an Ganztagsschulen aus Sicht der Lehrkräfte? Zur Anwendung von latenten Maver-Stayer-Modellen. In: Drossel, K./Strietholt, R./Bos, W. (Hrsg.): Empirische Bildungsforschung und evidenzbasierte Reformen im Bildungswesen. Waxmann, S. 307–326.

Stables, Andrew/Scott, William (2002): The Quest for Holism in Education for Sustainable Development. In: Environmental Education Research 8, 1, S. 53–60.

Stärck, Alexander (2018): Zur Rekonstruktion des Extremismusmodells. In: Baron, P./Drücker, A./Seng, S. (Hrsg.): Das Extremismusmodell. Über seine Wirkungen und Alternativen in der politischen (Jugend-)Bildung und der Jugendarbeit. Düsseldorf, S. 20–26.

StEG (2018): Ganztagsschule 2017/2018. Deskriptive Befunde einer bundesweiten Befragung. Studie zur Entwicklung von Ganztagsschulen,. Frankfurt am Main, Dortmund, Gießen & München.

Steinbrenner, Felix (2019): Gruppenbezogene Menschenfeindlichkeit (GMF) – eine Einführung. In: Foitzik, A./Hezel, L. (Hrsg.): Diskriminierungskritische Schule. Einführung in theoretische Grundlagen. 1. Auflage. Pädagogik. Weinheim, Basel: Beltz, S. 50–55.

Steiner-Khamsi, Gita (2004): The global politics of educational borrowing and lending. New York: Teachers College Press.

Steiner-Khamsi, Gita (2016): New directions in policy borrowing research. In: Asia Pacific Education Review 17, 3, S. 381–390.

Stevick, Doyle (2008): Foreign Influence and Economic Insecurity in International Partnerships for Civic Education. The Case of Post-soviet Estonia. In: Stevick, D./Levinson, B. A. (Hrsg.): Advancing democracy through education? U.S. influence abroad and domestic practices. Education policy in practice critical cultural studies. Charlotte, NC: IAP-Information Age Pub, S. 97–127.

Stibbe, Arran (2009): The handbook of sustainability literacy. In: Skills for a changing world.

Stolzenberg, Clemens (2020): Universelle Extremismusprävention durch politische Bildung? – Eine Übersichtsdarstellung über Ansätze und Formate der Bundeszentrale für politische Bildung. In: Schmitt, J. B./Ernst, J./Rieger, D./Roth, H.-J. (Hrsg.): Propaganda und Prävention: Forschungsergebnisse, didaktische Ansätze, interdisziplinäre Perspektiven zur pädagogischen Arbeit zu extremistischer Internetpropaganda. Wiesbaden: Springer Fachmedien Wiesbaden, S. 489–498.

Stöss, Richard (2015): Kritische Anmerkungen zur Verwendung des Extremismuskonzepts in den Sozialwissenschaften. https://www.bpb.de/politik/extremismus/rechtsextremismus/200099/kritische-anmerkungen-zur-verwendung-des-extremismuskonzepts-in-den-sozialwissenschaften [Zugriff: 08.07.2021].

Striebing, Clemens (2017a): Fürsorge durch Wandel: Stiftungen im deutschen Schulwesen. In: Anheier, H. K./Förster, S./Mangold, J./Striebing, C. (Hrsg.): Stiftungen in Deutschland 2: Wirkungsfelder. SpringerLink Bücher. Wiesbaden: Springer VS, S. 23–117.

Striebing, Clemens (2017b): Legitimierung von Stiftungen: Bedingungen von Transparenz und Multistakeholder Governance. Wiesbaden: Springer Fachmedien Wiesbaden.

Striebing, Clemens/Kolleck, Nina (2014): Wie transparent ist der gemeinnützige Sektor? In: Neue Gesellschaft 61, 6, S. 12–15.

Stromquist, Nelly P./Monkman, Karen (2014): Globalization and education: Integration and contestation across cultures. R&L Education.

Sukarieh, Mayssoun/Tannock, Stuart (2009): Putting school commercialism in context: A global history of junior achievement worldwide. In: Journal of Education Policy 24, 6, S. 769–786.

Tamir, Eran/Yemini, Miri/Tucker, Khen (2019): NGO–school interactions as portrayed by elite and popular press in Israel and England. In: Journal of Educational Administration 57, 4, S. 361–375.

Tannock, Stuart (2020): The oil industry in our schools: from Petro Pete to science capital in the age of climate crisis. In: Environmental Education Research 26, 4, S. 474–490.

Tenorth, Heinz-Elmar (2016): Bildungstheorie und Bildungsforschung,Bildung und kulturelle Basiskompetenzen – ein Klärungsversuch, auch am Beispiel derPISA-Studien. In: Zeitschrift für Erziehungswissenschaft 19, S. 45–71.

Tenorth, Heinz-Elmar (2020): Die Rede von Bildung: Tradition, Praxis, Geltung – Beobachtungen aus der Distanz. Springer eBook Collection. Berlin, Stuttgart: J.B. Metzler Imprint: J.B. Metzler.

Thiele, Tobias (2007): Bildung für nachhaltige Entwicklung (Teil 1). In: Schmidt, C./Steber, C. (Hrsg.): Bildung für eine nachhaltige Entwicklung. 1. Aufl. Qualitätssicherung an Schulen. Donauwörth: Auer Donauwörth, S. 3–31.

Tikly, Leon (2019): Education for sustainable development in Africa: a critique of regional agendas. In: Asia Pacific Education Review 20, 2, S. 223–237.

Timmer, Karsten (2010): Stiften in Deutschland. Die Ergebnisse der StifterStudie. 2. Auflage. Gütersloh: Bertelsmann.

Töpfer, Tom/Behrmann, Laura (2021): Symbolischer Interaktionismus und qualitative Netzwerkforschung – Theoretische und method(olog)ische Implikationen zur Analyse sozialer Netzwerke. In: Forum: Qualitative Social Research 22, 1.

Treml, Alfred K./Becker, Nicole (2010): Lernen. In: Krüger, H.-H./Helsper, W. (Hrsg.): Einführungskurs Erziehungswissenschaft. 9. Aufl. UTB Erziehungswissenschaft, Band 8092. Opladen: Budrich, S. 103–114.

Trowler, P. (2003): Education Policy. Routledge.

UN General Assembly (1994): Human Rights education decade. A/RES/48/127.

UNESCO (2011): International Standard Classification of Education (ISCED). UNESCO Institute for Statistics.

UNESCO (2015): Global citizenship education: topics and learning objectives. Paris: UNESCO.

UNESCO (2019): Global Action Programme on Education for Sustainable Development (2015-2019). https://en.unesco.org/globalactionprogrammeoneducation [Zugriff: 07.04.2021].

UNESCO World Conference on Education for Sustainable Development (2009): Proceedings. https://www.gcedclearinghouse.org/sites/default/files/resources/%5BENG%5D%20%E8%81%94%E5%90%88%E5%9B%BD%E6%95%99%E7%A7%91%E6%96%87%E7%BB%84%E7%BB%87%E4%B8%96%E7%95%8C%E5%8F%AF%E6%8C%81%20%E7%BB%AD%E5%8F%91%E5%B1%95%E6%95%99%E8%82%B2%E5%A4%A7%E4%BC%9A%2C%20%E4%BC%9A%E8%AE%AE%E8%AE%B0%E5%BD%95.pdf.

UNFCCC (1992): United Nations Framework Convention on Climate Change. United Nations [Zugriff: 03.05.2021].

UNFCCC (2007): Amended New Delhi work programme on Article 6 of the Convention.

UNFCCC (2012): Doha work programme on Article 6 of the Convention.

UNFCCC (2014): Report of the Conference of the Parties on Its Twentieth Session. Part Two: Action Taken by the Conference of the Parties at Its Twentieth Session. Report FCCC/CP/2014/10/Add.3. United Nations [Zugriff: 03.05.2021].

UNFCCC (2016): Report of the Conference of the Parties on its Twenty-First Session, held in Paris from 30 November to 13 December 2015. Report FCCC/CP/2015/10/Add.1. United Nations [Zugriff: 03.05.2021].

United Nations (1992): AGENDA 21. Konferenz der Vereinten Nationen für Umwelt und Entwicklung.

Universität Duisburg Essen (2021): ICCS 2022. https://www.uni-due.de/edu-research/iccs2022.php [Zugriff: 07.07.2021].

van Poeck, Katrien/König, Ariane/Wals, Arjen E. J. (2018): Environmental and sustainability education in the Benelux countries: research, policy and practices at the intersection of education and societal transformation. In: Environmental Education Research 24, 9, S. 1234–1249.

van Poeck, Katrien/Vandenabeele, Joke (2012): Learning from sustainable development: education in the light of public issues. In: Environmental Education Research 18, 4, S. 541–552.

Vare, Paul/Scott, William (2007): Learning for a Change. In: Journal of Education for Sustainable Development 1, 2, S. 191–198.

Veith, Hermann/Buhl, Monika/Förster, Mario (2018): Demokratische Bildungslandschaften. In: Buhl, M./Förster, M./Veith, H./Weiß, M. (Hrsg.): Jahrbuch Demokratiepädagogik. Frankfurt/Main: Wochenschau Verlag, S. 18–28.

Verger, Antoni (2019): Partnering with non-governmental organizations in public education: contributions to an ongoing debate. In: Journal of Educational Administration 57, 4, S. 426–430.

Veugelers, Wiel (2011): The moral and the political in global citizenship: Appreciating differences in education. In: Globalisation, Societies and Education 9, 3-4, S. 473–485.

Vidovich, Lesley (2004): Towards internationalizing the curriculum in a context of globalization: Comparing policy processes in two settings. In: Compare: A Journal of Comparative and International Education 34, 4, S. 443–461.

Wals, Arjen E. J. (2009): A Mid-DESD Review. In: Journal of Education for Sustainable Development 3, 2, S. 195–204.

Wals, Arjen E.J. (2011): Learning Our Way to Sustainability. In: Journal of Education for Sustainable Development 5, 2, S. 177–186.

Wehling, Hans-Georg (1977): Konsens à la Beutelsbach? Nachlese zu einem Expertengespräch. In: Schiele, S./Schneider, H. (Hrsg.): Das Konsensproblem in der politischen Bildung. Anmerkungen und Argumente zur historischen und politischen Bildung, Band 17. Stuttgart: Klett, S. 173–184.

Wendt, Heike/Bos, Wilfried (2015): Auf dem Weg zum Ganztagsgymnasium: erste Ergebnisse der wissenschaftlichen Begleitforschung zum Projekt Ganz In. 1. Aufl. Münster: Waxmann.

Wesche, Eberhard (2012): Ethik-Werkstatt: Theorieansätze in der Politikwissenschaft. http://www.ethik-werkstatt.de/Theorieansaetze_Politikwissenschaft.htm [Zugriff: 02.07.2021].

Widmaier, Benedikt (2008): Active Citizenship&Citizenship Education. Europäische Referenzrahmen für non-formale politische Bildung. In: Praxis Politische Bildung 12, S. 129–144.

Widmaier, Benedikt (2020): Die „freiheitlich demokratische Grundordnung" – ein Leitbegriff für die politische Bildung? In: POLIS 24, 4, S. 14–17.

Widmaier, Benedikt/Zorn, Peter (Hrsg.) (2016a): Brauchen wir den Beutelsbacher Konsens? Eine Debatte der politischen Bildung. Schriftenreihe / Bundeszentrale für Politische Bildung, Band 1793. Bonn: Bundeszentrale für Politische Bildung.

Widmaier, Benedikt/Zorn, Peter (2016b): Konsens in der politischen Bildung? Zur Einführung. In: Widmaier, B./Zorn, P. (Hrsg.): Brauchen wir den Beutelsbacher Konsens? Eine Debatte der politischen Bildung. Schriftenreihe / Bundeszentrale für Politische Bildung, Band 1793. Bonn: Bundeszentrale für Politische Bildung, S. 9–14.

Wiek, Arnim/Withycombe, Lauren/Redman, Charles L. (2011): Key competencies in sustainability: a reference framework for academic program development. In: Sustainability Science 6, 2, S. 203–218.

Williamson, Ben (2017): Big data in education: The digital future of learning, policy and practice. Sage.

Windzio, Michael/Martens, Kerstin (2016): Antriebskräfte und Folgen des Wandels von Bildungspolitik. Transnationale Perspektiven. In: Schmid, J./Amos, S. K./Schrader, J./Thiel, A. (Hrsg.): Internationalisierte Welten der Bildung: Bildung und Bildungspolitik im globalen Vergleich. 1. Auflage. Baden-Baden: Nomos, S. 13–32.

Windzio, Michael/Martens, Kerstin/Nagel, Alexander-Kenneth (2010): Education Policy, Globalization, and the Changing Nation State – Accelerating and Retarding Conditions. In: Martens, K./Nagel, A.-K./Windzio, M./Weymann, A. (Hrsg.): Transformation of Education Policy. Palgrave Macmillan UK, S. 261–276.

Witt, Kirsten (2017/2018): Politische Bildung in der Kulturellen Jugendbildung. In: Kulturelle Bildung Online.

World Commission on Environment and Development (Hrsg.) (1987): Report of the World Commission on Environment and Development: Our Common Future.

Wrana, Daniel (2017): Zur Vermessung von Lernstrategien als Leistungsfaktoren. In: Bünger, C./Mayer, R./Schröder, S./Hoffarth, B. (Hrsg.): Leistung – Anspruch und Scheitern Wittenberger Gespräche 2015 / Carsten Bünger/Ralf Mayer/Sabrina Schröder/ Britta Hoffarth (Hrsg.). Wittenberger Gespräche: 4. Martin-Luther-Universität Halle-Wittenberg, S. 85–126.

Wright, Glen W. (2012): NGOs and Western hegemony: causes for concern and ideas for change. In: Development in Practice 22, 1, S. 123–134.

Yemini, Miri (2018): Conceptualizing the role of nonprofit intermediaries in pursuing entrepreneurship within schools in Israel. In: Educational Management Administration & Leadership 46, 6, S. 980–996.

Yemini, Miri/Cegla, Ariel/Sagie, Netta (2017): A comparative case-study of school-LEA-NGO interactions across different socio-economic strata in Israel. In: Journal of Education Policy 33.

Yuen, Timothy Wai Wa/Leung, Yan Wing (2010): How an Advocacy NGO Can Contribute to Political Socialization: A Case Study in Hong Kong. In: Citizenship, Social and Economics Education 9, 3, S. 209–220.

ZDF (2020): Linke und Rechte: Warum die Hufeisentheorie nicht zeitgemäß ist. Online verfügbar unter https://www.zdf.de/nachrichten/politik/hufeisentheorie-hufeisenschema-rechtsextremismus-afd-linke-thueringen-102.html, zuletzt aktualisiert am 22.02.2022, zuletzt geprüft am 22.2.2022

Zeichner, Ken/Pena-Sandoval, Cesar (2015): Venture philanthropy and teacher education policy in the US: The role of the New Schools Venture Fund. In: Teachers College Record 117, 6, S. 1–44.

Zeuner, Christine (2006): ‚Citizenship Education‘ – Brücke zu einer europäischen Identität? In: Tertium Comparationis Journal für International und Interkulturell Vergleichende Erziehungswissenschaft 12, 1, S. 73–96.

Zimmerman, Barry J./Schunk, Dale H. (2011): Self-regulated learning and academic achievement: theory, research, and practice. Softcover reprint of the original 1st ed. 1989. Springer series in cognitive development. New York, NY: Springer-Verlag New York Inc.

ZiviZ (2018): ZiviZ-Survey. https://www.ziviz.de/ziviz-survey#themen [Zugriff: 23.06.2021].